壹卷
YE BOOK

让思想流动起来

新史学丛书

晚清国家类型学说的传播与影响

邓华莹 著

四川人民出版社

国家社会科学基金项目资助

"新史学丛书"总序

"为什么叫新史学?"

"什么是新史学丛书?"

十五年来,总有朋友会问这个问题,我也一直在思考和试图解答这个问题。

新史学是一种取向。就作品而言,举凡新视角,新史料,新叙述,只要"言之成理,持之有故",派不分中西古今,人不分新旧少壮,更不论是否成名成家,一切以作品见分晓,一切以给学术界、读书界呈现佳善的学术作品为依归,进而不断汲取更多志同道合者,用绵薄之力,促进历史学界乃至整个人文社会科学界的推陈出新。

新史学是一个过程。一百多年来,新史学不断演进,如果层层堆累,甚至可以在新史学这个名号上不断加新,新新史学,新新新史学,……但这不过是文字游戏而已。新史学尽管随时关注国际学术前沿,但并不热衷追逐新潮流,也不那么关注花样翻新,更多考虑是否把此前的优秀作品消化、吸收,不少老书也是新视角,其实不见得被消化。我们不断在引进跟进,但是如何创造性转化,依然任重道远。比如梁任公先生《中国历史研究法》的不少提法,至今依然很有启发,若干理念其实跟最新的史学流派若合符节。要将新史学发扬光大,需要做一个继往开来、温故而知新的工作,无论是欧美近百年来的开创性成果,还是我国近百年以来的前辈硕学之作,比如梁启超、陈寅恪、傅斯年、李济、梁方仲等先生的杰出贡献,都在在值得我们用心聆听与记取。只有在过程中去理解和创新,创新才不会沦为口号,才会变得脚踏实地,成为源头活水,悠远流长。

新史学是一种精神。在有所传承的同时，在引进域外新观念、新方法的同时，落脚点其实是中国史学的开拓，尤其是将注意力更多瞩目于年轻学人，试图在他们小荷才露尖尖角之时，就予以足够的关注，将少年心事当拿云的种种憧憬与构想化为现实，化为作品，化为积累，积跬步以至千里。与此同时，我们也留意到历史系本科、研究生的成长，将史学初阶读物纳入计划，形成新系列，希望由此让史学新鲜人少走弯路。新史学更愿意接受各种不同的声音，在多元互动而不是闭目塞听中走向未来，凡是真诚的声音，都能够在新史学里面得到回应。

新史学愿意秉持这种态度，"上穷碧落下黄泉，动手动脚找材料"，倾尽一切努力，广求力作于世界，将无尽的优秀作品聚集起来，踏实做去，聚沙成塔，集腋成裘，争取在当代学术史、出版史留下一些印迹。

十五年来，新史学品牌包括"新史学&多元对话系列""中华学人丛书""新史学文丛""新史学译丛""法国大革命史译丛""历史-社会科学译丛"，累计出版近两百种图书，在国内产生了较大反响。作为再出发，除了"新史学&多元对话系列"保持原貌外，其他丛书统一归入新史学丛书，涵括本土与引进类著作，经典旧籍的整理，初阶史学读物，甚至部分长篇论文，远近高低各不同，中心是唯"材"是举，也力求在设计美学与阅读体验上多做尝试。

这一过程想必是艰辛的，但由于其开放性，无疑会充满惊喜。我们期待在学术界、读书界的支持下，将新史学丛书进一步提升，新史学尽管起源于欧美，但是我们期待，通过不断的坚守，在中土树立新史学的大旗，推动历史研究、历史阅读的再深化，从历史的角度促进中国学术本土化。

兹事体大，敬请海内外师友不吝赐教、赐稿，各位的鼎力支持，是新史学得以发展的保证与动力。

是为序。

谭徐锋
2022年9月18日于河北旅次

目 录

绪 论 　　　　　　　　　　　　　　　　　　　　001

第一章　"国体""政体"纠葛的缘起 　　　　　　017
　第一节　相互独立的"国体""政体" 　　　　　017
　第二节　东学笼罩与"国体""政体"的勾连缠绕 　　045
　第三节　"国体""政体"的混用与多歧 　　　　　057

第二章　"国体""政体"的区分与异同的困惑 　　073
　第一节　"国体""政体"区分说的源起 　　　　　073
　第二节　译介与变异 　　　　　　　　　　　　　088
　第三节　异同难辨 　　　　　　　　　　　　　　105

第三章　中国的"国体""政体"属性和走向的争议 　119
　第一节　"国体""政体"学说与立宪潮流 　　　　119
　第一节　预备立宪与"国体""政体"问题的肇端 　142

第四章　多元的"国体""政体"学说与革命论战 　159
　第一节　法政速成科与纷歧的"国体""政体"理论 　159

第二节　"国体""政体"异同争议的症结　　176
　　第三节　革命论战与"国体""政体"之争　　189

第五章　帝制到共和的递嬗与"国体""政体"的调适　　209
　　第一节　变动不居的"国体""政体"观念　　209
　　第二节　师日立宪的尊皇取径与困境　　222
　　第三节　辛亥革命与立宪派的"国体""政体"应对　　235

结　语　　255
征引文献　　259
人名索引　　283
后　记　　291

绪　论

一、问题意识

国家类型学说，又称作"国体""政体"学说，是关于如何系统地区分和比较不同国家形式的学问，在西方政治学中，向来是核心议题。在西方国家类型知识传入以前，中国古代严格来说缺乏辨析政治类型的学问。虽然《汉书》有载："五帝官天下，三王家天下，家以传子，官以传贤。"[1]但五帝时期已相当邈远且无文字记载，秦以降又一直延续帝制格局，区分政权为官天下与家天下的认识最终没有演变出系统的国家分类知识。明末清初，耶稣会士曾将国家类型学说引入中国，但流传范围不广[2]。所以，晚清中西交通日渐频密，国人接触到外来的国家类型学说后，纷纷表示：

---

[1] 班固撰，颜师古注：《汉书》卷七十七《盖宽饶传》，北京：中华书局1962年版，第10册，第3247页。

[2] 意大利耶稣会士高一志约撰成于1630年代的《治平西学》写道："夫政固有三种：一曰一人且王之政；二曰教人且贤之政；三曰众人且民之政是也。盖治人之权凡系乎一人者，即谓帝王之政；凡系乎明智之数士，即谓贤者之政；又凡民中无君臣、无尊卑之殊，而权悉系于众者，即谓民众之政。夫三政之孰善孰稳孰恒者，先知者以为难定。盖天下各国，自古所尚所从者不一，则各国之亡存吉凶，终亦不等矣。兹余将述其万论之略而已矣耳。古往近来，明哲较参三政者，以帝王之政为善且稳。"这是古希腊学者亚里士多德的政治类型学说，帝王之政、贤者之政、民众之政，今人一般译作王制（君主政体）、贵族（贤良）政体、共和政体。参见高一志：《治平西学》，黄兴涛、王国荣编：《明清之际西学文本：50种重要文献汇编》第2册，北京：中华书局2013年版，第614页；亚里士多德著，吴寿彭译：《政治学》，北京：商务印书馆1983年版，第133—134页。

中国自古及今,惟有一政体,故政体分类之说,中国人脑识中所未尝有也。①

我国当闭关之世,不知国家之政体,有所谓专制、立宪、共和种种之分也,但以己国所行者为不二之理,非此即不能合群立国而已。晚近中外大通,乃知政体组织之法,其式不一,皆足以适合群立国之用。②

中国昭代无政体上之比较,亦无政体上之区别③。

晚清的国家类型知识,是西学东渐的产物。按照王国维对近代以来中国思想与政治变迁的脉络的总结:"自三代至于近世,道出于一而已。泰西通商以后,西学西政之书输入中国,于是修身齐家治国平天下之道乃出于二。光绪中叶,新说渐胜,逮辛亥之变,而中国之政治、学术几全为新学所统一矣。"④因西学西政输入而"道出于二"的过程,虽肇端于鸦片战争,但真正促进和加速中国学术、政治为"新学"一统的时期,却是在光绪中叶至辛亥革命这短短十几、二十年间。"其背景是中西学在长期分途并行之后,由于甲午中国战败的影响,朝野上下呼吁学习日本变法图强,以东学为主导,促成中西学融合为新学。""借由东学的外衣,西学开始以新学的面貌在士绅阶层广泛流传,并影响到官府朝廷的思维和决策,教育、学术等知识体系和包括官制在内的制度

---

① 中国之新民:《中国专制政治进化史》,《新民丛报》第8号,1902年5月22日,"政治",第2页。
② 《论日胜为宪政之兆》(录乙巳四月十八日《中外日报》),《东方杂志》第2年第6期,1905年7月27日,"社说",第115页。
③ 究竟:《宪政实行预备辨》,《大公报》,1907年10月11日,"言论",第2版。
④ 王国维:《论政学疏稿》,谢维扬、房鑫亮主编,胡逢祥分卷主编:《王国维全集》第14卷,杭州:浙江教育出版社2009年版,第212页。

体系随之发生天翻地覆的变化。"①国家类型学说的引介,与此进程吻合,以戊戌变法为界,可以从传播主体、发展过程和内容形态上,划分出前后两个明显不同的阶段。

鸦片战争前后至光绪戊戌年间,欧美来华传教士及其翻译助手将以君主、国民何者主掌国政为标准区分国家为君主国、君民共主国、民主国的观念介绍到中国,进而内化为趋新士人讨论政制问题的知识框架。而在戊戌政变后,流亡日本的梁启超以《清议报》《新民丛报》以及广智书局为平台,大规模翻译出版日本法政书籍,随后留日学生群起响应,推波助澜,明治日本吸收欧美国家分类知识后形成的以辨析"国体""政体"异同关系为特色的"国体""政体"学说广泛流行,成为时人认识外来政制、思考本国改制取径的重要思想资源,同时也引发了中国的"国体""政体"属性和走向的持续争论,"国体""政体"问题成为近代中国的中心议题。

正是在此背景下,1940年初,毛泽东撰写《新民主主义论》探索中国向何处去时才特别感慨:"这个国体问题,从前清末年起,闹了几十年还没有闹清楚。""国体""政体"问题闹不清楚,事实上涉及两个相互关联作用的方面:其一,"国体""政体"的意涵指称及联系分别言人人殊;其二,政见、立场互异的各方对于中国应该选择何种"国体""政体"认识纷歧。不同的"国体""政体"学说催生了互歧的改制方案,各异的改制主张反过来也需要有与之相适应的"国体""政体"理论。为了给彷徨烦闷中的社会各阶级指明中国的"国体""政体"建设方向,毛泽东对"国体""政体"做出清晰明确的定义,指出"国体"根据"社会各阶级在国家中的地位""社会性质"的不同来区分,"政体"因"政权构成的形式"的差异而分别,并具体提出"国

---

① 桑兵:《分说》,桑兵、关晓红主编:《解释一词即作一部文化史》,上海:上海人民出版社2021年版,第56页。

体——各革命阶级联合专政。政体——民主集中制"的建制目标。①毛泽东专门提出"国体""政体"理论及其所发挥的实际影响,表明"国体""政体"概念与学说长期制约着近代国人对中国政治发展道路的探索,更直接作用于各种政治力量构建国家体制模式的途辙,是政治转型中不得不特别考量的重要因素。

也就是说,晚清国家类型学说的传播与影响,不仅涉及知识思想层面,同时也是政治制度问题,主要表现为"国体""政体"的纠葛与困扰。"国体""政体"困惑从无到有的衍生,从文化跨国传通的角度来说,不只是简单的翻译复制,更有因缘本土化的调适、取舍、变更。所谓西学,本非铁板一块,明治日本在特定的政治、文化背景下接引西学而形成的东学,同样派系林立,传入中国后更与中学交织缠绕,"国体""政体"概念与学说自然纷歧多变。受学术源流、知识背景和认知水平等多重因素的影响,本就丰富多样的"国体""政体"学说,在引介到中国的过程中,难免出现误译、误解、再诠释等情况,呈现出更加淆杂的面相。依时序考察因时因人而变的"国体""政体"概念与学说,可以呈现外来学说进入中国的本貌,认识晚清国人接受外来政治知识的真实情况。

进言之,国家类型学说在晚清之所以特具吸引力,关键在于提供了一套关于域外政制的系统知识。鸦片战争以降,中西的强弱悬殊逐渐演化为政制优劣的对比,以君主立宪和民主共和为基本制度模式的西方近代民权体制,借助资本主义体系在东亚地区的强势扩张,逐渐成为在与西方的竞争中屡屡落败,处于弱势地位的中国的关注和学习对象。由于不同的国家分类方法直接关系到中外政治的异同优劣和在中国建立什么样的政治制度等根本性问题,国家类型学说受到朝野各方的高度重

---

① 毛泽东:《新民主主义的政治与新民主主义的文化》,《中国文化》创刊号,1940年2月15日,第9页。

视,纷纷援引来定位当时中国的政治属性,规划未来的改制取径。"国体""政体"学说本质上是对欧美日本政治制度的理论概括,能否用来解释中国的政治制度及其限度何在,本是一个需要严格论证的前提条件,但在清末尊西变制的思潮下,却成了毋庸置疑的分析框架。不过,因为中国政制与域外理论之间始终存在着差距,难以完全契合,因而衍生了关于中国的"国体""政体"属性的争议。

尤为重要的是,互异的"国体""政体"观念背后牵涉到各方针锋相对的政制革新方案。晚清的"国体""政体"争议,主要表现为君主立宪与民主立宪两条路线的竞争,涉及清廷、立宪派、革命党三股政治力量,主线是君权与民权关系的权衡取舍。各种"国体""政体"主张,归根到底,就是争论君主体制能否兼容民权,如何接嵌,以及由此衍生的君主与民主的抉择。由于君、民关系的重构直接牵涉到权力再分配的根本问题,是一次前所未有的具有结构性意义的转型尝试,清廷、立宪派、革命党对于采用何种"国体""政体"模式实现立宪,一直争议频生。厘清朝野各方因时因人而异的"国体""政体"观念的知识渊源、言说本意及联系分别,有助于多维度地认识晚清时期不同政治力量的分化重组和政治转型的曲折症结。

总而言之,深入考察晚清国家类型学说的引介过程、传播方式、内涵旨趣,以及相关学说在清末立宪、辛亥革命等重大政治变革中对国人思考君主与民主、君权与民权的关系与抉择问题的影响作用,可以深化对近代中国从帝制走向共和的复杂性的认识。

二、先行研究

晚清输入中国的国家类型学说,从根本上来说,是关于域外政治制度的分类理论。虽然以往学界较少专门探讨国家类型学说的传播与影响,但近代国人对君主立宪、民主共和思想与制度的认知,向来是学界的研究重点,起步也较早。相关成果,或在中国近代民主发展史的视角下，梳理国人对君主立宪、民主共和的认识的变迁；或聚焦于概念，分析民主、共和等词汇观念的嬗演[①]。这些论著，理清了近代国人认识外来政治制度的基本脉络，同时往往会顺带提及一些国家分类论述，为探讨国家类型学说的演变提供了一定的基础和线索。

晚清时期的国家类型学说，主要表现为"国体""政体"概念与学说的纠缠。有不少研究近代词汇的词典和论著注意到作为法政概念的"国体""政体"是新名词，但对于何时通过何人何书如何传入等具体问题，则往往语焉不详，对其解释也更多是沿用后出流行观念，如指"政体"是"国家政权的构成形式"，等等[②]。值得注意的是，崔军民《萌芽期的现代法律新词研究》发现《公法便览》用"政体"翻译

---

① 参见熊月之：《中国近代民主思想史》，上海：上海人民出版社1986年版；耿云志等编著：《西方民主在近代中国》，北京：中国青年出版社2003年版；谢放：《戊戌前后国人对"民权""民主"的认知》，《二十一世纪》第65期，2001年6月；狭间直树：《对中国近代"民主"与共和观念的考察》，中国史学会编：《辛亥革命与二十世纪的中国》（下），北京：中央文献出版社2002年版，第1583—1598页；冯天瑜：《新语探源：中西日文化互动与近代中国汉字术语形成》，北京：中华书局2004年版，第545—553页；川尻文彦：《"民主"与democracy——中日之间的"概念"关联与中国近代思想》，孙江主编：《新史学（第2卷）：概念·文本·方法》，北京：中华书局2008年版，第76—94页；李恭忠：《晚清的"共和"表述》，《近代史研究》2013年第1期；金观涛、刘青峰：《从"共和"到"民主"——中国对西方现代政治观念的选择性吸收和重构》，《观念史研究：中国现代重要政治术语的形成》，北京：法律出版社2017年版，第252—288页；陈力卫：《"民主"与"共和"》，《东来东往：近代中日之间的语词概念》，北京：社会科学文献出版社2019年版，第309-332页；方维规：《东西洋考"自主之理"——"议会""民主""共和""自由"等西方概念在19世纪的汉译、嬗变和使用》，《历史的概念向量》，北京：生活·读书·新知三联书店2021年版，第127—190页；桑兵：《历史的原声：清季民元的"共和"与"汉奸"》，桂林：广西师范大学出版社2020年版，第31—214页。

② 刘正埮等编：《汉语外来词词典》，上海：上海辞书出版社1984年版；沈国威：《近代中日词汇交流研究：汉字新词的创制、容受与共享》，北京：中华书局2010年版；《近现代汉语新词词源词典》编辑委员会编：《近现代汉语新词词源词典》，上海：汉语大词典出版社2002年版；黄河清编：《近现代辞源》，上海：上海辞书出版社2010年版。

system of government，①钱宁峰《"统治权"：被忽视的宪法关键词》提及丁韪良（William Alexander Parsons Martin）译《万国公法》已出现"国体"等"为近代日本所广泛使用的词汇"②，但没有提供具体例证。这些史实，提示应充分注意早期来华传教士翻译西文时所用的"国体""政体"。

近年来，关于"国体""政体"概念与学说在近代中国的演变与影响的研究，明显增多。2004年，林来梵、凌维慈合著《中国立宪主义的起点——对清末君主立宪主义的一个省察》，注意到出使日本考察宪政大臣达寿在奏折中引用了穗积八束的"国体""政体"区分学说，又以《宪政浅说》为据判断梁启超受到美浓部达吉的影响，主张国家法人说，但与美浓部达吉持"国体概念反对说"不同，梁启超区分"国体""政体"，"国体的区别以最高机关的所在为基准"，不是美浓部达吉"所反对的那个国体的概念"③。2009年，林来梵、褚宸舸合写《中国式"宪政"的概念发展史》进一步提出，梁启超在1899年4—10月的《清议报》连载《国家论》"论述国体与政体之区分"，其"政体和国体分立的观点与其后清廷官员达寿不谋而合"④。2013年，林来梵专门撰写《国体概念史：跨国移植与演变》，梳理"国体"概念在日本的语义变迁，以及穗积八束的"国体""政体"区分理论的渊源流变，并引用梁启超的译著、《日本帝国宪法义解》、高田早苗《宪法要义》、菊池学而《宪政论》和载泽、达寿的奏折等材料，探讨"国

---

① 崔军民：《萌芽期的现代法律新词研究》，北京：中国社会科学出版社2011年版，第114—115页。
② 钱宁峰：《"统治权"：被忽视的宪法关键词》，《中外法学》2012年第1期。
③ 林来梵、凌维慈：《中国立宪主义的起点——对清末君主立宪主义的一个省察》，《社会科学战线》2004年第4期。
④ 林来梵、褚宸舸：《中国式"宪政"的概念发展史》，《政法论坛》2009年第3期。

体""政体"区分说在清末的传播与影响①。林来梵后来还参合日本学界的研究成果，细致地梳理穗积八束的"国体""政体"区分学说的来龙去脉及影响②。林来梵的系列研究，相较前人，推进明显，唯其偏向于探讨"国体""政体"的分别，相对忽略了"国体""政体"异同的多元论述，对部分史事如梁启超的"国体""政体"观念的解读，有先入为主之嫌。

梁启超是引进明治日本的"国体""政体"学说并运用来分析规划中国的改制路径的关键人物，学界对其"国体""政体"认知多有探讨。谢放《宪政之路：梁启超的"政体进化论"思想》认为，梁启超1901年发表的《立宪法议》已"大体对国体和政体作了区分"，"一直主张在既定的国体之下逐步实现政体改革"③。藤井隆《政体论から「开明专制论」を読む》注意到梁启超不同时期的"政体"分类观念明显变化，早期更多是强调"政体"分类，从1907年的《政闻社宣言书》开始，才明确区分"国体""政体"。藤井隆还综合前人研究指出，明治日本宪法学、国家学关于"国体""政体"的关系，有三种观点：一，穗积八束、上杉慎吉等人区分"国体""政体"，认为"政体"可变，"国体"不可变，强调日本的"国体"的独特性；二，认为"国体""政体"有别，"国体"翻译德文Staatsform、英文Forms of State，"政体"对应德文Regierungsform、英文Forms of Government，这种分类方法适用于所有国家；三，否认"国体""政体"有别，代表性人物是从立宪主义的角度解释《明治宪法》的美浓部达吉。以上三种说法，第二种较为常见。藤井隆根据长尾龙一的研究，认为第二种理论由东京帝国大学外国教师那特硁（Karl Rathgen）引进，后来被高田早苗、岸

---

① 林来梵：《国体概念史：跨国移植与演变》，《中国社会科学》2013年第3期。
② 林来梵：《国体宪法学：亚洲宪法学的先驱形态》，《中外法学》2014年第5期。
③ 谢放：《宪政之路：梁启超的"政体进化论"思想》，《河南大学学报（社会科学版）》2012年第6期。

崎昌、中村孝、小野塚喜平次等人继承①。高力克《宪政与民主：梁启超的政体与国体理论》、喻中《所谓国体：宪法时刻与梁启超的共和再造》也分析了梁启超的"国体""政体"观念，都认为梁启超的"国体""政体"认知经历了一个从混用到区分的演变过程，但具体在什么时候开始发生变化这个问题上，则认识有异②。

除关注重要人物的"国体""政体"观念外，也有学者从长时段宏观视角考察中国近代"国体""政体"概念与学说的演变。李育民《晚清时期国体观的变化试探》指出，"以天朝体制为核心的传统国体观"，在鸦片战争以后的中外交涉中发生根本性变化，"逐渐形成了以近代国家为内核的新观念"③。范贤政《"国体"与"政体"在近代中国的演变与分化》梳理"国体""政体"分化的过程，认为这两个概念的分化意味着"西方政治理论的中国化"④。王宏斌《"政体""国体"词义之嬗变与近代社会思潮之变迁》具体指出，中国人最早接受西方"政体"概念的是康有为、梁启超，马建忠曾用"国体"指称君主、民主、君民共主，但"这只是一种偶然的表达方式"，"'国体'词义的嬗变似乎是从1912年才真正开始的"。"国体""政体"词义的嬗变，"深刻反映着'古今中外'的复杂问题"⑤。这几位学者对于"国体""政体"概念的演变进程、意涵指称的认识，彼此冲突，分歧明显，说明仍有相当多的历史细节有待厘清。不过，他们都提示了应当充

---

① 藤井隆：《政体论から「开明专制论」を読む》，《修道法学》34（2），2012年。
② 高力克：《宪政与民主：梁启超的政体与国体理论》，《二十一世纪》第142期，2014年4月；喻中：《所谓国体：宪法时刻与梁启超的共和再造》，《法学家》2015年第4期。
③ 李育民：《晚清时期国体观的变化试探》，《人文杂志》2013年第6期。
④ 范贤政：《"国体"与"政体"在近代中国的演变与分化》，《学术研究》2014年第3期。
⑤ 王宏斌：《"政体""国体"词义之嬗变与近代社会思潮之变迁》，《安徽史学》2014年第5期。

分探讨"国体""政体"学说具体如何融入中国本土的问题。

2019年，桑兵《辛亥时期国体政体的意涵与辨析》对辛亥时期各方关于"国体""政体"的争论作了提纲挈领的梳理，强调要在具体的历史语境中解读言人人殊的"国体""政体"观念，并指出明治时期日本皇权与统治权合一是"国体""政体"完全分离的关键。正是因为认识到时人往往混同"国体""政体"，桑兵采用严谨表述，概括辛亥年国民会议公决君主民主一事为国民会议公决"国体""政体"。对此，宋培军表示不同意见，认为在清末民初的语境下，"国体""政体"有着微妙的区别，但具体讨论起如何区分时，难免还是剪不断，理还乱①。此外，邓丽兰、李云波都注意到，洪宪帝制前后的君主、共和论战中，时人对"国体""政体"的意涵所指及联系分别的认识多有分歧，远未达成共识②。这也说明，理清晚清"国体""政体"争议的来龙去脉，对于把握后来聚讼纷纭的"国体""政体"问题极为重要。

晚清国家类型学说最为重要且深远的影响，是形成了一套系统的比较中西政治形式，定位中国固有政治制度，进而探索中国变制方向的知识和思维体系。佐藤慎一最初发表于1994年的《近代中国的体制构想——以专制问题为中心》即注意到：自1880年代起，王韬、郑观应等"条约港知识分子"将区分外国政治制度为君主国、君民共主国、民主国的理论介绍到中国，并在此框架下分析中国政治体制的位置，定位中国为君主国。而从20世纪初起，梁启超区分"政体"为君主专制、君主立宪、民主立宪的观念逐渐流行，中国传统政治是君主专制政体成为中

---

① 桑兵：《历史的原声：清季民元的"共和"与"汉奸"》，第131—172页；宋培军：《袁世凯手批清帝辞位诏书的发现及其对清末民初国体因革的认知意义》，《文史哲》2019年第4期。

② 邓丽兰：《君主与共和：国体之争的再认识——以〈甲寅〉〈新中华〉为中心的考察》，刘泽华、罗宗强主编：《中国思想与社会研究》第2辑，北京：中国社会科学出版社2009年版，第432—443页；李云波：《略论1915年之"国体"讨论》，吉林大学文学院硕士学位论文，2012年，未刊。

国人的新"常识"。从君主、君民共主、民主到君主专制、君主立宪、民主立宪(共和)的"政体"分类法的演变,其意义不仅仅是名词概念的变化,更为关键的是,后一种分类法以"立宪"与"非立宪"的基准区分"政体",认为君主应受宪法制约。在此观念下,专制被认定为"最恶"的"政体",君主专制、君主立宪、民主共和呈现为进化的序列。与此相关,立宪派与革命党的政治体制构想,除有对立的方面,也有不少共通点,如都将民主共和作为最先进的"政体"和中国政治改造的终极目标①。

在西方国家类型学说的影响下,近代以来,"中国古代专制"几乎可以说是人所共知的论断,虽偶有学者提出质疑,但终究影响有限,无法改变这一普遍认识。近些年来,得益于学术视野的拓宽与研究取径的多元化,中国古代尤其是秦以降的王朝政治能否完全统称为"专制",在学界引起不小的争论。侯旭东通过"知识考古"论证"帝制时代的中国政体为专制政体"是"亚里斯多德以来的西方人对东方的偏见",并为19世纪末以后的中国知识分子所接受。对此,黄敏兰综合考察中国本土思想资源和国人接受专制说的具体情形,指出"中国古代专制"这一学说"符合中国历史的特征"。此后不少学者陆续加入这场论争,从辨析"专制"的内涵以及中国古代政治制度的特征等角度入手,对"中国

---

① 佐藤慎一著,刘岳兵译:《近代中国的知识分子与文明》,南京:江苏人民出版社2008年版,第236—279页。

古代专制说"能否成立各抒己见①。

  由于今人对存续时间极长且各朝皇权体制变化多端的古代政治以及"专制"的基本内涵与特征的认识不尽一致，中国古代是否属于"专制政治"，是一个颇让人困惑纠结而难有定论的庞大议题。从历史发生的脉络来看，讨论中国古代是否属于"专制政体"，首先要解决的问题之一，应当深究"中国古代专制说"何以能够迅速成为一种支配性论断。就此而论，既有研究多关注近代国人接受使用"专制"概念指称中国古代政治的历史，较少深入讨论鸦片战争前后至光绪戊戌年间，西方传教士带来的君主、君民共主、民主的国家分类学说如何影响时人对中国政治类型的定位，及其与后来流行的"中国古代专制"观念的联系。

  2011年，潘光哲《晚清中国士人与西方政体类型知识"概念工程"的创造与转化》十分细致地梳理了蒋敦复、王韬在慕维廉译《大英国志》的影响下，将西方政治类型概括并命名为君主、君民共主、民主三种，进而在此思维体系下比较中西政治优劣的具体经过②。唯光绪戊戌年以前国人很少使用"政体"这个法政概念，此时期指称各种国家形式

---

  ① 侯旭东：《中国古代专制说的知识考古》，《近代史研究》2008年第4期；黄敏兰：《质疑"中国古代专制说"依据何在——与侯旭东先生商榷》，《近代史研究》2009年第6期。其他关于"中国古代专制说"的生成历程及其能否成立的讨论，可参考赵利栋：《中国专制与专制主义的理论谱系：从戊戌到辛亥》，《近代史学刊》第4辑，2007年；黄敏兰：《近年来学界关于民主、专制及传统文化的讨论——兼及相关理论与研究方法的探讨》，《史学月刊》2012年第1期；阎步克：《政体类型学视角中的"中国专制主义"问题》，《北京大学学报（哲学社会科学版）》2012年第6期；蒋凌楠：《晚清"专制"概念的接受与专制历史谱系的初构》，《史学理论与史学史学刊》2015年卷；张昭军：《"中国式专制"抑或"中国式民主"——近代学人梁启超、钱穆关于中国古代政治制度的探讨》，《近代史研究》2016年第3期；郑小威：《关于"中国专制论"的辩论》，邓小南、方诚峰主编：《宋史研究诸层面》，北京：北京大学出版社2020年版，第165—214页。

  ② 潘光哲：《晚清中国士人与西方政体类型知识"概念工程"的创造与转化——以蒋敦复与王韬为中心》，《新史学》第22卷第3期，2011年。又收入潘光哲：《创造近代中国的"世界知识"》，北京：社会科学文献出版社2019年版。

的词汇究竟如何，仍可继续探讨。

晚清国家类型学说的传播，与以明治日本为媒介吸收法政学说关系紧密。就此而言，有两个相关方面的研究需要特别重视。其一，巴斯蒂、郑匡民、承红磊等人先后考证梁启超译《国家论》的文本渊源①，孙宏云厘清小野塚喜平次、那特硁、高田早苗、有贺长雄等人的学说、著作在清末的影响②；其二，翟海涛、陈健、朱腾等人分析专门面向中国留学官绅开设的日本法政大学法政速成科的课程设置、办学情形及其对国人的政治观念的影响等问题③。这些论著，都为进一步探讨国家类型学说的传播情况奠定了基础。

三、史料与思路

总的来说，国家类型学说在近代中国的传播与影响作为一个专门的研究范畴，已逐渐引起学界的关注和讨论，特别是关于"国体""政体"概念与学说的生成时间、思想渊源和演变过程等问题，成果不少，丰富了今人对相关史事的认知。不过，各人观点相互参差，也说明仍有许多重要问题悬而未决，需要进一步深究。

具体来说，有以下几个方面：一，没有充分注意海通以后指称国家

---

① 巴斯蒂：《中国近代国家观念溯源——关于伯伦知理〈国家论〉的翻译》，《近代史研究》1997年第4期；郑匡民：《梁启超启蒙思想的东学背景》，上海：上海书店出版社2003年版，第228—268页；承红磊：《〈清议报〉所载〈国家论〉来源考》，《史林》2015年第3期。

② 孙宏云：《小野塚喜平次与中国现代政治学的形成》（《历史研究》2009年第4期）、《那特硁的〈政治学〉及其在晚清的译介》（《中华文史论丛》2011年第3期）、《学术连锁：高田早苗与欧美政治学在近代日本与中国之传播》（《中山大学学报（社会科学版）》2013年第5期）、《清末预备立宪中的外方因素：有贺长雄一脉》（《历史研究》2013年第5期），等等。

③ 翟海涛：《法政人与清末法制变革研究》，华东师范大学历史系博士学位论文，2012年，未刊）；朱腾：《清末日本法政大学法政速成科研究》，《华东政法大学学报》2012年第6期；陈健：《清末知识人的国家建制构想：以日本法政大学速成科中国留学生为中心》，北京：社会科学文献出版社2020年版。

形式的各种词汇概念以及对应西文表述的"国体""政体";二,既有研究往往容易默认"国体""政体"一开始就有清晰明确的意涵所指,以偏概全地用当时或后来的某种说法串联概念词汇,有意无意地忽视了异名同实、同名异实等情况,未能充分呈现"国体""政体"概念与学说因时因地因人而变的多样性及其症结所在;三,相关研究虽已注意到清末"国体""政体"学说的流行是受日本的影响,但较少讨论概念与知识在引进、传播的过程中受各种复杂因素作用而发生的变异;四,既有研究探讨"国体""政体"学说对近代中国政治转型的影响,主要以梁启超、达寿等人的观点为例,涵盖的史事相当有限,显然不能深入揭示"国体""政体"学说在清末中国从帝制走向共和的历史进程中所发挥的重要作用。

要理清晚清国家类型学说的渊源流变,必须广泛搜辑和充分利用各种相关文献。晚清译介国家类型知识,以1898年为分界线,大致上可以分为少而缓的西学和多且快的东学两个阶段。前一时期,国家类型学说主要通过来华传教士和国人翻译、撰写的史地论著、公法书籍和报刊文章传播,后一时期则依托潮涌而进的汉译日本法政著作、教材。此二类文献,尤其是后者,数量可观,是主体材料,对于揭示"国体""政体"学说的纷繁本貌,至关重要[①]。

晚清时期,报刊繁兴,成为时人论政的重要平台,清末改制潮流中不少的"国体""政体"见解,即是藉此发表和传播。报刊上言人人殊的"国体""政体"论述,是国人接受国家类型学说后的重新表述,有时难免一知半解、粗疏浅陋,却能展现时人的真实认知,甚至更能反映普遍观点,代表时趋。因此,《申报》《大公报》《时报》《顺天时报》《选报》《清议报》《新民丛报》《民报》《盛京时报》等多种报

[①] 清末翻译的不少书籍往往在出版之前先预发广告,最后却没有真正刊行,结果出现有目无书的情况。又或是相关书籍流传有限,加以年代久远,已不易寻觅。

刊,也是必不可少的参考文献。

日记、文集等资料也十分重要。日记作为即时记载,虽详略不一,往往包含不少细节和个人观感,有助于丰富史实的各个层面。如载泽《考察政治日记》详细地记录了穗积八束、伊藤博文讲解宪法和立宪政治的具体经过。文集作为某人、某时期、某主题的文章合集,较为集中地辑录相关文献,部分稀见或未刊著作或因此得以公布,如《杨毓麟集》所收《政治学提纲》,此前就较少得到利用。

此外,清末预备立宪期间,官绅士民曾就立宪、纂拟宪法等问题奏陈见解,不少涉及"国体""政体"问题的奏折、文件当时并未公布,后来编辑出版的《清末筹备立宪档案史料》《清宫辛亥革命档案汇编》则有所披露。充分利用这些档案,也有助于探讨丰富多元的"国体""政体"认知。

在广泛搜罗各类史料的基础上,则是努力做到从无到有地呈现"国体""政体"学说的发生演化。因欧美日本的国家形态、政治文化互歧多变,不同时期各国学者的国家分类方法因时因地因人而异,各种"国体""政体"概念与学说关系复杂,难期一律,清末国人接触、引介的文本又只是其中一部分,所以不能认为西学、东学有统一的认识,更不宜简单套用相关学说在欧美日本的本有内涵解释国人认知,而要严格按照时间顺序具体呈现"国体""政体"概念与学说如何在中国逐步形成、演变。

进一步来说,文化跨国传通无法避免变异,除了明显可见的窜改删略和拼凑杂糅等情况,"国体""政体"概念与学说在辗转传播的过程中也会自然而然地丢失本来丰富的意涵。如指称君主、民主等政治的"政体",可以同时表达"国家形体""政府形体"两种不同但又很难完全区分的意思,而国人则未必注意及此,只看到"政体"一词,辗转使用后,已不受西学、东学本义约束,甚至会根据中国固有的文法字义解读,多有格义附会、望文生义,以致"按之东西洋之解释既不然,按之中国向来之解释又不然"①。探讨晚清的"国体""政体"概念与学说,正要充分注意这种用东西洋和中国的含义来解释都不尽然的本相,避免用后出系统观念简单概括纷繁史事②。

因清末的"国体""政体"观念涉及如何变法改制的问题,除考究时人的"国体""政体"言说的学理渊源和变异情形外,还注意以下两个方面:一,各方论述的言说对象及关系;二,变化的"国体""政体"观念在清末中国从预备立宪走向共和革命的大脉络中所反映的整体转型趋势。简言之,前后左右关联解读相关史事,说明"国体""政体"观念怎样变,为何变。

---

① 《论文字之怪现象》,《申报》,1906年6月30日,第2版。
② 张荫麟点评冯友兰著《儒家对于婚丧祭礼之理论》时曾提醒:"以统系化之方法,治古代思想,适足以愈治而愈棼耳"(桑兵、张凯、於梅舫编:《近代中国学术批评》,北京:中华书局2008年版,第49页);陈寅恪论及如何研治中国古代哲学,也指出应避免"其言论愈有条理统系,则去古人学说之真相愈远"(陈寅恪:《冯友兰中国哲学史上册审查报告》,《金明馆丛稿二编》,北京:生活·读书·新知三联书店2001年版,第280页)。这些意见,也适用于中国近代新名词、新思想的研究。

第一章

"国体""政体"纠葛的缘起

晚清时期国家类型学说的传播与影响,突出表现为"国体""政体"纠葛的衍生。中国古籍原来虽有"国体""政体"一类表述,但主要泛指国家、政事的体要、体统。鸦片战争以降,西学、东学陆续输入,指称国家形态、政府形态的"国体""政体"概念开始出现。细致梳理"国体""政体"概念尚未流行之前指称国家类型的多样表述,以及"国体""政体"概念从无到有,从相互独立走向彼此纠缠的具体过程,可以发现"国体""政体"同名异实、异名同实、异同难辨的复杂本相。

第一节 相互独立的"国体""政体"

一、古籍旧有的"国体""政体"

如果用关键词进行检索的方式查寻,中国古代典籍中"国体""政体"的表述似乎颇为常见,例如收书相对丰富的《中国基本古籍库》,查找的结果大致可以呈现用法意涵演变的概况。就传世文献而言,"国体"最早出现在汉代,后世使用逐渐增多。汉代典籍中"国体"的主要用法有四种：一、指国君之股肱。一般认为成书于西汉的《春秋穀梁传》有"大夫，国体"一语，范宁注解："国体谓为君股肱。"①二、喻指诸侯为国之躯体。东汉何休《春秋公羊传解诂》诠解"郑杀其大夫申侯，其称国以杀何？称国以杀者，君杀大夫之辞也"一句说："诸侯国体，以大夫为股肱，士民为肌肤，故以国体录。"②三、国家体要。《汉书》载："刘向称贾谊言三代与秦治乱之意，其论甚美，通达国体。"③南宋程大昌将"贾谊通达国体"与《汉书》中"文帝策贤良曰明于国家大体"一事关联，说："国体者，体如人之有体焉，四支与身皆体也。又作屋作文皆有大指，如曰辞尚体要是也。"④四、国家体统，与礼法纲纪关联。《汉书》载，翟方进因涓勋对丞相无礼而举奏说："爵位上下之礼，王道纲纪"，涓勋"不遵礼仪，轻谩宰相，贱易上卿，而又讪节失度"，实"堕国体"。⑤

上述几种用法，前两种见于特定的儒家经典，未被广泛使用，后二种在魏晋南北朝隋唐时期持续出现。宋代文教兴盛，印刷业发达，见诸典籍的"国体"剧增。泛指国家体统，与礼法纪纲相关的"国体"越来越多见，如《东都事略》载："（范）纯礼凡所封驳，正名分纪纲，皆国体之大者。"⑥宋人讨论国家制度应如何运作时也会使用"国体"，如曾肇认为："内中时有批降指挥，除付三省、枢密院外，亦有直付有司者"，这样做违背了号令"必经中书参议、门下审驳，乃付尚书省施行"的规则，于是上书陈请"凡有指挥，须付三省、枢密院施行，更

---

① 范宁集解，杨士勋疏：《春秋穀梁传注疏》庄公第三，北京：北京大学出版社2000年版，第105页。
② 何休解诂，徐彦疏：《春秋公羊传注疏》卷十，北京：北京大学出版社2000年版，第256页。
③ 班固撰，颜师古注：《汉书》卷四十八，第2265页。
④ 程大昌：《演繁露续集》卷三，《景印文渊阁四库全书》第852册，台北：台湾商务印书馆1986年版，第227页。
⑤ 班固撰，颜师古注：《汉书》卷八十四，第3414页。
⑥ 王称：《东都事略》卷五十九，《景印文渊阁四库全书》第382册，第376页。

不直付有司，以正国体"①。这里的"国体"当释作国家体统，不过强调的不是礼法名分，而是国家制度运作的规矩、正则。此外，宋与他国接触时也常常强调"国体"，时人言："国耻，谓国体之卑辱。"②此处"国体"无疑与国家的礼仪名分有关。在与他国交往时强调体统的语境中，"国体"牵连国家的尊荣声威，带有国家体面的意味。宋代"国体"的另一流行用法是泛指国家体要，如胡安国称赞陈渊"深究先圣之微言，能谈当世之要务，通达国体，晓知政经"③。

元明至清中期，"国体"大体延续宋代的常见用法，主要指国家体统、体要。如明人缪昌期、刘鸿训分别作文《国体国法国是有无轻重解》，前者说："国有三大，曰国体，曰国法，曰国是。虚而不可不存者，体也。"体"有尊而无亵"，"有高卑贵贱亲疏内外"④。后者认为："国之有体、有法、有是，何妨乎？……言体统者重体。"⑤以上二例，"国体"显指国家体统，强调礼法纪纲。若在国家体统层面使用的"国体"与典章制度有关，则更多是强调国家体制的规矩、法度、正则。如张居正曾说："会典一书，于昭代之典章法度，纲目毕举，经列圣之因革损益，美善兼该。"但"近年以来，好事者喜于纷更，建议者勘诡国体，条例纷纭，自相抵牾，耳目淆惑，莫知适从"⑥。明清两

---

① 曾肇：《上徽宗论内降指挥不可直付有司》，赵汝愚编：《宋朝诸臣奏议》上册，上海：上海古籍出版社1999年版，第232页。
② 卫湜：《礼记集说》卷一百一十八，《景印文渊阁四库全书》第119册，第534页。
③ 陈渊：《辞免举贤良状》，《默堂集》卷十三，《景印文渊阁四库全书》第1139册，第380页。
④ 缪昌期：《国体国法国是有无轻重解》，《从野堂存稿》卷二，《续修四库全书》编纂委员会编：《续修四库全书》第1373册，上海：上海古籍出版社2002年版，第408页。
⑤ 刘鸿训：《国体国法国是有无轻重解》，《四素山房集》卷八，《四库未收书辑刊》编纂委员会编：《四库未收书辑刊》第六辑第21册，北京：北京出版社1998年版，第628页。
⑥ 张居正：《请重修大明会典疏》，陈子龙等辑：《皇明经世文编》卷三百二十五，《续修四库全书》第1660册，第28页。

代与外国接触时,国人也会用到与体统相关的"国体",如姚莹说:"时议惧生边衅,每遇外夷之事,往往假天朝恩德宽大为言,而实示之以弱,殊不知损国威即失国体。"[1]"失国体"即有损国家体面、尊严。此外,泛指国家体要、根本的"国体",在此时期亦相当常见,如明人吴瑞登称赞何煃条陈的"宽民力""惩赃吏""重纠察""正士风""禁奢靡"五事可谓"通达国体"[2]。

与"国体"相比,"政体"在古籍中出现较晚,最早见于东汉荀悦的《申鉴》,所谓:"承天惟允,正身惟常,任贤惟固,恤民惟勤,明制惟典,立业惟敦,是谓政体也。"[3]"政体"即立政施治的体要。魏晋南北朝隋唐时期的"政体"基本是延续这一用法,如"学兼经史,达于政体",等等[4]。

宋代文献所见"政体"明显增长,除意指立政的体要外,又逐渐衍变出另一常见用法,指政事的体统。在此层面使用的"政体"分为两种情况,一是强调礼法纪纲。如朱熹说:"人主以论相为职,宰相以正君为职",若"二者交失其职,是以体统不正,纲纪不立,而左右近习皆得以窃弄威权,卖官鬻狱,使政体日乱,国势日卑"[5]。二是与政事的规矩有关。如刘挚说,"建官分职,各有所治","差谏官、罢侍讲"是三省权限,枢密院干涉便是"侵紊政体"[6]。

元明至清中期,"政体"主要还是指立政施治的体要或政事的体统。冯坚上书建言九事,即颐养圣躬、慎择老成之臣、攘夷狄、精选

---

[1] 姚莹:《上孔兵备书》,《东溟文集》卷四,《清代诗文集汇编》第549册,上海:上海古籍出版社2010年版,第357页。
[2] 吴瑞登:《两朝宪录》卷十七,《续修四库全书》第352册,第695页。
[3] 荀悦:《申鉴》卷一,《景印文渊阁四库全书》第696册,第435页。
[4] 杜佑:《通典》卷十七,《景印文渊阁四库全书》第603册,第196页。
[5] 朱熹:《晦庵集》卷十二,《景印文渊阁四库全书》第1143册,第204—205页。
[6] 李焘:《续资治通鉴长编》卷三百六十,《景印文渊阁四库全书》第320册,第124页。

有司、褒封祝典、减省宦官、调易边将、采访廉能和增置关防,明太祖朱元璋称其所言"关于政体者多,是可嘉也"①。此处"政体"显然是指立政的体要。高拱则说:"要得天下治,只在用人。用人只在用三个人,一个首相,一个冢宰,一个台长。首相得人,则能平章天下事务,件件停当。冢宰得人,则能进贤退不肖,百官莫不称职。台长得人,则能振扬风纪,有不法者率众台官纠治之,而政体自清。"②"政体"指政事的体统,与纪纲法度有关。清咸丰帝曾斥责张芾奏请"刊刻邸钞,发交各省"是"不知政体"。因为"国家设官分职,各有专司,逐日所降明发谕旨及应行钞发内外臣工折件,例由内阁传知各衙门通钞,即由各该管衙门行知各直省",内阁"办事之侍读、中书从无封交兵部发递事件,若令其擅发钞报,与各督抚纷纷交涉,不但无此体制,且恐别滋弊端"③。此处的"政体",便与体统、体制关联,强调政事的规矩、正则。

值得一提的是,晚清"政体"在中国传统文法字义的基础上又衍生出一种比较多见的用法,意指官员的身体,如李鸿章致书刘盛藻说:"前闻政体违和,正深惦系。"④

因"国""政"关系紧密,偶尔有人混同"国体""政体"。如《三国志》裴松之注说:"或以为孝文虽贤,其于聪明,通达国体,不如贾谊。"⑤清人严可均将这段话辑入《全三国文》时改为"通达政体"⑥。但这种情况极为少见。近代以前,多数人不会直接关联"国

---

① 黄光昇:《昭代典则》卷十一,《续修四库全书》第351册,第279页。
② 高拱:《高文襄公集》卷三十一,《四库全书存目丛书》编纂委员会编:《四库全书存目丛书》集部第108册,济南:齐鲁书社1997年版,第425页。
③ 王先谦:《东华续录》咸丰三十,《续修四库全书》第376册,第659页。
④ 李鸿章:《复浙江臬台刘》,顾廷龙、戴逸主编:《李鸿章全集》第33册,合肥:安徽教育出版社2008年版,第303页。
⑤ 陈寿撰,裴松之注:《三国志》卷二,北京:中华书局1964年版,第88页。
⑥ 严可均辑:《全上古三代秦汉三国六朝文·全三国文》卷八,《续修四库全书》第1604册,第387页。

体""政体",更不用说比较其异同了。

二、西学东渐与言人人殊的"国体""政体"

道咸以降,中西交通日渐频密,来华西人在中国士人的帮助下著书办报,国人也开始翻译外国文籍,西学东渐引发中国语言文字思想文化变迁。与此潮流相应,汉文所见"国体""政体"除继续受中国固有的文法字义影响外,逐渐出现翻译表达西文词汇概念的新例。

传教士刊物很早就用到"政体",但意涵不一。1834年,郭士立(Karl Friedlich Gutzlaff)等人主办的《东西洋考每月统记传》刊载新闻说:"南亚墨利加列国已良久驱逐西班牙国官员,自操其权,惟政体未尚定着。"1837年又报道:"西班牙国家抄庙寺观财产,以充国帑。英吉利助军兵,不收钱粮,拖欠多矣,甚愿逸军回本国,若如此,诚恐串通作乱之徒倾覆政体。"两处"政体"似是对应西文,因内容简略,含义较模糊。该刊另有自称为中国人所写,实际应由华人与传教士合作完成的《自主之理》一文,说:"我中国人慕英吉利国名,而未知其国家之政体如何。"接着写道:"各国立政,以安黎民,而诸政不同,英吉利权术与他国殊异",其"国基为自主之理",即"按例任意而行"[①]。此处"政体"与如何立政有关。另一篇介绍美国政治的文章则说:"遍国之地方,亦各立其政,如大统亦然,而各地方之政体皆统为一矣"[②]。"政体"与政治制度有关,应是对译西文的表述。

1861年,裨治文(Elijah Coleman Bridgman)与华友宋小宋将1838年初刻的《美理哥合省国志略》修订成《大美联邦志略》[③]。其《建国

[①] 爱汉者等编:《东西洋考每月统记传》,北京:中华书局1997年版,第93、248、339页。

[②] 爱汉者等编:《东西洋考每月统记传》,第389页。

[③] 关于《大美联邦志略》的版本问题,可参考张施娟:《裨治文与早期中美文化交流》,杭州:浙江大学出版社2010年版,第22—43页。

立政》一卷说,结束与英国的战争后,各邦派人"齐于边邦之都,会议开创政体","迨乾隆之五十有二载,政体乃定"。其主旨是:"<u>兹我联邦之民,因欲联络永坚,一心公正,彼此平康,互相保卫,永利国邦</u>,恪遵自主等务,特此会集,公同议定,开创政体,以为新国世守成规。"文章罗列七条"政体"后说:"此即我联邦立政之始基也"。①

结合时间与内容,可知所述即1787年费城制宪一事。引文加下划线的语句译自美国宪法序言:"We the people of the United States, in order to form a more perfect union, establish justice, insure domestic tranquility, provide for the common defence, promote the general welfare, and secure the blessings of liberty to ourselves and our posterity, do ordain and establish this Constitution for the United States of America."②也就是说,"政体"明确对译"constitution",即今人所谓宪法。《美理哥合省国志略》也曾提及此事,但用词有别:"时国泰民安,必须立首领,设国法。"③"国法"应指"constitution",由麦都思(Walter Henry Medhurst)编纂的《英华字典》,对"constitution"的解释翻译就是"system of laws, 国法、律例、定规"④。

1881年,林乐知(Young John Allen)在《万国公报》上的《环游地球略述》转载这段论述,并续录后来增修的十五条"政体",说:"以上略述增修政体十五条,皆按前七条详叙,更觉前条有未明者益晓然矣,此即联邦立国之章程也。不论民主,不论公议堂,不论联邦官

---

① 裨治文:《大美联邦志略》,王西清:《西学大成》卯编上,上海:醉六堂书坊光绪乙未年版,第50—51页。

② The Constitution of the United States, https://www.archives.gov/founding-docs/constitution-transcript,最后访问于2022年3月8日。

③ 裨治文著,刘路生点校:《美理哥合省国志略》,《近代史资料》编辑部编:《近代史资料》总92号,北京:中国社会科学出版社1997年版,第42页。

④ Walter Henry Medhurst, *English and Chinese Dictionary*, Shanghae, Printed at the Mission press, 1847–1848, p.300.

员会议何事，不得不确遵章程。"①"章程""政体"交替出现，说明"政体"对应"constitution"的译法并不稳定。

自1862年始，丁韪良与何师孟、李大文、张炜、曹景荣一起翻译惠顿（Henry Wheaton）的 *Elements of International Law*。后来清政府派陈钦、李常华、方濬师和毛鸿图助其润饰文稿，最终在1865年初以《万国公法》为名出版②。是书多处使用"国体"一词。《论邦国自治自主之权》一章说："若君权无限，则君身与国体无别，法国路易十四所谓'国者，我也'。"③类似的表述还有："盖约有属国体者，有属君身者。属国体者，即更换朝代，亦当守而不废。"④另有其他不同用法。如讨论"易君主变国法"与国家债务无关时说："盖其国犹然自主，则其国体仍在，所变者其迹，非其体也。"⑤讲到"君身虽在他国疆内，他国不得捕拿拦阻其过疆"时又说："盖明知其君过疆，不可弃其君威，伤其国体，故不归他国管辖。"⑥

以上几处"国体"的意涵明显不同。查对原文，分别是：

1. Wherever, indeed, the absolute or unlimited monarchical form of government prevails in any State, the person of the prince is necessarily identified with the State itself: l'Etat c'est moi.

2. Here the distinction laid down by institutional writers between real and personal treaties becomes important. The first bind the contracting parties independently of any change in the sovereignty, or in the rulers of the State.

---

① 《续环游地球略述第二十七次》，《万国公报》第643期，1881年6月11日。
② 林学忠的《从万国公法到公法外交：晚清国际法的传入、诠释与应用》（上海：上海古籍出版社2009年版）对晚清翻译的各种国际法书籍的版本、底本有详细的说明，可资参考。
③ 惠顿著，丁韪良译：《万国公法》卷一，开成所1865年版，据京都崇实馆存板翻刻，第17页。
④ 惠顿著，丁韪良译：《万国公法》卷三，第20页。
⑤ 惠顿著，丁韪良译：《万国公法》卷一，第23页。
⑥ 惠顿著，丁韪良译：《万国公法》卷二，第30页。

3. As to public debts—whether due to or from the revolutionized State—a mere change in the form of government, or in the person of the ruler, does not affect their obligation. The essential form of the State, that which constitutes it an independent community, remains the same; its accidental form only is changed.

4. A foreign sovereign was not understood as intending to subject himself to a jurisdiction incompatible with his dignity and the dignity of his nation, and it was to avoid this subjection that the license had been obtained.[①]

两相比较，相对于"君身"的"国体"对译"state"，区别于"其迹"的"国体"为"the essential form of the state"，与"君威"有关的"国体"对应"the dignity of his nation"。也就是说，第一处"国体"即是"国"，使用"体"字是为了与"身"相对；第二处"国体"则是国家基本组织；而对译"the dignity of his nation"的"国体"，当是直接借用汉语旧义，指国家体统、体面。

《万国公法》令丁韪良声名骤升，1869年，他被聘为京师同文馆总教习。在朝野日益关注外交的背景下，他与同文馆师生翻译了一系列"公法"书籍。1877年，译自吴尔玺（Theodore Dwight Woolsey）*Introduction to the Study of the International Law*的《公法便览》成书，1878年出版。在丁韪良的带领下，此书"司翻译者四人，为汪凤藻、凤仪、左秉、隆德明，而大半出于汪凤藻一手。司校阅者二人，为贵荣暨前同文馆学生桂林，而贵荣更于前后加以琢磨而润色之"[②]。

《公法便览》中有《政体各殊，公法概予以正名》一节，说："邦国无论何等政式，皆可交际外国，治理内政。各国政体虽有互异，而应尽之责守，苟无阻碍，则公法视同一律，各国皆予以正名。如欧洲列

---

① Henry Wheaton, *Elements of International Law*, Boston, Little, Brown and Company, 1855, p.29, pp.342-343, p.41, p.146.

② 吴尔玺著，丁韪良译：《公法便览》，东京1878年翻刻版，第16页。

国,悉奉公法,实则政体彼此各异。或君权无限,或君权有限,而同为以国传世者;有民主政权者(民主政权者,是为民政);有教会公举理政者(即教皇之国),以公法视之,无分轩轾。"此类"政体"论述尚有多处,如:"国之为国","又必有独操之权,足以立法于国中,以治臣民,以定政体"。或谓:"国之可以为国,大抵显而易见,并不在政体之优劣也。"又说:"公法所定,究属不偏之正例,缘无论何等政体之国,无论其叛属为乱民,为义民,皆以一律通行也。"①

引文中的"政式""政体"所指一致,书中也说:"政式有三,如民政之国与君权有限、无限之国。"②那么,它们翻译的西文是什么呢?《政体各殊,公法概予以正名》即原书"All forms of government legitimate in the view of international law"一节,内容是"A state may sustain relations to other states, and perform its offices generally under any form of government. The law of nations preserves an entire indifference to constitutions, so long as they do not prevent fulfilment of obligations. Every state is in its eye legitimate. And in matter of fact the countries which profess to be bound by the Christian or European law of nations, differ exceedingly from one another in their constitutions, which contain specimens of absolute and constitutional hereditary monarchy, of confederated democracies, and of an elective ecclesiastical principality."③

比较可见,"政体""政式"对译"form of government""constitution"。按照麦都思《英华字典》的解释,"constitution"也有"form of government,法政、政事"的含义④。表达近似意思的词汇还

---

① 吴尔玺著,丁韪良译:《公法便览》,第111、106、112、115页。
② 吴尔玺著,丁韪良译:《公法便览》,第110页。
③ Theodore Dwight Woolsey, *Introduction to the Study of the International Law*, New York, Charles Scribner, 1864, p.54.
④ Walter Henry Medhurst, *English and Chinese Dictionary*, p.300.

有多种,如"以定政体"的原文是"the sole determining power in regard to the forms of its organization"[①]。结合"政式"一词可知译者从"政之体式"的含义上使用"政体"翻译"form of government",今人一般理解为政府形体、政府形式。

"政体"的这种用法在京师同文馆内部持续出现。由法文馆副教习联芳、庆常、联兴联同丁韪良、贵荣、桂林翻译的《公法会通》在1880年出版。该书也有"邦国之主权有五,自立政体,一也(或君位世传,或民行公举,或君权有限无限之类)"之类的论述[②]。

但这一时期不同文本所见"国体""政体",仍是含义各殊。1883年,《益闻录》第276期介绍"罗马尼"说:"考其政体,亦有上下议政院与六部衙门。"[③]"政体"直接指"上下议政院与六部衙门"等具体机构。后来该刊介绍非洲各国的"朝纲政令"说:"有勉强自立,粗成国体者;有为人属部,不得自专者。"[④]"国体"与能否自主独立相关,似对译西文。

1885年,美国士哥地方的华工遭外国人袭击,致多人死伤,涉案人员经审判后被释放。清政府甚为不满,要求美国设法严惩。1887年4月14日,《申报》刊布中美双方的来往照会。美方回应,依照"合众国政体定制,权炳分任,及理刑公堂切要规例",各邦"政权自主,保创国成法,此项政体之权有限",官员无权在审判后另加处罚[⑤]。译自美方照会的"政体",含义近似于今人所说的政治制度。

1892年,李提摩太(Timothy Richard)与蔡尔康合译The Nineteenth Century, A History,1895年以《泰西新史揽要》为名出版。书中记载,

---

① Theodore Dwight Woolsey, *Introduction to the Study of the International Law*, p.50.
② 伯伦知理著,丁韪良等译:《公法会通》卷一,长沙:湖南实学书局1898年版,第26页。
③ 《罗马尼考略》,《益闻录》第276期,1883年7月28日,第337页。
④ 《续录亚斐利加洲总论》,《益闻录》第379期,1884年7月30日。
⑤ 《槐花园案犯狡脱与外部来往照会抄件》,《申报》,1887年4月14日。

以俄、奥等国为首的反法联盟在维也纳会议上决定允许曾隶属法国的瑞士独立，"惟令其恪守新定之欧洲各国国体，重加整顿"①。又有《整顿国体》一节，叙述奥地利皇帝翻西约瑟第一1848年12月宣布"从今以后治国之制度必令众民皆有自主之权"，次年3月又议定"奥国须重立议院，斟改国法"，以及其后设立议院的曲折历程。②还有《国体》一节，描述美国摆脱英国统治，"自立一新制度"，力矫欧洲各国统治"全出于帝王之私意"的弊病，"务与欧洲帝王历代治国之法适相反"③。

The Nineteenth Century, A History 多次印刷，未知李提摩太所据底本，暂以1880年版作为考察相关词语所对应的英文的依据。"欧洲各国国体"的原文是"a constitution bestowed upon her by royal hands"④，"国体"对译"constitution"，指法令章程。至于《整顿国体》《国体》，则对应"constitutional government proclaimed""the theory of American government"。⑤两处"国体"均与"government"有关，结合上下文，可知译者从治国制度、治国之法的角度理解今人一般定义为政府制度的"government"。

1898年，李提摩太在《万国公报》发表的《帝王初学》，又使用"国体"指称君主、民主、君民共主。其第十课《国体》说："今天下立国之体，分而为三，一曰君主，二曰民主，三曰君民共主。"亚洲各国，除"日本新改君民共主之法"外，皆君主；欧洲各国，除俄为君主、法为民主外，皆君民共主；澳洲全洲，尽属英国，亦为君民共主；

---

① 马恳西著，李提摩太译：《泰西新史揽要》卷三，上海：美华书馆1897年版，第5页。
② 马恳西著，李提摩太译：《泰西新史揽要》卷十七，第7页。
③ 马恳西著，李提摩太译：《泰西新史揽要》卷二十一，第1页。
④ Robert Mackenzie, *The 19th Century, A History*, London, T. Nelson And Sons, Paternoster Row. Edinburgh, and New York. 1880, p.70.
⑤ Robert Mackenzie: *The 19th Century, A History*, pp.ix-x.

非洲各国，"为欧人所分踞，其属某国者，则从某国之制，故三者具备"。"帝王既知国体之差别，则当上体天心，求所以顺天立国之义，然后命内阁博考三者之利弊，随时奏闻，则安邦之道尽焉矣。"①此处"国体"被理解为"立国之体"，也与立国制度、立国之法有关，似与《泰西新史揽要》的"国体"用法有一定的联系。

1895年，文廷式、杨士钧"荟蕞前人成说"作《新译列国政治通考》，其中有《国体之异及民院、国院之分》一节。"国体"主要论述"瑞士国章，半近同盟，半成合众"等情况②，其翻译表达的外文概念无从稽考。同年，由傅兰雅（John Fryer）口译、俞世爵笔述自 Commentaries upon International Law 的《各国交涉公法论》刊行，其中也出现"国体"，用法又有所不同。该书论述"刑罚不能加诸国"时说："如云国能受刑，是不明刑法之理而昧国体与律法之相关。"③若只看译文，很难理解"国体"所指。其原文是"the nature of the legal personality of a corporation"④，即今人所谓法人（国家）的法律属性。"体"或是在体性的层面使用，这一表达，前所未见⑤。

三、东学背景下与"政治"关联的"政体"

西学东渐的同时，日本文化也辗转传入中国。幕末明治时期的日本，既有借用汉文古籍而因其本国特殊文化衍生出不同内涵的"国

---

① 李提摩太：《帝王初学》，《万国公报》第112卷，1898年5月，第2—3页。
② 文廷式、杨士钧编辑：《新译列国政治通考》卷六十二，上海：蜚英书局1903年版，第5页。
③ 费利摩罗巴德著，傅兰雅译：《各国交涉公法论初集》卷一，上海：江南机器制造局光绪二十四年版，第3页。
④ Robert Phillimore, *Commentaries upon International Law*, London, Butterworths, 1871, vol. I, p.5.
⑤ 另外，1886年出版的《荷华文语类参》曾将荷语的staatsregeling、staatsinrinchting译为"国体"（孙青：《晚清之"西政"东渐及本土回应》，上海：上海书店2009年版，第40页。），因未见原书，暂不讨论。

体""政体",更有全面接触欧美文化后翻译表达西文概念词汇的"国体""政体",虽然表面上是顺序相同的排列组合,实则用法含义迥殊。19世纪70年代末始,随着日本的"国体""政体"通过各种方式渐次进入国人视野,"国体""政体"在近代中国的演变出现另一路径。

1877年,黄遵宪随何如璋出使日本,在日期间,"习其文,读其书,与其士大夫交游"①。1878年7月,黄遵宪与宫岛诚一郎笔谈时论及日本废藩置县、废除武士制度和板垣退助主张扩张人民权利等事,黄问:"若今所云云,近于墨人自由之说。大邦二千余年一姓相承,为君主之国,是岂可行?"宫岛回答:"尊崇帝室,则吾邦固有之习气(旁注:风)。前所云之政体,决不毁伤一姓皇统。"②"政体"与二人论及的政治制度改革有关。

笔谈原件之外,1893年,宫岛诚一郎整理出写本,其中说道:"君主独(旁注:亲)裁,即我邦天子固有之主权,尊崇帝室,乃国民固有之良习,此是万世不易之国体也。前所说(旁注:述)者,乃政体之变通,决不害于皇统一姓。"③于此宫岛诚一郎特别指出君主固有主权,国民尊崇皇室是"国体","政体"变动不会影响"国体"。只是黄遵宪应该没有见过后出的整理文本。

需加以申述的是,宫岛诚一郎所说的"国体",与幕末明治时期推崇天皇的国体思想有密切的关系。"在日本,所谓'国体'一语,依德川时代之水户学派而普及。""《神皇正统纪》说:'大日本乃是神国,从天祖开基,日神传极长之流,独我国有此事,别国无其例,因此故称为神国。'这种思想为发生后世的国体说之根底。"④总的来说,

---

① 黄遵宪:《日本国志》,陈铮编:《黄遵宪全集》下册,北京:中华书局2005年版,第819页。
② 黄遵宪等:《笔谈》,陈铮编:《黄遵宪全集》上册,第725—726页。
③ 黄遵宪等:《笔谈》,陈铮编:《黄遵宪全集》上册,第726页。
④ 美浓部达吉著,欧宗祐、何作霖译:《宪法学原理》,北京:中国政法大学出版社2003年版,第277页。

这种国体观念的主旨是宣扬日本为神国,继承神统的天皇万世一系,由此牵连到推崇天皇和君臣大义等方面。后来主持制定明治宪法的伊藤博文认为"确定君主的唯一主权者身份,是保障国体的首要条件",使得君主握有主权的观念糅合到国体思想中[①]。

1878年12月,源桂阁在笔谈中问何如璋中国的"正途、异途之规则概事实如何"。何氏解答后,他又问:"此事是国朝之政体,如欲搜是等之政事,则以翻何书为好?"[②]"政体"与正途、异途的规则有关。

1881年10月,黄遵宪与宫岛诚一郎谈话时感慨日本开国会之事说:"君民共治之政体,实胜于寡人政治。"[③]指称君民共治的"政体"明显是翻译西学的概念,结合寡人政治一词,可知"政体"与"政治"有关。

黄遵宪如此使用"政体",无疑受其在日本的阅读经验影响。约自1879年始,他就搜集日本文献写作《日本国志》,1887年成书,1895年始刊行。《日本国志》记载,日本天皇1875年发布"渐建立宪政体"的诏敕。立宪政体指"仿泰西制设立国法,使官民上下,分权立限,同受治于法律中也"。与此呼应,天皇命令:"朕今欲本我国体,斟酌海外各国成法,汝其条列以闻,朕亲裁之。"书中又说共和、立宪、改进三党"皆主改革政体为君民共主"[④]。指称立宪等的"政体"与之前笔谈用到的"政体"含义一致。至于"国体",出自《元老院议长赤仁亲王殿下へ国宪起草の诏》,原文是"建国の体"[⑤]。据潘昌龙研究,诏敕提出"建国の体"是因为明治政府认为立宪不可脱离推崇天皇的"国体"。

---

① 潘昌龙:《试论〈明治宪法〉中的国体论思想》,《外国问题研究》1989年第1期。
② 黄遵宪等:《笔谈》,陈铮编:《黄遵宪全集》上册,第685页。
③ 黄遵宪等:《笔谈》,陈铮编:《黄遵宪全集》上册,第783页。
④ 黄遵宪:《日本国志》,陈铮编:《黄遵宪全集》下册,第924、1491页。
⑤ 柴田勇之助编:《明治诏敕全集》,东京:皇道馆事务所1907年版,第35页。

《日本国志》中的"国体""政体"还有其他不同用法,如:"明治元年八月,镇将府布告曰:'苞苴私谒,宦途积弊,缘是而推举登用,实损国体而惑人心。今政体一新,严禁此弊,物虽薄微,与受同罪。'"①因不易查对原文和缺乏语境,难以判断这些"国体""政体"是出自日本文献,还是作者译后添加,意涵也较难详尽解读。这在摘译他国文献而重新编撰成文的论著中相当常见,后面讨论到的康有为《日本变政考》也偶有类似情况。

值得注意的是,黄遵宪虽已接触到东学对译西文的"政体",但其本人论述中的"政体"主要还是受传统汉语言文字习惯的影响。如他说,泰西"设官立政,未必悉本于《周礼》,而其官无清浊之分,无内外之别,无文武之异,其分职施治,有条不紊,极之至纤至悉,无所不到,竟一一同于《周礼》"。"古人有言,礼失而求诸野,则曷不举泰西之政体而一一证其得失也?"②"政体"指政事的体制,与如何设官立政、分职施治有关。

后来随同黎庶昌出使日本的姚文栋也意识到日本书籍的重要性,他请人将日本陆军省军人所诵习的《兵要日本地理小志》译成《日本地理兵要》,1884年出版。书中有《政体》一节,讲述日本由封建制变为郡县制的历史,最后说道:"国初至今二千五百三十余年,治乱变革虽不一,政体常立君独裁,至明治十二年始开府县会以成君民共治之端,是日本政体一大变革。"③"政体"既论述封建制、府县制等内容,又指称立君独裁、君民共治,涵盖范围较广。若与原书比较,可以发现相关论述略有不同。《政体》原名《政治》,君民共治本是立宪政体,"是日本政体一大变革"不见于原籍④。最大的变化是"政治"被改成

---

① 黄遵宪:《日本国志》,陈铮编:《黄遵宪全集》下册,第1102页。
② 黄遵宪:《日本国志》,陈铮编:《黄遵宪全集》下册,第1084—1085页。
③ 姚文栋:《日本地理兵要》,同文馆聚珍版,总理衙门光绪甲申年印,第57页。
④ 《兵要日本地理小志》,大阪:同盟社1880年版,第23页。

"政体"。

在使馆人员之外，日本书籍还通过其他方式流传到中国。高桥二郎译述、冈千仞删定的《法兰西志》成书于1877年，黄遵宪两年后即嘱托王韬翻刻。冈本监辅的《万国史记》1879年出版，作者随后将它赠予东游的王韬，次年上海出现翻刻本[1]。这些书论述各国政治时频现"政体"。《法兰西志》载："一千七百七十六年，亚米利加人民不胜英政苛虐，群起抗英，法人尝唱共和说者以米人立政体先获我心，交逼政府援之。""七月十四日，巴里都人群起毁巴西的尔狱舍，放囚徒，互相庆贺曰颠覆独裁政体，始于此。"[2]《万国史记》也不乏其例："暹罗政体，君主独制，王临外朝端坐，威仪甚尊。""一千八百二十九年，皮斯骨门为大统领，当时有二党，一欲立联合共和政体，一欲设合一共和政体，争权相轧。"[3]

综观《日本国志》《法兰西志》《万国史记》等书，"政体"指称的君民共治、立宪、独裁、共和等均是各种形式的政治，其对译的西文至少与"form of government"等概念有关。西周1870年在《百学连环》中曾用"政体"翻译"form of government"的核心概念"government"[4]。当时这种译法颇为流行，如约翰·穆勒（John Stuart Mill）的名著 Considerations on Representative Government 即被译作《代议政体》[5]。《百学连环》和19世纪80年代初井上哲次郎编辑的《哲学

---

[1] 参见周建高：《〈万国史记〉传入中国考》，南开大学日本研究院编：《日本研究论集》，天津：天津人民出版社2005年版，第278—289页。
[2] 犹甲著，高桥二郎译，冈千仞删定：《法兰西志》卷五，东京：露月楼1878年版，第17、20页。
[3] 冈本监辅：《万国史记》卷四、卷十九，东京：内外兵事新闻局1879年版，第37、31页。
[4] 《西周〈百学连环〉欧语·译语对照表》，www.zinbun.kyoto-u.ac.jp/~rcmcc/renkan.xls，最后访问于2022年3月8日。
[5] 弥尔著，永峰秀树译：《代议政体》，东京：奎章阁1875年版。

字汇》,又翻译"government"为"政府""政治"[1],可见"政体"即是指称各种类型的"政府""政治"。

日本学者用"政府""政治"对译"government"等西文概念或受来华传教士的译书影响。马西尼指出,裨治文译《联邦志略》曾用"政府"翻译"government"[2],麦都思《英华字典》则翻译"republic"为"公共之政治""举众政治之国"[3],只是这些译词在中国不流行,反而传入日本后被广泛使用[4]。确定"政体"与"政府""政治"相关后,值得进一步追问的是,其具体意涵是什么?高田早苗1895年翻译威尔逊(Thomas Woodrow Wilson)的 The State, Elements of Historical and Practical Politics 时,曾将"form of government"译作"政府の形式",指其即是"政体",说有一君专制政体、寡头政体、多数政体等[5]。也就是说,"政体"指"政府形体""政府形式"。前面说到,丁韪良等人也翻译"form of government"为"政体",而其意涵为"政之体式",且未发现其受日本影响的证据,应是两个独立的系统。

随着日本文籍的流传,东学中指称各种"政府""政治"的"政体"逐渐多见于国人论著。1890年,王韬的《重订法国志略》出版。该书取材于《法兰西志》《万国史记》,"而益以《西国近事汇编》,不

---

[1] 井上哲次郎:《哲学字汇》,东京大学三学部1881年版,第37页。
[2] 马西尼著,黄河清译:《现代汉语词汇的形成——十九世纪汉语外来词研究》,上海:汉语大词典出版社1997年版,第101页。
[3] Walter Henry Medhurst, *English and Chinese Dictionary*, p.1078.
[4] 除了《联邦志略》,日本也曾翻刻《英华字典》,参见潘钧:《日本辞书研究》,上海:上海人民出版社2008年版,第244页。
[5] Thomas Woodrow Wilson, *The State, Elements of Historical and Practical Politics*, Boston, U.S.A.: D.C. Heath & Co., Publishers, 1892, p.598; 高田早苗译:《政治泛论》,东京专门学校出版部1895年版,第1043页。"政府の形式"一词,麦鼎华译作"政府形体"(域鲁威尔逊著,麦鼎华译:《政治泛论后编》卷下,上海:广智书局1903年版,第71页),章起渭译为"政府之形式"(高田早苗原译,章起渭重译,王倬改订:《政治泛论》,上海:商务印书馆1913年版,第452页),"形体""形式"同义。

足则复取近时之日报,并采辑泰西述撰有关于法事者"①。受此影响,《重订法国志略》明显袭用《法兰西志》的"法人尝倡共和说者以美人立政体先获我心"一句,又有"欲立公正共和政体"等说法。②后来"杞庐主人"编辑的《时务通考》,也收录《万国史记》《日本地理兵要》《大美联邦志略》等书的相关内容,使这一意涵的"政体"在清末进一步传播③。

甲午战后,大规模翻译日本书籍形成一定共识,梁启超等人1897年创办的上海大同译书局的宗旨即是:"以东文为主,而辅以西文,以政学为先,而次以艺学。"④1898年初,大同译书局刊印康有为的《日本书目志》,旨在普及东籍概况。

《日本书目志》收录书名含有"国体"的《国体述义》《国体发挥》《训蒙国体义》等书,又专门列出"政体书"一类,包括秦政治郎、荻野由之著《日本政体史》,岛田丰译《斯边琐氏代议政体》,前桥孝义译述《弥儿代议政体》,朝鲜朴斋烟述、日本那珂通世训点《朝鲜政鉴》,宇川盛三郎译《政体论》和宫城政明译《斯氏代议政体论》。康有为没有说明他对"国体"书籍的看法,但他注释"政体书"说:"右政体书六种。为政有体,有尚文,有尚质,有尊贤尚功,有亲亲尚仁。有王者与民同乐之政体,有霸朝把持天下之政体,有亡国丛脞废弛之政体。斯边琐氏,政体之专家也。若《朝鲜政鉴》,丛脞废弛亡国之政体也。"⑤拆解"政体"成"为政有体",明显是受中国文法字义的影响,但《弥儿代议政体》等书的"政体",则是翻译government等概念的名词,二者截然不同。其实,《日本书目志》照搬1893年的

---

① 王韬:《重订法国志略》,淞隐庐1890年版,"凡例",第1页。
② 王韬:《重订法国志略》卷五,第21、27页。
③ 杞庐主人:《时务通考》卷二、卷二十二,《续修四库全书》第1254册。
④ 梁启超:《大同译书局叙例》,《时务报》第42册,1897年10月16日,第4页。
⑤ 康有为:《日本书目志》,姜义华、张荣华编校:《康有为全集》第3集,北京:中国人民大学出版社2007年版,第327、329、331页。

《东京书籍出版营业者组合员书籍目录》①,康有为并未读过原书,自然容易望文生义。

康有为又撰有《日本变政考》,其中不少资料译自《明治政史》等书②。《日本变政考》记载,1868年,明治政府"置大政官,中分议政、行政、神祇、会计、军务、外国、刑法七官。议政官中设上下局,上局置议定、参与、史官。议定以亲王、诸王、公卿、诸侯充之,内二人兼辅相。参与以公卿、诸侯、大夫、征士充之,主创立政体,造作法制"。又"颁布政体书",以图"政体职制,务于尽善",使"从前未定之制度规律,可次第改立"。"政体"在此指政治制度,应该也是对应form of government。

康有为评价此事道:"日本变法,仅一二月而政体乃大定。于大政中能知议政、行政二义,于议政中能分上局、下局二所,于上局之中以公卿、诸侯、大夫、征士并充,大破资格,擢用草茅,泰西政体已大立矣。"他又指"泰西之强"乃因"政体之善","(立法、司法、行法)三官立而政体立,三官不相侵而政事举。夫国之有政体,犹人之有身体也。心思者主谋议,立法者也;手足者主持行,行法者也;耳目者主视听,司法者也。三者立以奉元首,而后人事举"③。其所说的"政体",主要指如何设官立政,又把包括立法、行法、司法三种制度的"政体"比拟为人的身体,明显受传统汉文思维的影响。

与政府、政治形体关联的"政体"在《日本变政考》多次出现,如其中收录的日本文书说:"方今各国政体,所谓君民共主、人民折衷三

---

① 王宝平:《〈日本书目志〉出典考》,《汲古》第57号,2011年。
② 村田雄二郎:《康有为的日本研究及其特点——〈日本变政考〉〈日本书目志〉管见》,《近代史研究》1993年第1期。
③ 康有为:《日本变政考》,姜义华、张荣华编校:《康有为全集》第4集,第113—115页。

治，以适国俗时势者，今宜采取之。"①还有记载说："我立宪政体之大义，立国之源基，遵由祖宗之遗训，斟酌时宜，优重臣民之利权，伸畅其公义。盖皆神明亲降之裁酌，所以惠赐一国之人民，以尊祖宗之国体。"②需要说明的是，这里的"国体"与推崇天皇的思想有关，但康有为等人可能没有充分领会其特殊内涵。

大同译书局译印的其他日本书籍也经常出现指称立宪、共和等政治的"政体"。如《大东合邦新义》说："今西人立竞争剧烈之场，故其经历事迹亦有东人未曾视者。其政体则君主专制之外，有贵族政治、立宪政治、共和政治、联邦政治等。"③《瑞士变政记》论述18世纪以前瑞士联邦的概略时则说："政体则有贵族、民主之别。"④

源于东学的"政体"，因为新式学堂教育仿照日本而加速流播。1897年底，时任湖南时务学堂中文教习的梁启超规定学生分年阅读《希腊志略》《罗马志略》《欧洲史略》《万国史记》《日本国志》等书。⑤担任时务学堂助教的其挚友唐才常也有类似的书单，称阅读这些书籍可通西史。受相关文献影响，他负责的《湘学报》"史学栏目"有共和政体等词，如："希腊苦土人残暴，私结一社曰希的里亚，于一千八百二十一年，公告肇立共和政体。"⑥

国人利用"政体"知识议论时政的情况也偶尔出现。颇好新学的孙宝瑄在1897—1898年间时常阅读日本书刊，1898年12月22日，他在日记里写道："朝令夕改，为独裁政体家之所忌。何也？上下之情隔绝，

---

① 康有为：《日本变政考》，姜义华、张荣华编校：《康有为全集》第4集，第173页。
② 康有为：《日本变政考》，姜义华、张荣华编校：《康有为全集》第4集，第241页。
③ 森本藤吉著，陈高第译：《大东合邦新义》，上海：大同译书局光绪二十四年版，第16页。
④ 赵秀伟译：《瑞士变政记》卷三，上海：大同译书局，出版时间不详，第5页。
⑤ 《时务学堂功课详细章程》，《湘报》第102号，1898年7月4日，"学会汇纂"。
⑥ 江标等编：《湘学报》第1册，长沙：湖南师范大学出版社2010年版，第410页。

法令愈繁,则吏易得为奸,而民愈受其苦。惟共治政体则无此虑,苟有不善,虽朝令晡改,亦无不可也。要之,独裁之治尚简,共和之治尚繁。"①孙宝瑄将独裁、共治(共和)视为"政体",应受东学书籍的影响,从"独裁之治""共和之治"的表述来看,他是从"治"的角度理解"政体"。

与"政体"逐渐多见于国人论著相比,日本的"国体"在华的传播略显寂寥。《时务报》第27册译自《东京日日报》的《日相论制定宪法来历》说:"然顾征诸日本国体,决非寻常变法之可比也。"②第57册译自《东京经济杂志》的《日相伊藤侯爵欲更变选举国会议员法》则说:"我国体本与地球列国异撰,故初制定宪法时,大用意于此。"③两处"国体"均与推崇君主的观念有关,但是只言片语,其义难解,也甚少引起关注。

四、表述多样:政事、国政、国法、国、政

如前所述,西学东渐后,先后出现翻译"form of government (government)"和指称相关事物的"政体""国体"。日本翻译同类概念的"政体"也开始输入中国,并逐渐多见。但总的来说,前者仅有少数人使用,后者则零星出现在翻译、翻刻的史地著作之中,国人基本是直接征引这些论述,较少受相关用法影响而加以运用。因此,直至1898年,如何翻译表达相关概念,不同知识背景的人用词千差万别,译名远未达到约定俗成的程度。

来华传教士很早就将英文中与政府、政治形式相关的

---

① 中华书局编辑部编,童杨校订:《孙宝瑄日记》上册,北京:中华书局2015年版,第307页。
② 《日相论制定宪法来历》,《时务报》第27册,1897年5月22日,"东文报译",第22页。
③ 古城贞吉:《日相伊藤侯爵欲更变选举国会议员法》,《时务报》第57册,1898年4月11日,"东文译编",第22页。

"government"一词译介到中国。1819年，麦都思《地理便童略传》说："花旗国之朝廷，略像英吉利之朝廷，都有两大会，治理法律、粮税等事。惟花旗国无王，只有一人称总理者治理国家的事，期在任四年，然后他人得位。"[1]论述议会制、总统制的"朝廷"可能对应"government"。1822年，马礼逊（Robert Morrison）编辑的《华英字典》即将"government"译作"政事""朝廷政事"[2]。此译法影响深远，林则徐组织编译的《四洲志》就说："缅甸、暹罗、安南政事，大略与东方各国相同。权柄专制于王，百官不得专擅。"[3]阐论国王专制的"政事"与"government"有关。麦都思《英华字典》后来解释"constitution"为"法政、政事"，或受马礼逊的影响。

传教士群体对使用何种汉语字词表述"government"的意见并不统一。1844年，卫三畏（Wells Williams）的《英华韵府历阶》仅以一"政"字翻译该词[4]。1847年，玛吉士（José Martinho Marques）辑译的《新释地理备考全书》则说："欧罗巴中所有诸国，政治纷繁，各从其度，有或国王自为专主者，有或国主与群臣共议者，有或无国君惟立冢宰执政者。"这段话相应的原文尚未明确，但指称国王自为专制、国主与群臣共议、立冢宰执政的"政治"当与"government"有关。是书指称同类事物又用到"朝纲"，如说瑞士"朝纲，不设君位，惟立官长贵族等办理国务"[5]。值得注意的是，《四洲志》《新释地理备考全书》的上述内容被魏源收入《海国图志》，因而流传甚广。

---

[1] 麦都思：《地理便童略传》，转引自熊月之：《西学东渐与晚清社会》（修订版），北京：中国人民大学出版社2010年版，第85页。
[2] 马礼逊：《华英字典》第6卷，郑州：大象出版社2008年版，第193页。
[3] 魏源：《海国图志》，《魏源全集》第4册，长沙：岳麓书社2004年版，第446页。
[4] Wells Williams, *An English and Chinese Vocabulary, in the court dialect*, Macao, Printed at the office of the Chinese Repository, 1844, p.124.
[5] 玛吉士：《新释地理备考全书》，海山仙馆丛书影印本，《丛书集成新编》第97册，台北：新文丰出版公司1984年版，第734、756页。

1847年，麦都思《英华字典》解释"government"为"国家""国政""朝廷"①。1854年前后，慕维廉（William Muirhead）在《地理全志》中沿用"朝纲"一词介绍暹罗说："至于朝纲，历代相传，君为主，临朝端坐，威仪甚尊。"他还用"朝政"来指称玛吉士用"政治"所表述的内容，"州内朝政不一，或君自主，或与群臣共议，或无国君，立冢宰执政"。②

1856年的《大英国志》指称这三种政治为"国政""政"："史记皆以国政为纲领，天下万国，政分三等：礼乐征伐自王者出，法令政刑治贱不治贵，有国者西语曰恩伯腊（译即中国皇帝之号），如中国、俄罗斯及法兰西等国是也；以王者与民所选择之人共为政，君民皆受治于法律之下，有国者西语曰京（译即王，与皇帝有别），泰西诸国皆有之，而英则历代相承，俱从此号；又有无帝无王，以百姓推立之一人主之，限以年数，新旧有代，西语曰伯勒西顿（译即为首者之称），如今之合众部是也。"③"国政"的用法相对流行，如《大美联邦志略》说："夫宇内之国政，大要不同者有三：一曰权由上出，惟君自专，如中华、安南、土耳其等国是也；一曰君民同权，相商而治，如英、法等国是也；一曰君非世及，惟民所选，权在庶民，君供其职，如我联邦国是也。"④

值得注意的是，冈本监辅《万国史记》描写的"暹罗政体"与《地理全志》对暹罗"朝纲"的论述十分接近，《地理全志》曾传入日本⑤，《万国史记》的相关内容可能因袭自后者。重要的是其中发生的变化，亦即"朝纲""君自为主"被"政体""君主独制"所取代，这

---

① Walter Henry Medhurst, *English and Chinese Dictionary*, p.634.
② 慕维廉：《地理全志》，王西清：《西学大成》寅编，第6、13页。
③ 慕维廉：《大英国志》，上海：墨海书院1856年版，"凡例"，第1页。
④ 裨治文：《大美联邦志略》，王西清：《西学大成》卯编上，第50页。
⑤ 锦溪老人：《横滨繁昌记》，幕天书屋，出版时间不详，第16页。

说明日本接引西学后已形成自己的话语体系，正如前文所展现，这套概念后来逐渐输入中国。

1860年，曾协助慕维廉翻译《大英国志》的蒋敦复将"朝政"所指称的内容简化为君为政、民为政、君民共为政，并称它们是"立国之道"。他又直接用"政"指称相关事物，说"政有三等"，即君自主、君民共主、民为主[①]。

即使是丁韪良，在使用"政体"之前，也是用其他词语翻译government等概念。《万国公法》说："其国法（所谓国法者，即言其国系君主之，系民主之，并君权之有限无限者，非同寻常之律法也）或定或改或废，均属各国主权。"[②]其原文是："Among these is that of establishing, altering, or abolishing its own municipal constitution of government."[③] "国法"对译"constitution of government"，所指与"政体"相同。

随着时间的推移，译名的纷歧有增无减。1866年罗存德（Wilhelm Lobscheid）编辑的《英华字典》解释含义为"form of government"的"form"和"constitution"为"政式""治法"和"国政""国法"，除沿用旧有的用词外，又另创"政式""治法"等词。此外，该书还在"government"的条目下介绍了各种"政"："civil government"，文政；"military government"，武政；"a tyrannical government"，霸政；"a cruel government"，酷政、虐政、苛政；"a democratic government"，民政；"an aristocratic government"，爵政；"a monarchical government"，皇专政；"a good government"，善政；"a

---

① 蒋敦复：《啸古堂文集》，《清代诗文集汇编》第628册，上海：上海古籍出版社2010年版，第523、486页。

② 惠顿著，丁韪良译：《万国公法》卷二，第12页。

③ Henry Wheaton, *Elements of International Law*, p.106.

benevolent government",仁政。①丁韪良等人后来使用"政式",很可能是受该书的影响。

1873年,与蒋敦复过从甚密的王韬在《普法战纪》中延续君为主、民为主、君臣共主(君民共主)的说法,但说它们是不同的"国"②。此说因其简明扼要而在晚清广为流传③。如"呆呆子"1876年5月4日在《申报》阐论说:"泰西立国有三",即民主之国、君民共主之国和君主之国④。郑观应1880年也说:"泰西有君主之国,有民主之国,有君民共主之国。"⑤

君主、民主、君民共主的说法虽然逐渐稳定下来,但指称它们的词语却依然五花八门。1882年7月5日,《益闻录》的《欧罗巴洲总论》沿用旧有译名,说:"统论欧洲朝纲政事","可约分三等,一曰君主国,二曰民主国,三曰君民参治国"。文章详述这三种国家的特征后又说:"欧洲诸国,不论国体如何,除议政院外,概设军机处、内阁衙门、工曹、刑曹、陆兵曹、水师曹、漕征曹、教谕曹、外务曹、农事商务曹等部院以综理庶政。下设郡县,以亲视民事,此外又立判案公堂,驿务公局,总总职秩,不胜枚举。"⑥也就是说,君主、民主、君民参治这些国家,"国体"虽不同,制度和机构则大同小异。

1885年,傅兰雅在应祖锡的帮助下将Political Economy译成《佐治刍言》,其中说到"国政"有三:"一为君主国之法,一为贤主禅位之

---

① Wilhelm Lobscheid, *English and Chinese Dictionary*, Hongkong, Printed and Published at the Daily Press Office, 1866, p.481, p.862, p.910.
② 王韬:《普法战纪》,弢园王氏藏版,光绪乙未年重镌,"凡例",第1页。
③ 参见潘光哲:《晚清中国士人与西方政体类型知识"概念工程"的创造与转化——以蒋敦复与王韬为中心》,《新史学》第22卷第3期,2011年。
④ 呆呆子:《论西报英王加号议爱及中国帝升王降之说》,《申报》,1876年5月4日,第1页。
⑤ 郑观应:《易言》,夏东元编:《郑观应集》上册,上海:上海人民出版社1982年版,第65页。
⑥ 《欧罗巴洲总论九》,《益闻录》第168期,1882年7月5日。

法，一为民主国之法。"①查对原文，"国政"对应"government"，君主国、贤主禅位、民主国对应"monarchy""aristocracy"和"democracy"②。后来严复也有近似的论述，但他使用的是"政制"："欧洲政制，向分三种，曰满那弃者，一君治民之制也，曰巫理斯托格拉时者，世族贵人共和之制也，曰德谟格拉时者，国民为政之制也。"③

即使是接触乃至征引过日本"政体"概念的黄遵宪和王韬，指称君主、民主、君民共主时，也都使用过其他简称。黄遵宪说："环地球而居者，国以百数十计。有国即有民，有民即有君。而此百数十国，有一人专制，称为君主者；有庶人议政，称为民主者；有上与下分任事权，称为君民共主者。"④王韬《重订法国志略》则写道："泰西国例，有自主之国，有民主之国，有君民共主之国。"⑤也就是说，"国"可以与"政体"相互置换。

将君主、民主等称作"政""政治"的观念也继续流行。1895年，郑观应在《盛世危言》中分希腊历史上的"政"为"王政""至善者之政""民政"和"代兰得之政"四种⑥。梁启超也曾说："治天下者有三世，一曰多君为政之世，二曰一君为政之世，三曰民为政之世。"⑦1897年7月，《知新报》译自外文的报道说，希腊"将有变

---

① 傅兰雅口述，应祖锡笔译：《佐治刍言》，光绪丁酉仲夏慎记书庄石印，林庆彰等主编：《晚清四部丛刊》第5编第58册，台中：文听阁图书公司2011年版，第452页。
② John Fryer, *Political Economy, for Use in Schools, and for Private Instruction*, Edinburgh, Published by William and Robert Chambers, 1852, p.24.
③ 梁启超：《论君政民政相嬗之理》，《时务报》第41册，1897年10月6日，第3页。
④ 黄遵宪：《日本国志》，陈铮编：《黄遵宪全集》下册，第892页。
⑤ 王韬：《重订法国志略》卷十六，第1页。
⑥ 郑观应：《盛世危言》，夏东元编：《郑观应集》上册，第319页。
⑦ 梁启超：《论君政民政相嬗之理》，《时务报》第41册，1897年10月6日，第1页。

作民主之势。美国民主之政治,譬如一簿无字书,希人将填满其篇幅矣"①。

还有人指称君主、民主、君民共主为"治体",《中外大事汇记》载:"治体既有君主、民主与君民共主之殊,故其党亦各自分门而别户。"②

从鸦片战争前后到光绪戊戌年间,来华传教士和国人陆续将关于"form of government"(government)的知识介绍到中国,但翻译表达相关概念的词语纷繁复杂。据统计,主要以"国""政"等字为中心,约衍生出20种译名。虽然后来将政治区分为君主、君民共主、民主三种类型的观念逐渐稳定下来并且日益流行,但指称的词语仍然变动不居,难期一律。造成这种局面的原因,或是相当长的一段时间内翻译的西书多集中在历史、地理、兵学、医学等门类,即使有法政译著,也主要是国际法方面,政治学书籍可谓凤毛麟角。检阅相关文献不难发现,政治类知识基本是零散地出现在史地译著、字典、公法书籍中,明显缺乏系统介绍和充分讨论,在此情况下,自然很难形成相对统一的认识。

另一方面,截至1898年,受译介西学和引进东学的影响,虽已出现翻译"form of government"和指称相关事物的"国体""政体",但不同的知识背景下,各人的含义不一,使用这些概念的人也不多,远未引起充分关注,显然不能以此为据,过于强调二者的关联性。无论如何,鸦片战争前后至光绪戊戌年间,"国体""政体"基本上还是处于相互独立的状态。

---

① 《触事自伤》,《知新报》第25册,1897年7月20日,"京外近事·法国",第12页。

② 《论各国政党》,倚剑生编辑:《光绪二十四年中外大事汇记》"论说汇"卷首之四,广州:广智报局光绪二十四年版,第8页。

第二节 东学笼罩与"国体""政体"的勾连缠绕

一、"国家形体"与"国体""政体"

甲午战后,中国虽已形成以东学为媒介接引西学的取向,但译书较少,且偏向于史地、兵学、农学等方面。1898年,梁启超流亡日本,相继创办《清议报》《新民丛报》,并组织上海广智书局,以此为平台,和友朋弟子编译、出版了大量法政著作。同时,逐渐增多的留日学生很快也加入译书队伍,留东学界翻译之风大盛,使得各种新学书籍如雨后春笋般层出不穷。据时人观察,所译之书以政治学等为主[①]。正是受风气变化的影响,日本法政论著中的"国体""政体"潮涌而进,迅速流行。

转向东学之前,梁启超笔下的"国体""政体"主要仍受中国文法字义的影响,其用法含义不一。如他1898年底介绍《清议报》的创办缘由时说,中国"国势之危险至今日而极矣","此正我国民竭忠尽虑,扶持国体之时也。是以联合同志,共兴清议报,为国民之耳目,作维新之喉舌"[②]。"扶持国体"似指维持国家的体面、尊严。梁启超敬告满人,"抑压之政,行之既久",必激发革命,"即不然,守今日顽固之政体,不及数年,必受分割"[③]。"顽固之政体"即"顽固之政"。他又认为中国周边国家"无有文物,无有政体,不成其为国","无有政体"或指缺乏政事体制。在他看来,"英国之政体,最称大公",却

[①] 《译书略论》,《选报》第31期,1902年10月12日,"论说",第5页。
[②] 《横滨清议报叙例》,《清议报》第1册,1898年12月23日,第1页。
[③] 任公:《续变法通议·论变法必自平满汉之界始》,《清议报》第1册,1898年12月23日,"本馆论说",第3页。

因中国贫弱而轻视华人。他希望国人注意"联合与教育二事",爱国强国。具体来说,就是海外商民通过商会实行联合,"合各埠之人,通为一气,共扶商务,共固国体。每一埠有分会,合诸埠有总会,公订其当办之事,互谋其相保之法,内之可以张大国权,外之可以扩充商利"。并在各埠兴办学校,培育人才。因"每一国必有其国体之沿革存于历史,必有其国俗之习惯存于人群",教学内容应结合本国国情,"中西并习,政学兼进"①。与张大国权关联的"国体",指国家的体面、尊严,存于历史的"国体",则指国家的文物制度。

到达日本后,梁启超积极学日文、读东籍,感慨"畴昔所未见之籍,纷触于目,畴昔所未穷之理,腾跃于脑"②。受到东学的影响,梁启超使用的"国体""政体"益加复杂。他在《论保全中国非赖皇上不可》一文中指出,督抚"于各国政体毫无所知,于富强本原瞠乎未察",不能指望他们救中国。但他也不赞同革命,"效美法之国体以独立"的方案,因为"西国之所以能立民政者,以民智既开,民力既厚也"③。"政体"当指立政施治的体要根本,"国体"则与民政关联。梁启超后来又写道:"西人论国之政体有二端,一曰中央集权,二曰地方自治。"④这无疑是源于东学新知。

《清议报》上密集出现日本的"国体""政体"之说,与梁启超积极译介法政论著密切相关。因认为"政治等学为立国之本原",《清议报》自第11册起"特取东西文各书报中言政治学、理财学者,撷其

---

① 哀时客:《爱国论一》,《清议报》第6册,1899年2月20日,"本馆论说",第1—3页。
② 哀时客:《论学日本文之益》,《清议报》第10册,1899年4月1日,"本馆论说",第3页。
③ 哀时客:《尊皇论一·论保全中国非赖皇上不可》,《清议报》第9册,1899年3月22日,"本馆论说",第1—2页。
④ 哀时客:《商会议》,《清议报》第10册,1899年4月1日,"本馆论说",第1页。

精华，每期登录数页"①。《清议报》第12册所载《各国宪法异同论》（以下简称《异同论》）译自加藤弘之初刊于《东京学会会院杂志》的《各国宪法の异同》②。文章指出，宪法本指"国家一切法律根本之大典"，只要是国家大典，"无论其为专制政体（旧译为君主之国），为立宪政体（旧译为君官共主之国），为共和政体（旧译为民主之国），似皆可称为宪法"。不过现在一般只称"有议院之国所定之国典"为宪法。以往人们将"政体"分为多种，其实不外乎君主国、共和国二类。其中君主国有专制、立宪之别，可分为专制君主国与立宪君主国。如今共和国都是"有议院之国"，故亦可称作立宪政体③。换言之，专制政体、立宪政体均有广狭两层内涵。专制政体既可泛指一般的专制国，又可特指君主专制国；立宪政体既可指包括立宪君主国、共和国在内的"有议院之国"，又可专指立宪君主国。

据此，"政体"指称专制君主、立宪君主、共和（又可简称为专制、立宪、共和）等政治体制。对应以上三种"政体"为基于国家统治中君权、民权关系而区分的君主国、君官共主国（按：应是"君民共主"之误）、民主国，并未见于加藤弘之的底本，应是梁启超译后添加。此外，"有议院之国"的原文是"代议政体"④。

《异同论》接着说，在行政、立法、司法三权鼎立的立宪政体中，与立法权关联的国会一般分上、下两院。上院构成，各国不同。英国以王族、贵族、高等教士充当，奥地利、普鲁士等与其略有差异，法

---

① 《本报改定章程告白》，《清议报》第11册，1899年4月10日，"告白"，第1页。
② 藤井隆：《政体论から「開明専制論」を読む》，《修道法学》第34卷第2号，2012年。
③ 新会梁任［公］译：《各国宪法异同论》，《清议报》第12册，1899年4月20日，"政治学谭"，第1页。
④ 加藤弘之：《各国宪法の异同》，加藤照麿等编：《加藤弘之讲论集》第4册，东京：敬业社1899年版，第1页。

国上院由各县选举委员所选的议员组成，美国、瑞士的上院议员是各邦代表。"上院之制，随各国之国体而异。"至于下院，"无论君主国、共和国，虽国体大异，其制皆如出一辙，皆由人民之公举，为人民之代表"①。根据原文，"国体"对应的表述是"各国の性质"②。

除了《异同论》，《清议报》连载的《国家论》也专门介绍"国体""政体"知识。《国家论》节译自平田东助、平塚定二郎1889年用日文翻译出版的同名著作，同时大量参考吾妻兵治的汉译本《国家学》，其底本是德国学者伯伦知理（Bluntchli Johann Caspar）的 *Deutsche Staatslehre fur Gebildete*（《为有文化的公众而写的德国政治学》）③。《国家论》卷1第4章讨论国家源起时，讲到东方人认为国家"以天帝之意成立，系天帝之所构造。据此说推之，则其国家定立神道政体"。其实，"天神为政之说，实背乎理。勿论国体如何"，"建立国家且维持国家"都不是鬼神，而是人类。故"神道政治者，毕竟不适人类之政体也"。"国体"与国家为何种"政体"有关④。在后面的章节中，"国体""政体"的所指及其关系渐趋明朗。卷1第5章指出，"国家之至重准的"包括"司理财之事""司教育之事""司法律之事""司兵政并外交之事""许民人参政之权，且养成其自由之权""施行万机政务"六个方面。"然通观古今之邦国，专用力于其一二，而遗其四五，以成一种国体者，比比皆是也。故偏于理财，则

---

① 新会梁任[公]译：《各国宪法异同论》，《清议报》第12册，1899年4月20日，"政治学谭"，第3—4页。
② 加藤弘之：《各国宪法の异同》，加藤照麿等编：《加藤弘之讲论集》第4册，第9页。
③ 巴斯蒂：《中国近代国家观念溯源——关于伯伦知理〈国家论〉的翻译》，《近代史研究》1997年第4期；孙宏云：《汪精卫、梁启超"革命"论战的政治学背景》，《历史研究》2004年第5期；承红磊：《〈清议报〉所载〈国家论〉来源考》，《史林》2015年第3期。
④ 伯伦知理：《国家论》，《清议报》第17册，1899年6月8日，"政治学谭"，第11页。

或为主农之国,或为主商之国,或为主工之国;偏于教育,则为文学之国;偏于法律,则为法律之国;偏于兵事,则为尚武之国。"①所谓"成一种国体",是指称不同类型的"国家"。

《清议报》所载《国家论》在卷1结束后删去卷2,接以卷3《国体》。卷3第1章说,古希腊学者将"政体"分为君主政治、贵族合议、国民会议三类,亚里士多德改称为君主政治、贵族政治、合众政治。因这三种政治的"主权者能自制私欲以谋公利",亚里士多德定义其为"正体",与之相反的"变体"分别是暴主政治、权斗政治和乱民政治。国家"必推一人为最上官,使之专当国事,此最上官之人品,足以辨别国体之种类。希腊人别国体,各由其主宰者之种类,以附名称,亦以此故耳"。在这里,"国体""政体"所指相同,均是指称君主、贵族、合众等政治。三种"政体"之外,还有人认为存在混合君主、贵族、合众三种政治的集合政体。伯伦知理反驳说:"凡一国之政柄,当归于最上官一人,不当涉于多歧。是故从亚利斯土尔氏之旨,区别主政之人,则无所谓集合政体者。"虽否定集合政体一说,伯伦知理也认为只分"政体"为三类不完善,"三种外更加神道政治一种,则备矣。"理由是:"凡政体皆以人为君主及主政之人,独神道政治,以天神若人鬼为国之真主,故其根本与他三种政体不同。"②

《国家论》经常交替使用"国体""政体",指称各种"国家"。如"国体有名异而实相类者,有名同而实相反者"。希腊学者"唯就主宰官判别国体",弊病是一旦遇到变体就无从定义,如立宪君主政治与代议共和政治虽名称有异,却"均以自由权付国民",和"专制君主政治之类神道政治者"大不相同。故"今欲察政体之名实异同,不可不将

---

① 伯伦知理:《国家论》,《清议报》第19册,1899年6月28日,"政治学谭",第17—18页。
② 伯伦知理:《国家论》,《清议报》第23册,1899年8月6日,"政治学谭",第1页。

亚利斯土尔氏之分别论敷衍而弥缝之"。与"亚氏别国体以主治者为根据"不同，伯伦知理认为"据被治者以别国体亦无不可"。他根据被治者参政的方法与程度判断国民的状态，从而"断其政体属何种"。依此标准，"国体""政体"可以区分为三：一、被治者没有参政权、监察权，完全被主治者压制的无自由国；二、贵族有参预立法、监察政务、参预政事的权利，其余人民不能干预政事的半自由国[①]；三、国民不问贵贱贫富都有参政权的自由国，又称共政国。自由国有两种，一是国民直接参与立法，监督政务，二是选举议员参与政事，国民间接行使权力，前者有古代的共和国与今之瑞士，后者即"代议政体"[②]。

《清议报》所载《国家论》卷3只有4章，而吾妻兵治所译《国家学》卷3的篇幅远不只于此，被删章节有《论立宪君主政治之新兴及其传播》《论立宪君治政体之意义》《论代议制共和政体之沿革》《论代议共和政体之本色并其德》《论政体之变迁》《论国家之联合》。这些章节的标题和正文陆续出现"国体""政体"。如《论立宪君治政体之意义》说："不论时之古今，不问政体之为立宪为专制，亦不别其尊号之为帝为王，法国之君主常以统辖政务之大体为本分，不敢以国家之装饰自甘。"[③]"政体"即指专制、立宪。《论政体之变迁》提及马夏维利（Niccolò Machiavelli）综合历史与心理学"发见国体变迁之原则"。"政体""国体"所指相同。《论国家之联合》指出，国家除单独成国外，亦可联合数国而成。国家联合的形式多样，有由几个国家"相集同盟，以固其联结"的联合国，"此政体于保护联合各邦之独立自由则有余。虽然，至于保持族民全般之势力自由，则有所不足。故欲藉此弱政

[①] 伯伦知理：《国家论》，《清议报》第25册，1899年8月26日，"政治学谭"，第4页。

[②] 伯伦知理：《国家论》，《清议报》第26册，1899年9月5日，"政治学谭"，第5页。

[③] 伯伦知理著，吾妻兵治译：《国家学》，东京：善邻译书馆·国光社1899年版，第69页。

体以致联合各邦之强盛,实不免为皮相之见";有国权联合国,即"一国之君主兼任数国之主权";有联邦或联邦帝国,其"本旨非废各邦以为统一者之郡县,即使各邦依旧存立,别设政府以统辖之",这种"政体"与联合国不同;此外又有"本国与在国外具国家体裁之属国为一种联合者",如欧洲诸国在海外的殖民地等[①]。此处"政体"指称联合国、联邦国、联邦帝国等。而《论国家之联合》被置于《国体》一卷,则表明联合国、联邦国等亦可属于"国体"范畴。

综观《国家论》《国家学》,用来对译德文词汇的"国体""政体",均可指称不同类型的"国家",内涵应与"国家形体"有关。除依不同形式联合的国家外,"国体""政体"的指称对象又可直接称作"政治"。但"国体""政体"并非毫无分别,文中提及专制以及与其相对的立宪(代议)两种政治时,只称之为"政体",这可能是因为另外对译其他概念,也可能只是受译者用词偏好的影响。需要说明的是,加藤弘之《异同论》中"政体"的指称对象虽与《国家论》的"国体""政体"相同,仍然难以确定二者对译的概念是否完全一致。

1901年,曾在东京专门学校(1902年改名早稻田大学)修读政治科的嵇镜将该校教师高田早苗的"国家学"课程的讲义《国家学原理》翻译出版。该书第14章《政体之区别》指出,亚里士多德以主权所在为标准区分"政体"为君主、贵族、民主三种,分别对应暴制、权斗、乱民三种邪"政体"。世上还有视统治者为神的代理人的神主政体,其反面是偶像政体。该书认为不存在所谓的"杂种政体"。在亚里士多德之后,孟德斯鸠(Montesquieu)"就亚氏区别,而显其性质","以德义为民主政体之特性,温和为贵族政体之特性,名誉为君主政体之特性,畏惧为专制政体之特性"。此外,还可以根据臣民权利多寡的差异

[①] 伯伦知理著,吾妻兵治译:《国家学》,第83、85—87、89页。

区分"政体"为不自由、半自由和自由三种①。

以上内容与《国家学》卷3《国体》极为相似。这是因为《国家学原理》译自伯伦知理《一般国家学》的英译本《国家的理论》(The Theory of The State),《政体之区别》即the forms of the state一章②。与《国家学》混用"国体""政体"不同,《国家学原理》统一使用"政体"翻译"form of state",指称"国家形体"。

在东西新旧交汇之下,梁启超的"国体""政体"使用颇为混淆。他说:"盖汉初之时,郡国杂处,诚为郡县与封建之过脉,其政体之驳杂,古今仅见矣。"③用"政体"论述封建制、郡县制未必是受日本影响,但在汉文中也比较少见。梁启超又利用新学阐释柳宗元所说的"封建非圣人之意也,势也",认为人类初起时,交通阻隔,人群聚族而居,各立其国,这是"家族之国体"。"既而强凌虐,众暴寡,互相吞噬,有力者腾,是为酋长之国体,于时国渐少矣。"势力强大的酋长继而称王称霸,将消灭的他国分封功臣子弟,由此进入封建之世。在封建之世,王的力量有限,不得不与诸侯并存,这就是"势"④。1902年梁启超译撰的《雅典小志》,提及雅典一度沿袭"家族国体(the family state)之旧习,未能遽变"⑤。由此可知,"家族之国体""酋长之国体"等词中的"国体",意指"国家形体"。

1899年8月前后,梁启超"应《太阳报》记者之嘱",写作《论中国与欧洲国体异同》,第一章即指出二者的共同点是都经历了由家族

---

① 高田早苗著,嵇镜译:《国家学原理》,东京:译书汇编发行所1901年版,第83—87页。

② 参见孙宏云:《学术连锁:高田早苗与欧美政治学在近代日本与中国之传播》,《中山大学学报(社会科学版)》2013年第5期。此文对高田早苗的著、译作品及其在近代中国的传播有非常深入细致的研究。

③ 《大同学校课卷》,《清议报》第23册,1899年8月6日,第4页。

④ 《大同学校课卷》,《清议报》第24册,1899年8月16日,第6页。

⑤ 中国之新民:《雅典小志》,《新民丛报》第19号,1902年10月31日,"历史",第4页。

时代到酋长时代,再到封建时代与贵族政治的历程。"中国周代国体与欧洲希腊国体,其相同之点最多,即封建时代与贵族政治是也。"周代的贵族政治即"欧洲人所谓少数共和政体,谓之寡人政体者是也"。春秋以后,"中国与欧洲之国体"迥殊,第二章即讨论其原因及影响。第一个不同点是中国由秦汉至今都是一统,欧洲自罗马以后列国并立,"是为中国国体与欧洲大异之一事"。欧洲因有国与国的竞争而进步,中国则相反。第二个不同点是欧洲在19世纪以前阶级明显,中国自汉以后无阶级之分,"故中国可谓之无贵族之国,其民可谓之无阶级之民。是又为中国国体与欧洲大异之一事"。中国因无阶级而缺乏竞争,故民权不兴,欧洲则反是。这两点"国体"差异,导致"欧洲自希腊罗马以来,即有民选代议之政体,而我中国绝无闻焉"[①]。指称贵族、代议等政治的"政体"源于日本,但论述封建时代与贵族政治、一统与分裂以及有无阶级等事物的"国体",则前所未见。这样的"国体"在东学中难以找到对应的表述,也非中国旧有,更像是梁启超自己用以阐论相关事物。

二、"政府形体"与"政体"

梁启超在引介东学上有先导之功,随后异军突起的留日学生则起到推波助澜的作用,伴随着相关译著的不断引进,"国体""政体"概念的复杂性日益凸显。1900年,雷奋、杨荫杭、杨廷栋等人创设译书汇编社,发行《译书汇编》杂志并翻译出版日文书籍。根据《译书汇编》第二年第三期所载的会员名录,译书汇编社成员多在日本接受法政教育[②],他们认为"政治诸书乃东西各邦强国之本原",故译书"以政治

[①] 任公:《论中国与欧洲国体异同》,《清议报》第26册,1899年9月5日,"本馆论说",第1—5页。

[②] 参见张允起:《〈译书汇编〉与清末留日学生》,王勇主编:《人物往来与东亚交流》,北京:光明日报出版社2010年版,第311页。

一门为主"①。1900年12月,《译书汇编》第1期节译孟德斯鸠原著,日本学者何礼之转译自英文的《万法精理》。是书卷二《论诸法以政府之形质而异》第一章《论政府有三类其形质各异》将"政府"分为三大类:"举人民之全部,或人民之一部,而掌握政权者,共和政治也;置一君而立有一定之宪法以限制之,立君政治也;以一人之喜怒,裁决政务,不受法律之节制,而唯所欲为者,专制政治也。"共和政治有二类:"举人民之全部而掌握君权、共议政务者,民主政治也;举人民之一部而执其政权者,贵族政治也。"民主、贵族等"政治"被看作是"政府"类型。《万法精理》又写道:"罗氏不知立君政体及共和政体为何物,其专政之威权,于欧罗巴诸邦,殆罕见其匹。"②结合前文,可知这里指称立君、共和等的"政体"与"政府形体"(form of government)有关,此用法在戊戌前已零星传入中国。

《万法精理》分析作为共和之一种的贵族政治时,又说:"在共和政治,若有一人崛起而掌握无限之大权者,则其势必一转而为立君政治,其变之极,且酿成暴虐政治。盖立君政治犹有一定宪法,或有适合于国体之法则,且其政体之元气,足以抑制君主之专横,而使之不能逞。若共和政治,则当其初,不料有此等患害,而未尝设防御之法,故若一人而握过重之权,则其滥用此权,其祸且不可胜道。"③也就是说,相比起立君政体本身有一定的宪法或适合其"国体"的法则,足以遏制君主的专横,贵族政治因缺乏防范统治者专权独断的法令,一旦突然转变成立君政治,反而更加专制暴虐。

孟德斯鸠的学说在清末颇受欢迎,不同译本相继出现。1902年,南洋公学教员张相文将《万法精理》重译出版。与《译书汇编》所载《万法精理》不同,张相文将卷二第一章改成第二章《论诸法皆由政体而

---

① 《简要章程》,《译书汇编》第2期,1901年1月28日。
② 《万法精理》,《译书汇编》第1期,1900年12月6日,第7、19页。
③ 《万法精理》,《译书汇编》第1期,第15页。

出》第一节《论政体之异》①。直接用"政体"代替"政府之形质",说明该词已经比较流行。

虽然译介东学逐渐成为国人汲取西方文化的主要途径,但严复等掌握欧美语言的有识之士仍坚持直接翻译西方文本,不欲转手日本。张相文译《万法精理》刊印后,招致严复的严厉批评,他认为"《万法精理》其书致佳,惜原译无条不误",故"今特更译,定名《法意》"②。《法意》译自英文,1904—1909年间陆续由上海商务印书馆出版。严译《法意》的《孟德斯鸠列传》说:"吾读《法意》,见孟德斯鸠粗分政制,大抵为三:曰民主,曰君主,曰专制。其说盖原于雅理斯多德。"③指称君主、民主、专制等为"政制",是延续光绪戊戌年已有的用法。卷二《论治制之形质》第一章《立国三制》写道:"治国政府,其形质有三:曰公治,曰君主,曰专制。"描述这三种"政府"的特征后又说:"是三界说者,所谓治制之形质是已。"④由此可见,"治制"与"政府"大概可以互换,其中"政府"等词似受何礼之《万法精理》影响。也就是说,尽管严复对于东学盛行大为不满,还是为时势所裹挟,不得不借用日制新词。更直接的证据可见该书第19卷第22章:"吾国行仗监斩,皆刑官为之,此乃立宪政体所无之事,学者审之。"⑤"立宪政体"或"政体"等词汇,即源于日本。

---

① 张相文:《南园丛稿》,沈云龙主编:《近代中国史料丛刊》第30辑(300),台北:文海出版社1968年版,第1888页。

② 马勇整理:《严复未刊书信选》,《近代史资料》编辑部编:《近代史资料》总104号,北京:中国社会科学出版社2002年版,第73页。

③ 孟德斯鸠著,严复译:《法意》,汪征鲁、方宝川、马勇主编:《严复全集》第4卷,福州:福建教育出版社2014年版,第3页。

④ 孟德斯鸠著,严复译:《法意》,汪征鲁、方宝川、马勇主编:《严复全集》第4卷,第13页。据编者注,"论治制之形质"原文为"of laws directly derived from the nature of government","形质"对译"nature",今人一般译为"性质",参见孟德斯鸠著,张雁深译:《论法的精神》,北京:商务印书馆1995年版,第7页。

⑤ 孟德斯鸠著,严复译:《法意》,汪征鲁、方宝川、马勇主编:《严复全集》第4卷,第338页。

其实，严复此前已用"政体"指称不同形式的政治。其1897—1900年间译出、1901—1902年由上海南洋公学译书院刊行的《原富》一书写道："夫立国之政体多端，有民主，有君主，有世家之主，有幕府之主，以公司治民者，则商贾之主也。商贾之主，于治制为最下，新殖之地往往用之。"[①]由"商贾之主，于治制为最下"一句可知，"治制"所指与"政体"相同。虽然严复此时更主要是用"政制""治制"等词指称君主、民主等，但也兼用日式的"政体"一词。

除了孟德斯鸠，法国另一重要启蒙思想家卢梭的著作《民约论》也被翻译到中国。1902年，因感慨"民约之说，泰西儿童走卒，莫不蒙其庥而呕其德"，"汉土人士则尤瞠乎莫之解矣，良可悲哉"[②]，曾在东京专门学校学习法政的杨廷栋将原田潜翻译的《民约论覆义》转译成《路索民约论》出版[③]。《民约论》指出："政府形体，不可尽同，兹分为三类如下：第一、民主政治。君主举一国之政权，委诸人民全体，或人民之一大部中，于是通国人民，执政柄者多，而无权者寡，是即举国民为有司之说也；第二、贵族政治。政府之权，为人民全体中几人所专据，凡非政府所委任者，皆为无权之人，且不得参与政事者也；第三、君主政治。政府全权，委诸一姓，百官有司分有一姓之权，即为一姓任事，是为世界通行最广之政体，所谓帝王政府是也。"此外，"置有司为中立之人，不与政府相关，唯监视立法、行政二权，不失其秤量为专责，凡此政体，亦可谓之为混合政府者也"[④]。显然，君主、贵族、民主等政治即"政府形体"，亦可简称"政体"。

---

① 亚当·斯密著，严复译：《原富》，汪征鲁、方宝川、马勇主编：《严复全集》第2卷，第311页。
② 杨廷栋：《初刻民约论记》，《路索民约论》，上海：作新社、开明书店1902年版，第1页。
③ 参见狭间直树：《卢梭〈民约论〉与中国》，中国社会科学院近代史研究所主编：《"近代中国与世界"国际学术研讨会论文集》，1990年，第582页。
④ 杨廷栋：《路索民约论》第三编上，第5、13页。

第三节 "国体""政体"的混用与多歧

一、伯吉斯的"国家形体""政府形体"区分学说

由上文可见,清季从日本输入的"国体""政体"概念与国家类型学说紧密关联。分类国家的学问在西方源远流长,一般认为最早的系统性论述可以追溯到亚里士多德,当时指称各类政权形态的概念是"城邦"（ἡπόλις）、"城邦政制"（πολιτείας）。πολιτείας除了作为一般政治的通称外,又有共和政治的特定内涵,换言之,"一个科属名称用作了品种名称"[①]。

在欧洲中世纪,亚里士多德的政治分类法"一直是政治主题的中心"[②]。拉丁文表达特定地域上对民众有命令权的最高组织、指称各类政治的词语是civitas, res publica,延续古典时代混淆属（genus）、种（species）的特点,res publica既指称包括君主制在内的各种政治,又专指共和政治[③]。

进入近代后,欧洲封建制度解体,新型政治体系（political system）逐渐形成,各国语言兴起,创造一种能够更加贴切地描述各种与此前明显不同的政治形态的用词,成为迫切的需要。在此背景下,现代意义的"国家"概念应运而生。具有标志性意义和广泛影响的表述,是意大利学者马基雅维利（Niccolò Machiavelli）在《君主论》（*Il*

---

① 亚里士多德著,吴寿彭译:《政治学》,第109—110、133—134页。

② 马斯泰罗内著,黄华光译:《欧洲政治思想史:从十五世纪到二十世纪》,北京:社会科学文献出版社2001年版,第12页。

③ Norberto Bobbio, translated by Peter Kennealy, *Democracy and Dictatorship: The Nature and Limits of State Power*, Minneapolis, University of Minnesota Press, 1989, pp.58-59.

Principe）一书开篇所言:"从古至今,统治人类的一切国家,一切政权,不是共和国就是君主国。"随着《君主论》的传播,"国家"（stati, stato）成为"政治研究的核心的术语"①。"在十六和十七世纪的时期中, state, etat, staat这些字便出现于英、法、德文的书籍中。"②

"国家"一词诞生后,其内涵渐趋丰沛,一个关键的发展环节是,法国政治学家博丹（Jean Bodin）出版于1576年的《国家六书》（Les Six Livres de la République）将主权（summa potestas）定义为国家要素。博丹认为,主权绝对且最高,是"保障国家内聚力和国家独立的前提",并把"作为主权的'国家'同具体实施这一权力的'政府'区别开来"。在此基础上,博丹从国家主权归属（status civitatis）和政府统治方式（ratio gubernandi）两个维度辨别国家种类。在他看来,国家形式有三种,分别是主权由一人掌握的君主制、由全体人民或多数人掌握的民主制以及由少数人掌握的贵族制。就君主制国家而论,如果君主允许所有人参与政治,则是民主政府。如果君主只赋予权贵、富人权力,则是贵族政府。博丹强调:"国家类型和国家所采用的政府类型之间存在着非常明显的差别。而据我所知,还没有人指出过这个差别。"③

随着"国家""政府"概念的出现和流行,国家类型学说的研究对象相应地转变为讨论"国家形体""政府形体"的差异。18—19世纪,欧洲的国家组织急剧变化,引起了政治学者的高度关注和研究,德国更是形成了专门分析国家的基础、性质、形式外表以及发展变化的国家学（staats wissenschaft）,国家类型学说因此十分发达。

近代欧美的国家分类理论,因各国政治结构和观察视角的差异,不

---

① 马斯泰罗内著,黄华光译:《欧洲政治思想史:从十五世纪到二十世纪》,第18页。

② 迦纳著,孙寒冰译:《政治科学与政府》,上海:上海社会科学院出版社2016年版,第83页。

③ 马斯泰罗内著,黄华光译:《欧洲政治思想史:从十五世纪到二十世纪》,第56页;韩潮:《博丹对混合政体学说的批评》,《政治思想史》2014年第4期。

同时期不同国家的学者的观点难期一律，同一时期同一国家的学者也意见纷歧。除区分标准依旧聚讼纷纭外，受"国家形体""政府形体"两个分析范畴有无分别的歧见的影响，从一元还是二元的角度区分国家种类逐渐成为争议的对象。

尽管博丹早在16世纪末就对国家类型和政府类型进行了区分，但实际上西方学界长期还是将国家、政府"当做同义的名辞，互相混用"[①]。所以，君主、贵族、民主等政治，既可以是"国家形体"，又可以称作"政府形体"。但也有学者对这种现象明确表达不满。1890年，曾留德攻读法学、政治学的美国学者伯吉斯（John William Burgess）出版了两卷本著作《政治学及比较宪法论》（*Political Science And Comparative Constitutional Law*），专门针对"国家形体""政府形体"的异同展开了细致的讨论。随着伯吉斯的"国家形体""政府形体"区分学说传入中国，"国体""政体"的能指所指益加驳杂[②]。

伯吉斯的政治学说引进日本并传入中国，与东京专门学校教师高田早苗关系密切。19世纪90年代，高田在东京专门学校英语政治科开设"伯吉斯政治学"课程，同时将《政治学及比较宪法论》上编译成日文，作为讲义，书名《政治学》，在1898年10月前已出版。后来他与吉田巳之助合作将《政治学及比较宪法论》全书译出，1901—1902年刊行。在清末蓬勃发展的译书潮流下，日文版伯吉斯著作很快也被转译到中国。

1900年12月起，《译书汇编》第一、二、六、八期连载东京专门学校学生杨廷栋转译的《政治学》，1902年又由上海作新社刊印单行本，

[①] 迦纳著，孙寒冰译：《政治科学与政府》第1册，上海：商务印书馆1947年版，第85页。

[②] 伯吉斯在清末的译名有多种，如"伯盖司""拍盖司""巴路捷斯""柏孟司""霸其士""巴尔秋斯"，等等，今为行文方便，在引文之外统一改称现今惯用的译名"伯吉斯"。

这是伯吉斯的著作首次被译成汉文。《政治学及比较宪法论》在1907年有两种全译本：一是朱学曾等重译，上海商务印书馆出版；二是刘德熏、郭斌、司克熙、周珍、王镇南合译，法制经济社出版。此外还有节译本，即张竞良译、上海文明书局1903年出版的《泰西各国立宪史论》和雷奋编辑、上海中国图书公司1909年刊行的《国家学讲义》。清末国人除通过日文、汉文译著了解伯吉斯的学术观点外，还有极少数人可以直接阅读英文原著。如曾在新式学堂学过英文的张君劢1906年到早稻田大学政治经济科留学后，因"日本语文不太高明，仅仅能看书，说话或写作都很困难，所以在早大时自己求智识的工具还是靠英语。当时日本学校所用参考书，大概都是英文本，除讲堂讲义是日文外，我自己所读的是英语书"，其中就有《政治学及比较宪法论》的英文原著①。通过这些不同的路径，自20世纪初起，伯吉斯的"国家形体""政府形体"区分学说陆续进入国人视野。

区分政治概念的前提是清晰明确的定义。伯吉斯阐释"国家"（state）说："国家者，为全地人类之一而为一群。"②他进一步描述"国家"的特质：一，"一国之中，靡不包容，凡自然人、法律人及团体人，俱在一国之中"；二，"一国之中，主权不得不一"；三，"国之建立，期以永久，断不能任人爱憎之权，今日创之，明日毁之"；四，"国有主权，为国所最要，苟无主权，则一切政治制度虽灿然俱备，且可相延于永久，然而不得谓之国。必俟其主权既定，可以号令百

---

① 张君劢讲、王世宪记：《我从社会科学跳到哲学之经过——在广州岭南大学社会科学会讲》，《再生》第3卷第8期，1935年10月15日，第1页。

② 伯盖司：《政治学》，《译书汇编》第6期，1901年8月8日，第2页。朱学曾等人将此句译作："故国家云者，由人类之一部分而成立之有机体也。"（巴路捷斯著，高田早苗译，朱学曾等重译：《政治学及比较宪法论》，上海：商务印书馆1913年版，第52页）原文是：Our definition must, therefore, be that the state is a particular portion of mankind viewed as an organized unit.（John W. Burgess, *Political Science And Comparative Constitutional Law*, Boston, U.S.A., and London, Ginn & Company, 1893, vol. I, p.51.）

姓，而后名之曰国。"主权（sovereignty）是伯吉斯定义"国家"的核心要素，其内涵是："无上无限之大权，足以号令一国之人。"①

伯吉斯接着指出，许多欧洲国家特别是德国的公法学家并不赞同国家有主权的观点，他们的理由是"政府有无限之权，即足为害各人自由之权利"，若"国有主权，其害亦同"。伯吉斯认为这种观点的症结在于"未明国家、政府之别"。欧人主张"国家制度，无在政府外者"是根据过去的历史成迹做出的判断，如果对比美国制度，则可发现迥殊。"美之所谓政府者，非主权所出之地也。政府之上有宪法，宪法之上有国家之主权，国家之主权即定政府之宪法，及自由之宪法者也。"②简言之，"政府"（government）无主权，其上有宪法、国家主权，国家主权制定关于政府、自由的宪法。

紧接以上论述，杨廷栋译《政治学》有段日文版《政治学》《政治学及比较宪法论》以及英文原著都没有的文字："国家者，有主权而不能行，于是定为宪法，交政府施行，是则政府但禀国家之主权而已。无论君主、民主，必有一国，即必有一主权，尚君权则主权在君，而国为君有，尚民权则主权在民，而国为民有。国家、主权，名称虽殊，实则二而一者也。是以国家与主权合，而政府则与国家、主权异。政府不可有主权，而断无不有主权之国家。"③这可能是高田早苗在课堂讲授时临时增加的对伯吉斯的观点的概括，也可能是杨廷栋自己的解读。总之，伯吉斯认为，只要摆脱欧洲政治学说的束缚，则可发现"国家"与"政府"明显分别。伯吉斯虽然承认一些欧洲公法学家也注意到这一点，却不如他本人明确。

---

① 伯盖司：《政治学》，《译书汇编》第6期，第3页。
② 伯盖司：《政治学》，《译书汇编》第6期，第7页。最后这句引文在朱学曾译本为："政府者，决非国家之主权的机关，政府之后有宪法，宪法之后有根本之主权的国家，以对于政府及自由而调整宪法也。"（巴路捷斯著，高田早苗译，朱学曾等重译：《政治学及比较宪法论》，第61页。）
③ 伯盖司：《政治学》，《译书汇编》第6期，第7页。

伯吉斯以英国为例说明欧洲为何容易混淆"国家""政府"。就英国历史而言，最初是"主权在君，政府亦为君据，次则贵族亲幸之人预有主权，而君为守府，终则以民为政，贵族与君退处无事，仅虚拥政府之名号而已"。因主权以循序渐进的方式转移，"昔有主权之人皆怡然无虑"，犹自认是主权所在，新的主权者最初也"仅据政府中间散无可作为之一部"[①]。由于有主权之人与行主权之人难以截然区分，在这种潜移默化的变革过程中，"国家""政府"自然纠缠不清。

处处以当时的美国政治为立论标准的伯吉斯，在运用自认为严谨合理的理论辨别时人经常混同使用的"国家""政府"二词后，进而阐述其"国家形体""政府形体"区分学说。在他看来，"国家学之至精至深者，莫如形体之说"，但前人"鲜能穷其奥窔"，症结在于"欧洲学者不知国家、政府之别，美洲学者模拟欧人之说，不能自树自帜"[②]。他首先批评亚里士多德的"国家形体"学说。指亚氏曾"分国家形体为三，曰君主，曰贵族，曰民主"，因"希腊国家之制度，仅在政府之中"，亚氏"视政府较国家为重也无疑，故其释专制曰一人执政，释贵族曰数人执政，释民主曰众人执政"。伯吉斯认为，这实际上是混同了"国家""政府"以及"国家形体""政府形体"，二者看似相同，"而有时不能强其必同"。他区别"国家于政府之外"，严格定义、类别"国家形体"说："专制者，主权在一人；贵族者，主权在数人；民主者，主权在众人。"除此以外，"断无别有名称，可任己意附益者"[③]。简言之，"国家形体"因主权所在的不同而分为君主（按：译文混同君主、专制二词）、贵族、民主三类。

伯吉斯又批驳德国学者温莫鲁（Von Mohl）将"国家形体"分为宗

[①] 伯盖司：《政治学》，《译书汇编》第6期，第16页；伯盖司：《政治学》，《译书汇编》第8期，1901年10月13日，第17页。
[②] 伯盖司：《政治学》，《译书汇编》第6期，第15—16页。
[③] 伯盖司：《政治学》，《译书汇编》第8期，1901年10月13日，第18—19、28页。

教国家（按：日文版及朱学曾译本为"族长国家"）、神道国家（按：日文版及朱学曾译本为神政国家）、专制国家、古典国家、封建国家、立宪国家的观点，认为族长、神政国家均属于君主国，从法律的角度看，无国不当专制，"封建国家者，与贵族政体初无二致"，至于立宪国家，与其说是"国家"类别，毋宁说是"政府"类别，古典国家的说法只是文学、修辞学上的用语，无实际意义。若温氏将"国家形体"分为上古、中古、近古三种（按：日文版及朱学曾译本的表述略异，为"古代国家""古典国家""中世国家""近世国家"），"固于论理较近，然皆系年代学中之名称，而非政治学中之真义"[①]。

在众多讨论"国家形体"的论著中，伯伦知理的《近世国家学》最著名，他区别国家为君主、贵族、民主和神政四种。伯吉斯否认有神政国家，因为"以政治学之真义而论，苟有一人，执无上之权统驭国人，即谓之国家，何赖乎上帝，又何取乎神命也哉"。伯伦知理反对有混合君主、贵族、民主三种政治的复杂形体（a mixed form of state），因为复杂形体仍是"一人执权，众人限之"[②]，无须另立为一种。伯吉斯也反驳复杂形体的说法，但不认可伯氏的理据，在他看来，"国家不可限，因其有主权也"[③]。此外，伯伦知理创设第五种"国家形体"（按：日文版及朱学曾译本皆直接写作"国体"），即主权分配于联合国家与组成联合国家的各邦之间的复合国家（compound state），具体有四种情况：有殖民地及属地的国家、依人合国、同盟国家和联邦国家。不难想象，强调国家主权单一而不可分割的伯吉斯自然不会同意这

[①] 伯盖司：《政治学》，《译书汇编》第8期，第20—21页。
[②] 伯盖司：《政治学》，《译书汇编》第8期，第22—23页。
[③] 伯盖司：《政治学》，《译书汇编》第8期，第23页。朱学曾译本的阐论更详细清晰："国家乃主权者，不宜受限制。又国家者，非仅为权力之中心，实为诸权力之源泉。故当分类之国家，而排斥复杂形体之际，其认为真正理由者，以国家者，本来为单一，又有不可不单一者在也。"（巴路捷斯著，高田早苗译，朱学曾等重译：《政治学及比较宪法论》，第85页。）

种观点，所以他坚称殖民地虽偶有自治权，但不是国家，只是地方政府，组成联邦国家的各邦也只是政府①。

与"国家形体"相对的"政府形体"问题在《政治学及比较宪法论》下编《比较宪法论》有充分的讨论，其第三卷《政府之组织》的第一部为《政府之形体》（译文偶尔写作"政府之体形"），包括《政体之标准》《标准之应用》两章。书中说到，按照不同的标准，"政府形体（政体）"有四种分类方法。

第一种是以国家、政府是否区别为标准区分政府为直接、间接二种。直接政府即政府的作用由国家直接行使，"此种政体，不问其国家为君主制的，为贵族制的，为民主制的，皆不可得而限制之。盖限制政府者，厥惟国家，使国家与政府而混为一体，则政府之限制即政府所自加之束缚耳，在公法上终不得谓之限制也"。所以从理论上来说，直接政府即专制政府。因直接政府混同国家、政府，故政府形体即国家形体，"其国家为君主制的，则为君主制的政府，为民主制的，则为民主制的政府，为贵族制的，则为贵族制的政府"②。

间接政府又名代表政府，即国家"于国家机关之外，别置一机关或数机关，而委以政府之权力，且其机关与国家机关微有不同者也"。代表政府有"有限制者，有无限制者"。无限制政府是"举国家之权力悉以委诸政府，毫不为个人之自治权保留其范围区域"，"自理论言之，终不失为一专制政府也"。"若国家而列举政府之诸权力，或对于政府而为臣民明定确保其自由，以国家大权之全部委诸政府，而使政府之权力小于国家之主权，则其政府为有限制，而此政府之体形，即今日吾人

---

① 伯盖司：《政治学》，《译书汇编》第8期，第24—25页。
② 巴路捷斯著，高田早苗译，朱学曾等重译：《政治学及比较宪法论》，第339—340页。

之所谓立宪者是也。"①

代表政府的形体因"官职、立法诸权利之所在而变",若国家以此权利界之人民中之一人,则"其政府为君主制,若以界之数人,则为贵族制,若以界之众人,则为民主制"。一般来说,君主、贵族、民主国家分别对应君主、贵族、民主政府,但"按之学理,征诸事实,则有未必然者"。如民主国家可以有君主制、贵族制的政府,等等②。

第二种是"以政权之团结(consolidation)与分配(distribution)"为标准区分"政体"。"适用此标准,其最初所生之区别,即集权制度(centralized)及二重制度(dual)是也。"集权政府(centralized government)将全部政权委诸单一机关,无地方自治权,虽有独立的地方政府,但仅为中央政府的"代理厅";二重政府(dual government)则将政权分配于两种"独立而不能相破坏"的机关,可细别为同盟政府与联邦政府。"同盟制度,有数多之国家,而地方政府之数与之相同,复有一中央政府。而在联邦制度,则有国家一,中央政府一,地方政府数个也。"③

根据第二种标准又可区分"政体"为团结政府(consolidated government)及对当政府(coordinated government)。团结政府是"国家悉举其权力,而委诸单一之体",此单一体为一自然人,则"其政体为君主制的",若为"自然人集合之团体",则可以"发言投票者之多少"为标准,区分"政体"为贵族制和民主制;对当政府则是"依政权之性质而分配其政权于相对独立之数部或数体者也。各部各体,国家皆

---

① 巴路捷斯著,高田早苗译,朱学曾等重译:《政治学及比较宪法论》,第341—342页。
② 巴路捷斯著,高田早苗译,朱学曾等重译:《政治学及比较宪法论》,第342页。
③ 巴路捷斯著,高田早苗译,朱学曾等重译:《政治学及比较宪法论》,第345、347—348页。

以宪法创设之，而使之相对独立，保持其对当之关系。"①

第三种是以"保有官职或立法诸人之职权"的方法为标准区分政府为世袭、选举两种。第四种是以"立法部对于行政部之关系"为标准分政府为大统领政府和国会政府，前者是行政部对于立法部保持独立地位，后者是"国家关于法律之施行，以完全之监督权，委诸立法部"，行政部缺乏独立地位②。

综上所述，伯吉斯以有无主权为标准严格区别"国家""政府"。在此观念下，他提出"国家形体"只有主权在一人、数人、众人的君主、贵族、民主三类，"政府形体"则因标准不同而分为多种。检阅原著可知"国家形体""政府形体"分别对应"the form of state""the form of government"③。就翻译"the form of state"而言，高田早苗的译著及相关汉译本主要是直接用"国家形体"，偶尔也用"政体""国体"；至于"the form of government"，则使用"政府形体""政体"。换言之，在日译本和汉译本《政治学及比较宪法论》中，虽有辨别"国家形体""政府形体"，但并未严格区别"国体""政体"这两个概念。

从伯吉斯反复声称欧洲学者不知"国家""政府"之别可以发现，其"国家形体""政府形体"区分说本质上也只不过是基于美国自身的政治经验而衍生的理论，明显无法放之四海而皆准。因国情的差异，时间的推移，"国家形体""政府形体"以及"国体""政体"是否有别、如何区分自然言人人殊，难期一律。

---

① 巴路捷斯著，高田早苗译，朱学曾等重译：《政治学及比较宪法论》，第350—351页。
② 巴路捷斯著，高田早苗译，朱学曾等重译：《政治学及比较宪法论》，第353、356—357、360页。
③ John W. Burgess, *Political Science And Comparative Constitutional Law*, vol. I, p.71.

二、众说纷纭的"国体""政体"

随着日本法政论著中纷繁复杂、含义多样、异同难辨的"国体""政体"源源不断地传入中国,受日文水平、所见文本和理解程度等因素制约,国人对这些概念的理解多样、认知纷歧。

许多法政译著对"国体""政体"的内涵其实没有太多解释。如1903年广智书局出版的小野梓著、陈鹏译《国宪泛论》的第三章《论政体》写道:"泰西政理家之所论,谓政体有三种",即合众、寡人、独裁三者。这三种"政体"各有弊端,最好的是英国"立君统一,代人议政之政体"。"盖代议政体,能补合众、独裁二治之所短,而济其不足,宜于君主之国,宜于民主之国。"①至于何谓"政体",似乎不言而喻。事实上,多数国人不通西文西学,所了解的东学又有限,直接阅读相关文本时难免不易知晓概念的意涵。

受东学影响,梁启超用"政体"取代中国旧有译名指称相关事物,他在《饮冰室自由书·文野三界之别》中认为孟德斯鸠"著《万法精理》一书,言君主、民主、君民共主三种政体之得失"②。类似用法在国人当中颇为常见,1902年9月14日,"清醒居士"在《大公报》发表《论中国民智闭塞之原因》,其中就写道:"我中国历史无君主、民主、君民共主之名,然以其时考之,按其迹求之,则尧舜之世似为君民共主之政体。其时文化昌明,君权不失之过重,民权亦不失之过轻。"三代以后,"教化陵夷,君权渐重,民权渐轻,又变成一君主之政体,至于秦,而专制之势成矣"③。随着"政体"等概念的流行,原来用以

---

① 小野梓著,陈鹏译:《国宪泛论》,北京:中国政法大学出版社2009年版,第4、6—7页。
② 任公:《文野三界之别》,《清议报》第27册,1899年9月15日,"饮冰室自由书",第1页。
③ 清醒居士:《论中国民智闭塞之原因》,《大公报》(天津),1902年9月14日,"论说",第2版。

指称各种政治形式的纷繁淆乱的用词逐渐被取代。

梁启超对孟德斯鸠的"政体"学说的认识很快有所调整。1899年12月,其《蒙的斯鸠之学说》一文将各国"政体"分为专制、立君、共和三类,共和包括贵族、平民两种"政体"[①]。这明显是进一步阅读东籍后改变了看法。频繁接触日本的"政体"概念后,梁启超更详细解释其意涵。1901年6月,为刺激国内"脑质顽旧之徒"而写的《立宪法议》指出,"有土地人民立于大地者谓之国",有君主国、民主国之别。"设制度施号令以治其土地人民谓之政","政"分为有宪法、无宪法两种,亦即立宪之政与专制之政。

阐释国与政后,文章定义"政体"为"采一定之政治以治国民",有君主专制、君主立宪、民主立宪三种[②]。除共和、民主等用词的差异外,《立宪法议》的"政体"分类法与《异同论》并无二致。梁启超解释"政体"为"采一定之政治以治国民",多少已注意到"政体"与政治形式有关。

对于梁启超认为是"政体"的君主国、民主国、君民共主国,马建忠则称为"国体"。他翻译的《法律探原》指出,国家有行律之权与定律之权,"夫国有国体,或君主、或民主、或君民共主,视其国而后知定律之权属聿河(何)人"。定律分为草创、讨论、准定和颁行四个步骤,因"各国之体制不同,而所谓草创、讨论、准定、颁行之权遂厘然而各别"。法国"当咸丰二年初更君主之制",君权偏重,草创新法的权力专属君主,议院"惟能讨论新法之臧否可否,而不可删易,删易之者,亦惟枢府而已"。"同治九年更定民主之制,而议院权重,于是议臣亦得条陈新法矣。""英为君民共主之国,权在于民,惟大赦之令

[①] 任公:《蒙的斯鸠之学说》,《清议报》第32册,1899年12月23日,"饮冰室自由书",第7页。

[②] 爱国者:《立宪法议》,《清议报》第81册,1901年6月7日,"本馆论说",第1页。

专属君主。"①"各国之体制"指国家为君主之制、民主之制、君民共主之国等,由此判断,"国体"意指"国之体制"。马建忠逝世于1900年9月,《法律探原》成书时间无疑更早②,考虑到当时日本的"国体"输入尚少,他使用的"国体"未必受东学影响。马建忠的个例说明中国也在独立的脉络下使用"国体"指称国家形式,但与日本的流行程度相比,明显不成规模。

从日本传入的国家类型知识中,区别"政体"为专制、立宪、共和三种的观念相当流行。1900年5月20日,《台湾协会会报》刊载的《一国之政体》指出:"惟因国体自有异同,即有国君亲裁万机者,又有常谋国民,然后行政治者,或有不设国君,国民合同相谋,以治一国者,是因国体易其政者也。而国君独裁者,名称君主专制政体。君民相议施政者,名称君民同治政体。设无国君,人民合议,选出主裁者,而治国者,名称民主政体。"中、俄等国是君主自裁政体,日本是"君民同治,即立宪政体也",美、法两国"均为民主国政",即"民主政体,一名共和政体"。③由于种种不同的"政体"是因为"国体自有异同"而产生,"国体""政体"基本上可以说是相近的范畴,都与"国政"如何有关。

1901年4月,蔡元培在杭州方言学社发表开学演讲:"吾闻学校之事,与国宪之变迁有关系。国宪三变:曰专制,于春秋为据乱世;曰立宪,为升平世;曰共和,为太平世。学校亦然。专制体为学堂,为初学导门径者也。……共和体为学会,为成学结团体者也。……若乃立宪体,则以学会之体,举学堂之实,议事取公论,治事有专责,既不阂

---

① 马建忠:《法律探原》,土梦圳点校:《马建忠集》,北京:中华书局2013年版,第278页。
② 参见俞江:《"法律":语词一元化与概念无意义?——以〈法律探源〉中的"法""律"分立结构为立场》,《政法论坛》2009年第5期。
③ 《一国之政体》,《台湾协会会报》第20号,1900年5月20日,"政治法律谈",第79页。

自由之权，又不为无法之形，舍短取长，殆无遗憾。论者谓今世界政体，惟立宪最宜，吾于学校亦云。"①蔡元培显然接触过区分"政体"为专制、立宪、共和的学说，他认为它们是"国宪"，甚至直接简称为"体"，纷歧的理解随着概念广泛流传而日益凸显。

1902年，最早将伯吉斯著作翻译引进中国的杨廷栋采辑日本文籍编成《政治学教科书》，第五章《政体》指出："凡设立政府，所以保一国之安宁，增人民之福祚，故国不论大小，皆有政治制度，此一定之理。然亦视其国文明进化之程度，与风俗习惯之差异，而政体各不相同。"如有酋长政体、神道政体等，但比较常见的"政体"主要是君主、贵族、民庶三种政治。君主政治是"国之大权在一人之手，或名一人政治"，因"其执行政权亦各不同，其间亦分为三种，曰无限君主专制，曰有限君主专制，曰君民共治"。"贵族政体者，一国之内专尚门第阀阅，聚国内之货财威权，度越于众人者，以执其政权。""众庶同治者，选举一总统，人民会同协议，自立法而自行之，此政体为最善。"杨廷栋最后总结道："以上所论政体，以君民共治及众庶共治二政体为优，如是者谓之立宪政体。"②不难发现，《政治学教科书》所说的君主、贵族、民主等"政体"是不同形式的"政府"，未强调其与"国家形体"的区别。

杨廷栋后来在南通州师范学校教授法制经济时，将《政治学教科书》增改修订为《政治学》，内容结构相似，其中也提及君主、贵族、民主等"政府"，但此时已在伯吉斯的学说体系下诠释相关概念，意涵大不一样。《政治学》第三章《政体》指出："人类既相集而成国家，不得不设一机关于国家之内，机关维何，政府是也。……至政府之作用，则视其国文明进化之程度，与风俗习惯之差别而异，

---

① 蔡元培：《在杭州方言学社开学日演说词》，高平叔编：《蔡元培全集》第1卷，北京：中华书局1984年版，第125页。
② 杨廷栋：《政治学教科书》，上海：作新社1902年版，第12—16页。

此所以历古以来，政体不能相似也。国家为主权之主体，政府则承主权之意向而施行之。政体云者，无论就政府之作用或政府之性质观之，要不外表明政府承主权之意向，所施行之程式也。国家之制不同，政体即随之而异。"①"政体"仍是指称不同的"政府"，但强调其与"国家"相对。

和《译书汇编》登载的伯吉斯《政治学》一样，杨廷栋辑《政治学》也说，由于"希腊之国家制度，仅在政府之中"，亚里士多德"视政府较国家为重"，故"释专制曰一人执政，释贵族曰数人执政，释民主曰众人执政"。至于"今日文明各国之国家制度，则立于政府以外，学者于国家、政府之间，慎勿混而一之"。"今据美人柏孟司之说，别为一解，以别国家于政府之外。君主者，主权在一人。贵族者，主权在数人。民主者，主权在众人。然此仅就国家之形体言之，犹无与政体之说也。在君主国家之政府，即承一人之意向而施行之，是为君主政体。贵族国家之政府，即承数人之意向而施行之，是为贵族政体。民主国之政府，即承众人之意向而施行之，是为民主政体。"②现已没有贵族政体，通行于各国的主要是专制政体、立宪君主政体和民主政体。

杨廷栋区分"国家""政府"以及"国家形体""政府形体"的论述无疑受伯吉斯的影响。值得注意的是，与伯吉斯著作原译本对"政府形体"如何区分及其具体类型有详尽的论述不同，杨辑《政治学》对相关内容的介绍比较粗略，甚至有过于简单化之嫌。仔细检视伯吉斯的观点可以知道，君主、贵族、民主三种"国家"虽然可以分别对应君主、贵族、民主三种"政府"，但这并非必然的联系，民主国家亦可以采用君主、贵族"政府"，杨廷栋却将它们一一固定搭配，显然没有充分彰显伯吉斯的学说原有的丰富内涵。

---

① 杨廷栋：《政治学》，上海：中国图书公司1908年版，第4—5页。
② 杨廷栋：《政治学》，第5—6页。

嵇镜也曾将伯吉斯的"国家形体""政府形体"区分理论译介到中国。嵇镜认为:"国家与政府,国体与政体,大有径庭,不此之辨,而侈谈政学,心成笑柄。中国人数千年不知国与民之关系,而误认政府为国家者,职此故也。近数年来,辨明国体政体之文,稍有所见,然大率于治学中附列一二,奥义未克凶详尽。"于是他"特选译欧美大家最精当之学说",编成专书《国体政体概论》,"以便学者有志之士幸快先睹"①。《国体政体概论》分辨"国体""政体"的内容,即是伯吉斯的观点,应是从高田早苗、吉田巳之助翻译的《政治学及比较宪法论》转译。值得特别注意的是,嵇镜不使用日文译著本来的"国家形体""政府形体"的表述,而明确将它们对应为"国体""政体",有意强化"国体""政体"的辨析②。这又是伯吉斯的学说在中国传播的一种变化情形。

---

① 《国体政体概论》广告,《浙江潮》第7期,1903年9月11日。
② 嵇镜辑译:《国体政体概论》,上海:民权社1903年版,第1—30页。

第二章

"国体""政体"的区分与异同的困惑

因欧美的国家类型学说一般不会特别区分"国家形体""政府形体",在明治时期日本译介的法政论著中,"国体""政体"本来没有十分清晰的界限。"政体"除可表达"政府形体"的含义外,还可与"国体"一样指称"国家形体","国体""政体"不仅所指相同,含义也有重叠。1889年《明治宪法》颁布后,日本学者大力提倡区分"国体""政体",相关理论在清末也逐渐进入国人的视野,并在辗转传播的过程中频繁出现随意置换概念、杂糅互歧说法等诸多变异。

第一节 "国体""政体"区分说的源起

一、"欧洲于国体、政体无所区别"

汉文文献中明确区分"国体""政体"的论述,最早出现在1900年12月起连载于《译书汇编》第1、2、7、9期的《政治学提纲》,其中第7期重复收录前两期已刊章节并略加删改。经查,《政治学提纲》译自鸟谷部铣太郎著《通俗政治泛论》①。

《政治学提纲》第1章《国体及政体》第1节《总说》定义"政体"说："凡国家必有统治之机关，其机关之组织及举行之迹象，即名之曰政体。"近代"政体"有专制、立宪二种。"一人主权在上，乾纲在握，万机独断，是之谓专制政体。设立宪法以组织国家统治之机关，谓之立法、行政、司法，是之谓立宪政治。""然同一立宪政体，有因其<u>政体</u>之不同，而其统治机关之组织亦不同者。有民主国体而中寓立宪政体者，有君主<u>政体</u>而中寓立宪政体者。然而民主国体之中有美与法之不同，君主国体之中亦有英、德、奥之不同，因之而其统治之机关及主权之所在亦不能以一定之理相论。"②按这段话的意思，立宪政体因"政体"而异指民主国体、君主政体下的立宪政体有别，"国体""政体"所指相同。不过对照原著，可以发现引文加下划线的"政体"均为"国体"③。

区分"国体""政体"的观念在《政治学提纲》后续章节进一步凸显。文中比较德、英、日等国制度异同，说："德意志主权不在皇帝一人，而在联邦参议院"，"英国君主不得谓统治之主体，……其主权之所在为众议院"，"日本帝国乃纯然之君主国体，其主权由天皇总揽之，惟既立宪法、开国会，与君主专制不同"。鸟谷部铣太郎又说："欧洲于国体、政体无所区别，日本则君主国体而君主政体，天皇于名实上均为国家之主权者。约言之，即君主者，国家之主体是也。"④

《政治学提纲》接着指出，日本自古即君主国体，近来则由专制政

---

① 《吉林官报》第13期（1909年6月8日）、第24期（1909年9月24日）也曾节译《通俗政治泛论》。
② 鸟谷部铣太郎：《政治学提纲》，《译书汇编》第1期，1900年12月6日，第3、5—6页。
③ 鸟谷部春汀：《通俗政治泛论》，东京：博文馆1898年版，第7页。
④ 鸟谷部铣太郎：《政治学提纲》，《译书汇编》第7期，1901年7月30日，第9—10、14页。

体变为立宪政体。立宪君主国有皇帝或国王"统一三权而总揽万机",故君主是"国家统治之最高机关"。由此可见,"日本则君主国体而君主政体"指日本君主既是主权所在,又是国家最高机关。有人认为:"主权者乃国家之主体,有自存独立之概,所谓政治机关者,不过主权者设置之,使分掌国家统治权之作用而已。故以君主为政治机关,则君主非主权者矣。"鸟谷部铣太郎用"国体""政体"区分说解释道:"以君主为政治机关之一者,非就统治之实质而言,就其作用而言也。统治之实质由国体而定,统治之作用由政体而定者也。"日本是天皇钦定宪法,"故自国体上言之,君主独立于宪法之上,而自政体上言之,则君主亦不得不依宪法以施行其主权"。"就君主国体而言,君主固兼统治权之本体与作用而有之。惟统治权之作用复由政体之专制与立宪而不同,专制政体之君主统治权之作用毫无制限,立宪政体之君主则必依宪法以行,故统治权之作用即受宪法之制限。"①

总之,"国体""政体"明显分别,"国体"因主权所在、统治权的主体而异,指称君主、民主等;"政体"因国家统治机关如何组织、活动,亦即统治权的作用而分别,除相互对立的专制、立宪外,又有君主等"政体"。《政治学提纲》还有其他区分"国体""政体"的论述,如:"法兰西殆无一定国体,亦无一定政体,时而为君主国,时而为民主国,革命屡起,政体亦随之屡变。""现今法国为共和国体,然其共和制度,与美国不同。"②"国体""政体"亦可指称其他类型的国家形态。《译书汇编》第2期的《政治学提纲》说:"德意志虽称帝国,与日本帝国政体则大不同,何则?日本帝国,则政府在上,郡县在下,纯然一国家之制也。至德意志帝国,则联邦国也。"③第7期重刊的《政治学提纲》也有类似语句:"德意志虽曰帝国,其国体与日本不

---

① 鸟谷部铣太郎:《政治学提纲》,《译书汇编》第7期,第15、32—33、36页。
② 鸟谷部铣太郎:《政治学提纲》,《译书汇编》第7期,第18页。
③ 鸟谷部铣太郎:《政治学提纲》,《译书汇编》第2期,1901年1月28日,第7页。

同,何也?日本帝国,乃单一国家,德意志帝国,则联邦国也。"①一国家之制变成单一国家,含义相同,至关重要的是"政体"改为"国体"。查对《通俗政治泛论》可知原文是"国体"②。目前难以知悉何以出现此变化,但至少说明"国体""政体"又在一般意义上指称单一国、联邦国等"国家形体"。

《政治学提纲》上述内容在清末经辗转钞述后流传颇广。1902年,邓实将该书第1章第1节改名《国体及政体总说》,登在《政艺通报》壬寅年第4、6期③。1903年,汪荣宝、叶澜编纂《新尔雅》,是书"释政"篇解释"政体"完全抄袭《政治学提纲》。《新尔雅》又参考《政治学提纲》,介绍法、美等国政治,如说:"法兰西者,现今为共和政体。溯十八世纪初,时为君主国,时为民主国,革命屡起,政体亦随之屡变。"④就这段论述而言,前一句话中原文的共和国体被改成共和政体,后一句话删去"国体",仅留"政体"指称君主国、民主国,无形中消解了"国体""政体"的区别。《译书汇编》《政艺通报》《新尔雅》等书刊广泛流传后,人们固然了解到区分"国体""政体"的知识,但此类误译删改无疑又容易使"国体""政体"变得异同难辨。

伴随着日本法政译著的剧增,"国体""政体"区分说不断涌入。《译书汇编》第5—7、9期译载的樋山广业著《现行法制大意》指出,必须具备土地、臣民、主权三要素"才成国家,才得人格"。"国体"即"国家之组织,以表示国家主权之所在",主要有主权在民的民主国体和主权在君的君主国体;"政体"为"政治之组织,即统治权之形式",分为"立法、行政、司法咸私于一人之手"的专制政体和

---

① 鸟谷部铣太郎:《政治学提纲》,《译书汇编》第7期,第6页。
② 鸟谷部春汀:《通俗政治泛论》,第7页。
③ 《国体及政体总说》,《西艺丛钞》,邓实辑:《光绪壬寅(廿八年)政艺丛书》,沈云龙主编:《近代中国史料丛刊》续编第27辑(267—270),台北:文海出版社1976年版,第664—666页。
④ 汪荣宝、叶澜辑:《新尔雅》,上海:文明书局1906年第3版,第9、11页。

"设统治机关,立法、行政、司法各有其地,分掌其权"的立宪政体。"凡国体与政体,各有异同,非有一定之例","国体同而政体异者,政体同而国体异者,不胜缕纪"[1]。与《政治学提纲》近似,《现行法制大意》主张"国体"与主权(统治权)所在有关,"政体"指统治权的行使形式,此外还提到"国体""政体"对应"国家组织""政治组织"。

目前学界一般认为"国体""政体"区分学说在日本的兴起与东京大学教师穗积八束关系密切[2]。1902年,东京大学法科大学政治科留学生王鸿年听穗积八束讲授宪法,并"于课暇摘录其要旨,更旁征诸说,搜罗欧米各国宪法以互相比证,勒为一卷,命曰《宪法法理要义》"[3]。此书集中反映了穗积八束的"国体""政体"区分说的内涵与主旨。

和当时流行的观念一样,穗积八束把人民、土地、主权视作构成国家的三要素,主权即"最高无限之权力",独一无二[4]。他进而定义"国体""政体"说:"国体者,主权之本体。……主权之所在,非因法律而定,而实为历史之结果。""国体"主要分为君主国体和民主国体,前者"以特定之一人为主权之人,其人之所以得主权者,则在于自己有固有之力",后者"以国民为主权之所在,国会或政府皆受国民之委任,而为行政治之机关"。民主国体可细分为纯粹共和国体、贵族共和国体,后者现已不存。"政体"是"统治之权力动作于形式上者",可分为专制、立宪二类。专制政体是立法、司法、行政三权握于一人之

---

[1] 樋山广业:《现行法制大意》,《译书汇编》第5期,1901年7月14日,第1—3页。
[2] 参见林来梵:《国体概念史:跨国移植与演变》《国体宪法学——亚洲宪法学的先驱形态》二文。
[3] 王鸿年:《宪法法理要义叙》,穗积八束著,王鸿年译:《宪法法理要义》上卷,王惕斋1902年版,第1页。
[4] 穗积八束著,王鸿年译:《宪法法理要义》上卷,第7页。

手，有君主专制、议员专制、大统领专制、数人合议专制等情况。立宪政体以"三权分立之精神及国民所选国会之参与立法"为主要特征。穗积八束强调："立宪政体之特质，不以民主主义为要义，而法理上亦决不认民主主义为宪法之基础，学者于此处当格外注意，不可误解。"①

穗积八束指出，日本是君主国体，以君主为主权的本体，总揽统治权。他解释统治权为"统治其国家之命令及强制人民自由之权"②，在其论述中，与主权无甚分别。穗积八束认为，君主总揽统治权是"立宪君主政体之本领，日本现今之政体，即系如此，而立宪君主政体与他种政体相异者，亦在于此"③。穗积八束又说，德国"国法论虽采君主主义"，但"不敢断言君主为统治之主体，国民为服从统治权之客体，而以国家为人民之集合体，君主为国家之机关"。他不认同这种暧昧的态度，截然区分"统治权之主体及客体，而以客体属之人民，以明人民之为服从者，而非主权者"④。

穗积八束强调日本国法学应以自身的"国体"为依据，"不得以外国国体及历史与本国相异者之国法法理，解说本国国法"。在他看来："日本之国体，以君主为主权之观念，此观念由历史上国民信仰之心所维持发达者，而为建国之大则。""君主与主权一体而不可分离，于君主之外无国家，君主即国家。"⑤他认为君主立宪国决不可有"国会为统治之主体"的思想，"盖其向来国体不同故也"⑥。诚如王鸿年所言，穗积八束"阐扬君主主权说，以痛遏孟德斯鸠之三权分立论及鲁所

---

① 穗积八束著，王鸿年译：《宪法法理要义》上卷，第10—13、15页。
② 穗积八束著，王鸿年译：《宪法法理要义》上卷，第23页。
③ 穗积八束著，王鸿年译：《宪法法理要义》下卷，第2页。
④ 穗积八束著，王鸿年译：《宪法法理要义》上卷，第33页。
⑤ 穗积八束著，王鸿年译：《宪法法理要义》上卷，第9—10页。
⑥ 穗积八束著，王鸿年译：《宪法法理要义》下卷，第2页。

民约论之流弊,而维持忠君爱国之大义以鼓舞人心"①。

其实,自主权概念诞生以来,其归属问题备受争议。日本明治立宪的过程中,各方对主权所在多有争论。具有标志意义的事件是,1882年1月14日,《东京日日新闻》发表社说,认为"凡君主国,不问独裁制与立宪制,主权不可不在君主"。此说一出,舆论哗然。"《每日》《朝野》《报知》等诸大新闻皆揄笔驳击之,其中或曰立宪国之主权在议院,或曰在君主与议院之间,或曰主权乃万能力而不受制限,又或曰君主止分有主权之一部,异说纷纷。要之,于主权在君乃独裁政治,在立宪政治人民握之,则全然同见。"②

因主权所在已成焦点问题,伊藤博文等人制定、1889年2月颁布的《明治宪法》明确规定:"天皇为国家之元首,总揽治统,依此宪法条规行事。"治统即统治权。作为伊藤私人著作刊布,实际上带有官方性质的《日本帝国宪法义解》特别解释:"天皇宝祚,承之祖宗,传之子孙,国家统治权之所存也。宪法特揭大权而明记之于条章者,非表新设之义也,以见固有国体因之而益巩尔。"③协同制宪的金子坚太郎将此理念表述得更清楚明白:"我日本帝国以2500年的历史为根本,以2500年的国体为基础,吸收世界上通用的立宪政治即议会政治的一部分——只符合日本国体和日本历史的部分,以保全2500年的君权即天皇陛下的统治权,不变更国体,不割断历史,但却能加入欧洲宪法国的行列。"④

---

① 王鸿年:《宪法法理要义叙》,穗积八束著,王鸿年译:《宪法法理要义》上卷,第1页。
② 考政大臣编辑:《日本立宪史谭》,《北洋法政学报》第44册,1907年11月,第73页。
③ 伊藤博文撰,沈纮译:《日本宪法义解附皇室典范义解》,金粟斋1902年第2版,第1页。
④ 金子坚太郎:《伊藤公与宪法制定事业》,《国家学会杂志》第24卷第7号,第25—26页。转引自肖传国:《近代西方文化与日本明治宪法——从英法思想向普鲁士·德意志思想的演变》,北京:社会科学文献出版社2007年版,第139页。

按照伊藤博文等人的观念，日本立宪后君主握有统治权是其历史及固有尊崇天皇的"国体"传统使然。他所说的"国体"仍不是对应西学的法政概念。

穗积八束也十分认同推崇天皇的"国体"思想。他曾说，"我千古之国体，由我日本民族之特性建设维持"①，此特性即祖先教、"崇敬祖先之大义"。崇敬祖先须"服从祖先之威力"，祖先威力"在国则天皇代表之，对其国民而行统治之权"②。

在尊崇天皇的"国体"思想的主导下，伊藤博文、穗积八束均认为日本天皇在立宪后仍总揽统治权。穗积八束更利用"国体""政体"区分说将此观念理论化，从法理的角度阐论日本实行立宪政体后仍是以天皇为主权、统治权主体的君主国体，推重君权的旨趣表露无遗。那么，国人如何看待《宪法法理要义》呢？张缉光在给汪康年的信中称此书"立说于吾国历史、民俗极为相宜"③。留日学生编辑的《新学书目提要》则评价："穗积氏盖素主君权之论者（原序亦明言之），其大旨自有所见，未必定非。"对于宪法"非所以束缚君主而实君主之所以束缚人民"的说法则不敢苟同④。由于此书明显置重君权，有论者认为王鸿年乃"译界中之蟊贼"，借《宪法要义》"倡违悖公理之说，执为眩吾民智之具"⑤。

值得注意的是，穗积八束一开始并没有区分"国体""政体"的意识。他在1889年出版的《国法学》中指出，"国体"因国权掌握于何

---

① 穗积八束著，章起渭译，刘景韩校：《国民教育爱国心》，光绪乙巳两广学务处仿京师大学堂官书局本排印，《原序》第1页。
② 穗积八束著，章起渭译，刘景韩校：《国民教育爱国心》，第1页。
③ 《张缉光致汪康年函》第6通，上海图书馆编：《汪康年师友书札》第2册，上海：上海古籍出版社1986年版，第1790页。
④ 通雅斋同人编：《新学书目提要》，熊月之编：《晚清新学书目提要》，上海：上海书店出版社2007年版，第406页。
⑤ 《大陆报》第8期，1903年7月4日，"问答"，第2页。

种国家机关而区别，若各个体均不代表国权，"国体"是共和政体；若一个体的权力即国权，"国体"是君主政体①。明显混同"国体""政体"。查阅日本国立国会图书馆藏1890—1896年穗积八束在东京法学院讲授"帝国宪法"的7种讲义，可以发现他直到1895年才明确运用"国体""政体"区分理论解释《明治宪法》②。

由此需要继续深究的是，穗积八束的"国体""政体"区分说是其独创呢，还是受欧美政治知识的影响？从学术渊源来看，此理论可能来自德国。岩井尊文指出，"关于国体、政体之有无区别，学说共分三种"：

> 德儒依挨林克谓国体、政体并无区别，总揽统治权之机关为君主，则为君主国体，即为君主政体；为人民，则为民主国体，即为民主政体。盖专从组织机关上言之，宜其无分也。德儒黎姆则谓国体与政体有分，自是确论，但专以人数及机关之多寡为区别，亦有未当。如谓总揽统治权为一人为君主国体，为多数人则为民主国体，然行贵族制度之国，亦以多数人总揽统治权，将亦谓为民主国乎？况以行使统治权之机关之多少分政体，尤与立宪、专制之区别无关系，故黎姆之说，未可尽从。德儒斯密特则谓国家有三种机关，曰立法，曰行政，曰监督，三者合则为专制政体，三者分则为立宪政体。至国体之分，则专以监督机关为标准，监督为君主，则为君主国体，监督为人民，则为民主国体。是说也，亦不能无弊。国家政务分立法、行政，固为学者所公认，至监督则无积极的行为，此制虽各国偶一有之（德意志以君主为监督），然在一般国法

---

① 穗积八束：《国法学》，英吉利法律学校1889年版，第12页。
② 穗积八束：《帝国宪法》，东京法学院1895年版，第15页。

上言,则未为正当也。①

由此可见,虽然标准不一,也有德国学者区分君主、民主与专制、立宪为"国体""政体"两个范畴。

其中,穗积八束的"国体""政体"区分方式与1882—1890年任教于东京大学的德国学者那特硁的观点基本相同。那特硁的英文讲义由弟子山崎哲藏、李家隆介翻译成《政治学:一名国家学》,1891—1893年间分成上(国家编)、中(宪法编)、下(行政编)三卷出版,后多次重刊②。1900年12月,《清议报》第66册刊载麦孟华节译的《政治学》③。1901年,冯自由受广智书局聘将《政治学》全书译出,请章太炎润辞④,1902年分四次印刷出版。此书颇流行,1903年底已重印至第三版。商务印书馆也在1902年3月、8月分两编出版戢翼翬、王慕陶译《政治学(国家编)》。

冯译《政治学(国家编)》第2篇第1章《国体及政体》指出:"欲区分理论上、历史上之国家,以究其性质发达,则必先明国体、政体及宪法意义之区别与其关系。"具体如下:

(第一)国体。国体者,国家之形式,以主权之主体、客体所在而变者也。主权之主体为君主,其客体以国民全体而成,此谓<u>君主政体</u>;主权之主体为国民之总意,其客体以国民各个而成,此谓

---

① 岩井尊文讲述,熊元翰编辑:《国法学》卷上,北京:安徽法学社1914年第4版,第41—42页。
② 孙宏云:《那特硁的〈政治学〉及其在晚清的译介》,《中华文史论丛》2011年第3期。
③ 拉坚讲述,玉瑟斋主重译:《政治学》,《清议报》第66册,1900年12月12日,"译书附录",第1—3页。
④ 冯自由:《记章太炎与余订交始末》,《革命逸史》上册,北京:新星出版社2011年版,第216页。

民主政体。方今文明诸国，国体虽异，然据法理而类别之，则不外此二者。世所称君主政体或贵族政体者，是国体之类别，而非政体之类别也。（第二）政体。政体者，执行主权之形式也。独裁君主国执行主权，常依君意，立宪君主国执行主权，常依宪法。主权之机关，谓之政府。主权之形式，谓之政体。方今宇内各国，政体虽异，然据法理而类别之，则不外此二者，一独裁，亦曰专制政体，一立宪，亦曰制限政体。[①]

参校日文版《政治学》，上面加下划线的君主政体、民主政体本是君主国体、民主国体[②]。原著又说"政体"是"政治形式"。换言之，分别被定义为主权所在及其执行形式的"国体""政体"对应国家形式和政治形式。据日本学者研究，它们源于德文词汇Staatsform、Regierungsform，英文表述是Form of State、Form of Government[③]。

辨别"国体""政体"后，《政治学》指出"类分国体之法"有二种，"理论分类，由于国体之性质；历史分类，由于国体发达之次序"。理论分类有主观、客观之别，"其主观据主权之主体而观察之，其客观据主权之客体而观察之"。

主观的"国体"分类标准有二。一是"主权者之数"，亚里士多德根据主权在君主一人、贵族数人、国民全体而区分出君主国体、贵族国体、民主国体。二是"主权者之目的"，亚里士多德根据主权者的目的是为公益抑或私益而区别出正体国家（Normal State）与变体国家（Abnormal State），前者即君主、贵族、民主三种"国体"，它们分

[①] 那特硁著，冯自由译：《政治学》上卷，上海：广智书局1902年版，第2篇《国家之生理》第1—2页。
[②] 山崎哲藏译：《政治学》，东京：明法堂1891年版，第59页。
[③] 藤井隆：《政体论から「开明专制论」を読む》，《修道法学》34（2），2012年。

别对应暴君国体、寡人国体、暴民国体三种变体国家。孟德斯鸠则"以道德主义为国家主权者之目的而类分主（按：原文如此，应为'国'）体"。主权者以名誉为主义的是君主国体，以德义为主义的是民主国体，以温和为主义的是贵族国体，以胁吓为主义的是压制国体。

从统治的客体的角度来看，可区分国家为：一、国民全数有服从义务，无参政权利的无自由国体；二、国民多数有服从义务，无参政权利的半自由国体；三、国民全数均有参政权利的自由国体[①]。

至于从历史的层面类分"国体"，可大别为古代国家、近世国家。古代最初是家族国家，后衍生出神权国家、市府国家、封建国家。近世国家有近世专制君主制、立宪君主制、代议共和制、联邦制四种[②]。从历史的角度类分的"国体"显然与"主权之主体、客体所在"的内涵联系不大，可见"国体"亦可在广义上指称各种国家形式。

二、"辨国体之异同者，自日本始"

明治日本法政学界派系林立，观点纷歧，即使同是基于君主主权说区分"国体""政体"，大同之下的小异仍有不少。岸崎昌、中村孝著《国法学》的"国体""政体"区分说就与穗积八束等人不尽一致，东京大学法科大学学生章宗祥曾翻译此书，1902年3月由译书汇编社收入《政法丛书》出版。

岸崎昌、中村孝定义统治权说："国家有独立主权，依之而统治，是曰统治权"，其性质一言以蔽之即"在一国疆土内唯一无限之权力"[③]。统治权、主权内涵基本一致。二人进而区别"国体""政

---

① 那特硁著，冯自由译：《政治学》上卷，第2篇《国家之生理》第4—9页。

② 那特硁著，冯自由译：《政治学》上卷，第2篇《国家之生理》第9、12、29—30页。

③ 岸崎昌、中村孝著，章宗祥译：《国法学》，东京：译书汇编社1902年再版，第19—20页。

体",认为"国家之组织由主权之所存而异,是谓国体之区别。国体之区别与政体之区别不同。政体者,由统治之形式而定,主权之所存,非所当问也"①。"国体"分为主权在君、在民、在君与民的君主国体、民主国体和君民同治国体。亦可概括为君主国体与共和国体,共和国体指"主权之全部或一部存乎人民,合民主与君民同治而为一类"②。作者从后说。

岸崎昌、中村孝强调,日本是不同于欧洲国家的君主国体,其形成与"皇位与统治权合为一体"的特殊国情相关。简言之,欧洲国家"本乎主权在团体而君主治团体之观念组织而成",都是共和国体,即使有帝王,也不过是政治上的尊号,为国家机关而已③。"日本国体异是,国家组织之法,基于家族制度。"全国人统一于同一始祖的威力之下,皇统为国民先祖的代表。"故皇位之于国民,代祖先而统治之也。皇位与统治权合为一体,此日本国体之特质也。故同曰君主,全与欧洲不同。君主者,非机关之谓,而统治之主体也。欧洲诸国及其他各国,皆共和国体,纯然之君主国体,地球上惟日本一国而已。"章宗祥在这句话后面附加按语说:"此说不过一家之言,日本学者反对者甚多,读者不可执一而论也。"④

至于"政体",乃"统治方法之名"。欧洲国家"主权常在团体,而国家为统治之主体",皆共和国体,故"不言国体之区别",只讲"政体"分类。但国法学通行世界而不限于欧洲,"欧洲国体之外,别有所谓君主国体者,于是国体之区别与政体之区别不得不分言之矣"⑤。所以,作者说:"辨国体之异同者,自日本始。"⑥岸崎昌、

---

① 岸崎昌、中村孝著,章宗祥译:《国法学》,第22页。
② 岸崎昌、中村孝著,章宗祥译:《国法学》,第23页。
③ 岸崎昌、中村孝著,章宗祥译:《国法学》,第23—24页。
④ 岸崎昌、中村孝著,章宗祥译:《国法学》,第24页。
⑤ 岸崎昌、中村孝著,章宗祥译:《国法学》,第24页。
⑥ 岸崎昌、中村孝著,章宗祥译:《国法学》,第26页。

中村孝采用格立司的分类法，以"统辖国家施政之机关"——国家元首的组织及其地位为标准区分"政体"。细言之，"政体"大别为元首由一人组成的独任政体和由数人组成的合议政体，它们又分别包括元首无责任的君主政体和元首有责任的共和政体，组合后衍生出独任君主、独任共和、合议君主、合议共和四种"政体"。独任君主政体、合议君主政体又分别有元首与其他国家机关分其权限而统治的立宪政体和不分权限的专制政体两种情况，由此可以细分出专制独任君主、立宪独任君主、专制合议君主、立宪合议君主四种"政体"。值得注意的是，格立司所说的"政体"，原本未必是与因主权所在而异的"国体"相对的概念。

从表面上看，"政体区别之名目往往与国体相符合。然国体自国体，政体自政体，二者各有独立之观念也"。"国体"同而"政体"异，"政体"同而"国体"异比比皆是。如日本、英国、普鲁士三国以君主一人为国家元首，是君主政体，但英、普"统治之主体在国家"，是共和国体；至于日本，天皇同时是国家元首和统治的主体，为"君主国体而君主政体"①。

在《国法学》中，"国体"又可在广义上指称单一国家、联合国家等"国家形体"。卷4《论国家之联合》写道："世界国家之形体，非仅单一国家，如德意志帝国、北美合众国等，与英国、法国、日本等单一国家不同，国家有与他国家联合而成者，是谓国家之联合。欲知世界各国之国体，国家联合之法不可不研究也。"②

随着日本法政论著源源不断的译介，以君主主权论为基础的"国体""政体"区分说因人而异的复杂情形有增无减。1903年，日本早稻田大学政治经济科留学生林棨将菊池学而的《宪政论》译成汉文，由上

---

① 岸崎昌、中村孝著，章宗祥译：《国法学》，第25—26页。
② 岸崎昌、中村孝著，章宗祥译：《国法学》，第189页。

海商务印书馆出版,1916年重刊时已至第10版,流行程度可见一斑。

菊池学而定义主权为"有最高惟一之位置,而为团体之主力者"[1],经常混用主权、统治权。关于统治权的主体(统治权所在),主要有君主主权说、人民主权说和国家主权说。菊池学而批评人民主权说,认为人人有主权则无服从权力者,"国家必不能一日存"。他认可君主主权说,但此说不适用于共和国体。至于国家主权说,此说认为国家"以己之意志自事实上国家一变而为法律上国家",遂有人格,成为法人[2],因而是统治权主体[3]。菊池学而指出:"谓国家可以为法人则可,谓国家必不得不为法人则不可。"[4]且国家法人说与日本国情不相吻合。日本"乃家族制度之发达者也",皇室臣民同其祖先,天皇是国民的家长、族长,"国家主权与一家之家长权,其性质固未尝或异,惟观念之大小而已"。故"天皇之有主权,固事之无可争者也"。他批评日本倡导国家主权说的学者"徒艳羡外国宪法所宣言,学说所论述,迳欲采用诸吾国,学步效颦,唯恐不肖,亦见其惑矣"[5]。

说明主权所在因国而异后,菊池学而区分"国体"为"主权属乎特定之一人"的君主国体和主权属于由多数人所构成的"无形之团体"的共和国体[6]。君主国体以主权归于一人,"今日欧洲诸国之君主,其名则君主也,然而非主权者,团体主权之一官而已",故并非君主国体[7]。"政体"因"主权者统治一国之方法",亦即统治权作用方式的

---

[1] 菊池学而著,林榮译:《宪政论》,上海:商务印书馆1916年第10版,第9页。
[2] 所谓人格指具备权利义务能力的主体,除奴隶等外,一般自然人均有人格,法人则是"自然人以外之人格者也"。谭传恺:《法学通论》,《湖南法政学堂讲义》,出版时间不详,第20—21页。
[3] 菊池学而著,林榮译:《宪政论》,第27—28页。
[4] 菊池学而著,林榮译:《宪政论》,第14页。
[5] 菊池学而著,林榮译:《宪政论》,第14—15页。
[6] 菊池学而著,林榮译:《宪政论》,第30、41页。
[7] 菊池学而著,林榮译:《宪政论》,第45页。

不同而有专制、立宪之别①。"国体"有"悠久存续之性质","政体""非历久而永存,世之愈进,则其变愈赜"。日本明治维新"能明国体、政体之区别",故仅变专制为立宪,不变更君主国体。菊池学而批评一些学者"徒见欧米诸国元首之权弱,而国会之权强,动唱君主之无责任,否则思大国会议决之效力,是皆不明国体、政体之别之过也。国体、政体论与主权论有密切之关系,问统治权所在则国体也,别统治权行使之形式则政体论也"②。言下之意,在立宪政体下,君主权力、地位不容减损。

为了强调"国体"与主权所在关联,菊池学而更严格限定"国体"的指称范畴。他认为单纯国家、复杂国家这些国家形态"不可以为国体之类别也。为国体论者,察一国主权之所在而已。国家之形态,置之可也"③。事实上,在同样主张以主权、统治权所在定义"国体"的那特硁《政治学》和岸崎昌、中村孝《国法学》等书中,"国体"也可以指称单一国家、联合国家等,单纯表达"国家形体"这一层意思。

第二节　译介与变异

一、改窜删略

庚子事变后,随着清末新政逐步展开,政制、法制等方面的改革迫在眉睫。由于朝野普遍认为日本的制度、文字与中国相近,以日为师,事半功倍,于是纷纷大力主张翻译引进日本法政论著。与东学译著在数量上的剧增形成鲜明对照的是,越来越多的有识之士担忧其质量问题。

---

① 菊池学而著,林棨译:《宪政论》,第36、46页。
② 菊池学而著,林棨译:《宪政论》,第36—38页。
③ 菊池学而著,林棨译:《宪政论》,第40页。

1903年初，刊载在《新民丛报》第25号上的《翻译与道德心之关系》一文将翻译与道德问题联系在一起，批评当时浮躁的译书风气。文章指出："翻译之事，真非易易。吾不能文，然每觉译人之文，难于自属稿者倍蓰焉。苟任以己意武断，删改而损益之，非徒学问之累，抑亦道德之亏也。"在作者看来，"今日译界之混杂，由于学东文太易，新学小生，手《东文典》《和文汉读法》等书，未及三日，或且并イロハ四十八假名未识，亦嚣嚣然谈译书。姑无论其不解东文也，即真解东文，此事固遽尔易易耶。凡译一门之书，非于此门学问研精有得者，万不能率尔从事。苟尔者，未有不自误误人者也。吾有见乎今之少年，以翻译为业者，有冒险自信之力，真不可及也。"①言下之意，操笔译书的青年学子不过是无知者无畏。

稍后，戢翼翚、杨廷栋等人编辑的《大陆报》刊载的《译书难易辨》也明确指出，译书决非易事，"译书之人，必通一种学术，与二国以上之文字"。与这种高要求正相反对，"今中国事译书者，如蝟丛集，舍一二豪杰士外，类耗旬月之功，略辩假名，乃即剽窃东籍，直抄直译。"从这些书里面"任取一帙，皆文字乖谬，不可卒读"②。

经过实践后，国人很快发现所谓"中日同文"，相当程度上只是一种假象，日文绝非一开始所预想的那样易学易懂。翻译特定学科的专门书籍，需要具备相应的理论知识和学术水平，更不是短期内可以学成。《大陆报》曾接连发文批评梁启超，指斥他抄袭东籍，译书错漏百出，他主持的广智书局出售的《法学通论》等书，也是"满纸荆棘，几无一句可通"③。

---

① 《翻译与道德心之关系》，《新民丛报》第25号，1903年2月11日，"学界时评"，第1—2页。
② 《译书难易辨》，《大陆报》第5期，1903年4月7日，"论说"，第8页。
③ 东京留学生今世楚狂生来稿：《论广东举人梁启超书报之价值》，《大陆报》第7期，1903年6月5日，"寄书"，第2页。

王国维在清末相当关注东学和译书动态,他在《论新学语之输入》中的观察和评论,多少道出了时人翻译日本书籍的实情:"今之译者(指译日本书籍者言),其有解日文之能力者,十无一二,其有国文之素养者,十无三四焉,其能兼通西文,深知一学之真意者,以余见闻之狭,殆未见其人也。彼等之著译,但以罔一时之利耳,传知识之思想,彼等先天中所未有也,故其所作,皆粗漏庞杂,佶屈而不可读。"①

清季从日本翻译引进的法政论著明显也带有"粗漏庞杂,佶屈而不可读"的特征,因此必须充分关注"国体""政体"概念与学说传入中国的过程中所出现的变异形态。除了冯自由译《政治学》,戢翼翚、王慕陶译《政治学》也随意调换严格区别的"国体""政体"。该书写道:"若世之所谓君主政体、贵族政体,则<u>政体</u>之别,非<u>国体</u>之别也。"②对照原书,加下划线的"政体""国体",本来的表述是"国体""政体"。

冯自由、戢翼翚、王慕陶等人随意置换"国体""政体",说明他们没有充分理解原著中"国体""政体"学说的特殊内涵。不过,这也与"国体""政体"一定程度上可以混用有关。如冯译《政治学》论及英国君主立宪制度的建立过程:"千六百四十九年,遂有非常大革命,古龙老崛起其间,颠覆君主政体,而创立共和政体,用武断政治,以偷一时之平和。"③查对原著,君主、共和也是被称作"政体"。同一事物有不同的指称概念,难免容易让人觉得"国体""政体"没有区别。

区分"国体""政体"的学说与混用"国体""政体"的论述同时出现,无疑增添了国人对"国体""政体"异同关系的困惑。1902年

---

① 王国维:《论新学语之输入》,《教育世界》第96号,光绪三十一年二月下旬,"论说",第5页。
② 那特硁著,戢翼翚、王慕陶译:《政治学》,上海:商务印书馆1902年版,第2编《国家之生理》第1页。
③ 那特硁著,冯自由译:《政治学》上卷,第2篇《国家之生理》第37页;山崎哲藏译:《政治学》,第107页。

12月,《翻译世界》译载熊谷直太的《法律泛论》,其中写道:"国体者,由于主权存在之地位之异而区别,如君主国体之类是也。政体者,由于主权之行动而区别,如立宪政体、君主政体之类是也。主权之行动,或设议会使参与立法,设政府使行政,设裁判所使裁判争讼。又或不设此等机关,不定法则,一切任君主之意思而施政,皆其行动之形式之可睹者也。"①以主权所在及其行使形式为标准区分"国体""政体",与穗积八束等人同出一辙。

穗积八束一系的"国体""政体"区分学说越来越多地传入中国。《大陆报》译载的《法学通论》指出,"国体""政体"都是"关于统治权(统治权即主权)之问题",但具体关联的方面不一样。"国体因主权之所在而分,政体因主权行动之形式而分。而主权之所在之所以有异者,出于历史;主权行动之形式之所以有异者,由于法制。"主权属于一人是君主国体,属于全体国民是民主国体,还有属于少数人的寡人国体,现已不存。"政体"则分为专制、立宪二种。专制、立宪之别只存在于君主国体,过去民主国体也有专制政体,但现在都是立宪政体②。

为中国留日速成师范生讲授法制学的葛冈信虎也提倡以主权所在及其行使形式为标准区分"国体""政体",他的讲义、著作多有中译本,如分别由湖北、直隶两省留学生编辑的《法制大意》《法制学讲义》,等等③。

值得注意的是,源于同一作者的"国体""政体"学说,在不同的译本中,具体表述不尽一致。《法制大意》指出,"国体者,依主

---

① 熊谷直太:《法律泛论》,《翻译世界》第1期,1902年11月30日,"法律",第16页。
② 《法学通论》,《大陆报》第1期,1902年12月9日,"讲筵",第6—7页。
③ 据通雅斋同人编《新学书目提要》,上海朱孔文翻译、译书汇编社出版的《法制新编》也是源自葛冈信虎的讲义,详见熊月之编:《晚清新学目提要》,第400页。

权之主体所在而别",有君主国体、民主国体。"政体者,依主权作用之形式而异",有专制政体、立宪政体①。《法制学讲义》对"国体""政体"的定义,与《法制大意》一样,另外专门介绍了世界各国的"国体""政体"情况。中国、日本、俄罗斯、德意志等国"皆君主国体",美、法、瑞士等国"及其他共和国,是皆民主政体也"。"以上各国,惟法兰西之国体由国民之改革而成,其余政体之组织,皆起源于历史。君主政体区分为专制君主政体、立宪君主政体。立宪政体之组织,各国虽有不同,然大要在予人民以参政权,宪法既定,君民共遵守之。专制政体则反是,所谓君权无限者是也。民主政体亦未有不立宪者,但其组织亦不同。"②在《法制学讲义》中,"国体""政体"区分理论体系下属于"国体"范畴的君主、民主国家,又被称作"政体","国体""政体"并非界限分明。

由于日本法政论著中"国体""政体"异同本无定论,在翻译的过程中又频繁出现有意无意地置换概念的情况,国人通过这些著作了解"国体""政体"学说,难免会出现误解和偏差。经过辗转引述和剪裁后,更因割裂前后文而变得语焉不详。

1901年8月,清廷发布改革科举的上谕,规定自次年起,"乡、会试头场试中国政治史事论五篇,二场试各国政治艺学策五道,三场试《四书》二篇、《五经》义一篇。考官评卷,合校三场以定去取,不得偏重一场。生童岁科两考,仍先试经古一场,专试中国政治史事及各国政治艺学策论,正场试《四书》义、《五经》义各一篇。考试差庶吉士散馆均用论一篇、策一道。进士朝考论疏、殿试策问,均以中国政治史

---

① 葛冈信虎著,马毓福等编:《法制大意》,湖北游学日本师范生编:《师范讲义》第3册,湖北教育部1903年版,第3页。
② 葛冈信虎讲述,直隶留学日本速成师范生笔记:《法制学讲义》,《直隶教育杂志》第5期,1905年4月19日,"学术",第45—46页。

事及各国政治艺学命题"①。与此相应,外国政治知识成为科举考试的重要内容,"国体""政体"知识是其中一个不可忽视的方面。

1902年,湖北乡试第二场其中一道策问是《俄主专制,英主立宪,美主共和,政策之宗旨不同,国民之感动顿异,试为抉其利病得失之数策》,应试考生受日本法政论著的影响,纷纷指称专制、立宪、共和为"政体"。如中式第1名的汪岁鸾说:"国于天地,必有与立,与立者何,政体之范围是也。旷观地球,万国竞争,其范围乎斯民者,无不基于政体,政体完结,国之强弱即随之。……约有三类,专制政体为一类,立宪政体为一类,共和政体为一类也。"②第9名的刘邦骥则写道:"地球万国,政体各殊,然总其大要,不过专制、立宪、共和三者而已。"③

有意思的是,刘师培曾将《俄主专制,英主立宪,美主共和,政策之宗旨不同,国民之感动顿异,试抉其利病得失之数策》作为模拟试题,进行回答:"今之言政策者,类分三种。专制政策,尊主卑臣,君臣上下,秩然有序,故犯上作乱之事最少,及其弊也,上下不交,君民否隔。立宪政策,以君主行宪法,可免专制之消,及其弊也,仍流为共和。共和政策,人人自由,各献所见,可以集思广益,及其弊也,问难不决,叛上作乱。之三政者,当其盛时皆无弊,皆足以致治。当其衰时皆有弊,皆足以乱国。抉其利病,数其得失,其立政之宗旨虽不同,其行政之宗旨未始不同。"不过刘师培还是强调,君主、议院"两者相维

---

① 朱有瓛主编:《中国近代学制史料》第1辑下册,上海:华东师范大学出版社1986年版,第129页。
② 汪岁鸾:《俄主专制,英主立宪,美主共和,政策之宗旨不同,国民之感动顿异,试抉其利病得失之政策》,《湖南官报》第211号,1902年11月22日,"论说",第28页。
③ 刘邦骥:《俄主专制,英主立宪,美主共和,政策之宗旨不同,国民之感动顿异,试为抉其利病得失之数策》,顾廷龙主编:《清代朱卷集成》第320册,台北:成文出版社1992年版,第209页。

相系，参会损益，务归至当。是则以君主之国，而行宪法之良规也"。在他看来，"若夫专制之事，不独民主之国无之，即君主之国亦无之。中国非循例之诏书，必下内外臣工会议。君有不令之举，大臣得以封还诏书，台谏得以力争，岂有所谓悍然不顾者耶？乃或有之，则衰代之已事，历朝引以为鉴戒者。是专制之国，其国体为专制，其政体非专制也。"总的来说，刘师培这篇文章的主旨是主张"万几决于公论，政权必出自一人"，既不纯用民权，"毁绝纲常"，也不独重君权①。

刘师培区分"国体""政体"，指出专制国"国体"专制而"政体"非专制，旨在说明从"国体"的层面来看，专制国固然"尊主卑臣，君臣上下，秩然有序"，但从"政体"的角度观察，则专制国也须注重民意、制约君主。刘师培的"国体""政体"观念在东学中难以找到直接对应的说法，很明显是吸收日本相关法政学说后的个人解读。

因应科考内容的变化，书商纷纷编辑售卖各种策问书籍，以期获利。由雷缙编辑，1903年出版的《中外策问大观》第11卷《政体》除了收录《俄主专制，英主立宪，美主共和，政策之宗旨不同，国民之感动顿异，试抉其利病得失之数策》的3篇答卷，又有作者阙名的《问欧洲各国内政有君主、民主与君民共主之不同，其分若何》《问欧洲近有君主国，当日之君主其分若何》《问君主国、民主国之国体与政体及其统治之机关若何》等文，应是编者自拟的题目②。

《问欧洲各国内政有君主、民主与君民共主之不同，其分若何》基于君、民权力的不同区分出君主、民主、君民共主三种"国体"："原夫酋长世之始，君与民之权力，犹处于两大，乃分为三大支之直接，其一演君之权力而极之，为君主之国体，其一演民之权力而极之，为民主

---

① 万仕国辑校：《刘申叔遗书补遗》，扬州：广陵书社2008年版，第14—15页。
② 关于《中外策问大观》与科考的关系，可参考章清：《"策问"与科举体制下对"西学"的接引——以〈中外策问大观〉为中心》，台北《"中央研究院"近代史所集刊》第58期，2007年12月。

之国体,又其一演君民各有之权力而极之,为君民共主之国体。"接着区分专制、立宪"政体":"若泰西哲学家,分国之内政为三大端,一曰立法,二曰行政,三曰司法,统名之曰三权。三权操于一人之私,谓之专制,三权操于议会之公,谓之立宪。专制之政,除君主国外,他无有也。立宪之政,则无论君主国、民主国、君民共主国,咸以立宪为第一要义。故各国自俄罗斯、土耳其等君权无限以行其宪法,其他若日本,若德意志诸国,君主而立宪者也。若法兰西,若北美利坚诸国,民主而立宪者也。若英吉利,若意大利诸国,君民共主而立宪者也。虽读各国历史,国体与政体,互有异同,非能划为一定之例,而大概不过如此。"最后引用鸟谷部铣太郎的《政治学提纲》总结:"今日世界,专制政体居十分之一,立宪政体居十分之七八,专制已败,立宪已胜,此盖天运人心递推递嬗,自然而成之结果也。"①

《问君主国、民主国之国体与政体及其统治之机关若何》一文写道:"君主专制之国无论已,即君主立宪国与民主立宪国,亦因其国体之不同,而其设立宪法以组织国家统治之机关未能协于一致,是故同一君主也,而有英、德、奥之不同,同一民主也,而有美与法之不同。"又说:"然无论其国之政体若何,必以主权之所在,为统治之机关,而有统治权之体用。"英国"政治之机关实以下院为最有权,而内阁为其所组织之首领,君主则由内阁大臣之奏请,施召集国会开会、停会、闭会之权而已,名为君主,实则君民共治之政体也"。德国"政府之组织与统治机关之运动"与英国不同,其议院由代表各州的联邦参议院和代表人民的代议院构成,联邦参议院"实为行使主权之机关",内阁为"参议院代表之首领"。"主权之主体不在皇帝而在联邦参议院,内阁大臣实为之议长焉,此政体之因乎国体而致异也。""君主国之政体,

---

① 阙名:《问欧洲各国内政有君主、民主与君民共主之不同,其分若何》,雷缙编辑:《中外策问大观》卷11,光绪癸卯仲春砚耕山庄石印,第3—4页。

其立宪之不同已具于斯矣。若民主国体之中,亦有彼与此之不同,而主权之所在及其统治之机关因之无一定之理。"就美、法两国而言,"政体亦不能协于一致"。"美国为地方自治最发达之国,不为中央政治所干预,法国则名为共和制度,而中央集权之政治极有势力,是美国主权在人民,法国惟议会为完全之主权体,有修正宪法与选举大统领之权。"①

以上论述明显出自鸟谷部铣太郎《政治学提纲》,不过作者并非直接抄录原文,而是删略调整,按照自己的思路重新表述。在《政治学提纲》中,"国体""政体"含义清晰,指向明确,此文虽然也区分"国体""政体",说"政体之因于国体而致异",但在东抄西撮、脱离原有语境后,对概念缺乏具体的解释,"国体""政体"的含义所指变得模糊不清。对于没有接受过专门的法政教育,希望通过阅读这些书籍应试的士子来说,无疑会感到莫名其妙,不知所以。

一般来说,专门介绍"国体""政体"区分说的日本法政著作往往会对概念的含义有比较详细的解释,但国人采择相关观点撰写文章时,因关注重点不同,常常详此略彼,这也使得"国体""政体"区分说传入中国后呈现出不一样的面貌。

1903年2月,"权量"在《湖北学生界》第2期上发表《宪政平议》一文,指出世界各国"各从其历史上之关系,造成种种国体。其政治之组织也,东西学者类皆自法理上分为二大别,一曰独裁,即专制政治。专制政治者,依一人之意旨而行国家之主权者也。一曰立宪,即制限政治。制限政治者,据规定之明文而行国家之主权者也。……无论为君主国,为民主国,为君民共主国,国体未可强同也,而政体则可以二者概括之"。"权量"又说,法国大革命因"误以国体为政体,以为非民主

---

① 阙名:《问君主国、民主国之国体与政体及其统治之机关若何》,雷缙编辑:《中外策问大观》卷11,第5—6页。

国必不能行宪法政治也,故其势不至放逐其主权之君主不已焉"。后来"学者渐知国体政体划然两途,政体可变而至于善者也,国体则不能遽变者也"①。

在《宪政平议》中,"国体"指称君主、民主、君民共主,但其具体内涵并不明显,与主权所在的关联性若隐若现,"政体"则明确指称因主权行使形式的差异而区分的专制与立宪。区分君主、民主、君民共主与专制、立宪为"国体""政体"两个范畴,本有一套相应的学理体系,一旦缺乏详细的定义,概念的丰富意涵难免会流失。

二、拼凑杂糅

除了随意置换概念、删减调整内容会导致"国体""政体"区分说的内涵发生各种复杂变异外,国人编辑法政书籍、撰写论著时,又往往会综合多种不同的理论,以致同一种论著中出现不同,乃至相互对立的观点,"国体""政体"的异同关系也因此变得益加淆乱。

自1902年第9期起,《译书汇编》改变杂志体例,从翻译过渡到研究,立志"取他人之思想而以吾之思想融会贯通之,参酌甄别,引伸发明"②。与此相关,1903年4月,《译书汇编》改名《政法学报》,论学、论政的文章渐趋增多。

1903年4月起,耐轩在《政法学报》上连载《立宪论》③,运用"国体""政体"学说,呼吁实行立宪政体。该文第1章《政体》第1节《政

---

① 权量:《宪政平议》,《湖北学生界》第2期,1903年2月27日,"政法",第1—3页。
② 《〈译书汇编〉第九期改正体例告白》,《译书汇编》第9期,1902年12月10日。
③ 译书汇编社成员中,曹汝霖别号"耐轩",据其《一生之回忆》记载:"后我晋京时,我父又说,你已将踏进社会做事,做事毋忘耐字,兹将临别,以耐轩为我别号。"(曹汝霖:《一生之回忆》,北京:中国大百科全书出版社2009年版,第7页。)曹汝霖自日本归国入京到商部供职是1904年,若确如其后来回忆,则《政法学报》的"耐轩"并非曹氏,但也有可能是他本人误记。

体之起原及其分类》注意到"国体""政体"的分别与"国家""政府"的区分关系密切:"国家与政府相合时代,则政体之种类等于国体之种类。政府既与国家分,则政府之机关必极复杂,其种类必不能与国体相一致。盖国体之分类,只须从数学的原则定之,政体之分类则必视政府诸机关之性质及政府与国家相互之关系而定之也。"

文章接着指出,自从墨鲁道德(Heradotus)区分专制、寡人、民主三种"政体"以来,各国学者竞相讨论如何类别"政体"。英儒奥司卿(Austins)主张以"一国之最高权",也就是主权的归属为标准区分"政体",颇得其他学者认可。具体来说,"主权在一人者谓之一人政体,主权在二人以上者谓之数人政体"。一人政体又叫作君主政体,主权归于君主。数人政体可以细分为少数政体和多数政体,前者包括主权属于国民中的特别阶层的寡人政体(贵族政体)和主权由国王与贵族共掌的少数共治政体,后者则包括主权属于全体国民的民主政体和君主、贵族、人民共同掌握主权的君民共治政体①。

经查对比较,耐轩的这段论述与高田早苗《政体论》一书的内容基本相同,只是部分字词略有修改,如墨鲁道德所说的专制政体和奥司卿所说的君主政体、少数共治政体,在《政体论》中是君主政体、君主独裁政体、少数共和政体,作者直接将君主政体等同为专制政体②。

第1章第2节《政体与国体之区别》紧接着写道:"政体之分类,前节已略言之。兹更有一不可不明之要点,即国体与政体之区别是也。""国体"因主权所在而定,"政体"与如何"定统治法之形式以活动此主权"相关。"国体"基于历史,不可轻易改动,"政体"则随社会程度而变迁,与时俱进,所以改"政体"比改"国体"容易。以

---

① 耐轩:《立宪论》,《政法学报》第1期,1903年4月27日,"政治",第37—38页。
② 高田早苗讲述,山泽俊夫编辑:《政体论》,东京专门学校1888年版,第38、43页。

往人们混淆"国体""政体",结果导致因为想改"政体"而变"国体"。"自学者发明国体与政体之异点,于是主张改革政体者以务得参政权为目的,而置君位去留为例外问题。"

耐轩继续仔细分辨"国体""政体":

> (第一)国体者,有永久持续的性质者也,政体者,无永久持续的性质者也;(第二)国体者,以统治权之所在而定,政体者,以行使统治权之形式而定也。统治权者,统治全国之主权也,故又名之为最高权;(第三)国体者,政治之主体也,政体者,政治之从体也。质言之,则国体者,对外之名词,而政体者,对内之名词也。国与国相互之承认,在一国主权之所在,而非主权行使方法之所在也。二者绝不相类,故同是君主国体,而其政权之行使有直接者(一人政体),有间接者(君民共治政体),又同是民主国体而其政权之行使有委之一人者(大统领),有委之多人者(寡人政体)。自国际法上观之,凡缔结条约、宣战媾和诸大权,莫不认单独主权为唯一之代表,而自国法上观之,则凡发号施令,除专制政体外,莫不经阁臣之副署,议院之协赞,虽以认可公布之权奉之元首,其实只成为形式上之具文耳。国体与政体之定义如此,则二者之性质,其不能相混也明矣。论政体者,盍稍留意于其间乎。

简言之,"国体"因主权、统治权所在的不同而分为君主、民主二种,一人、君民共治、寡人等"政体"则与主权、统治权的行使形式关联。

随之而来的问题是,奥司卿以主权所在为标准区分"政体",按照"国体""政体"区分说,当属于"国体"范畴,而非"政体"。实际上,耐轩在同一篇文章中糅合了奥司卿的"政体"分类法和"国体""政体"区分说,结果前后矛盾①。"国体""政体"学说经由这些论著广泛传播后,其纠缠不清的状态也持续发酵。

因意识到"朝廷锐意革新,百度起点,而推厥本原,尤以政法一门为当务之急",戢翼翚、章宗祥等人创办作新社,"集中、东政法专门学家十余人,广罗各国政治学校教授之书,删伐枝叶,组括菁华,译印成编,名曰《东西政法类典》"。《东西政法类典》"以政法一科为主,或译述,或编纂,其取材皆择已有经验者,组合成帙,约二十余种,分订四巨册",即历史、政治、法律和经济四部。政治部有《新编国家学》一书,约于1903年出版②。

《新编国家学》第1章《国家学之观念》第3节《国家主观之观察》指出,国家法人说肇始于凯尔伯,后为拉班特、基尔格等人继承,是"近世最新之思想,足以说明国家之观念"③。第5章《国体及政体》绪论部分区分"国体""政体":"所谓国体云者,乃以主权存在之地而定。至国家之活动,各国状态大异,主权者因其所欲之方法以统治一国,或有独裁与立宪之分。""一国有一定之国体,亦有一定之政体。国体有永远继续之性质,颇难变更,而政体不然,从国民之倾向得时行变革也。""政体之变迁较国体变迁为甚,政体者仅政治之方法,政治之方法须随时期而异,故非如国体之以不变为主者。"法国大革命因混同"政体""国体",流血遍满欧陆,日本维新"不废国体而改政体"。该书紧接着说:"<u>国体政体论与主权论有密接之关系,明统治权最上机关之组织若何,是为国体论;区别统治权行之形式若何,是为政体论。</u>"

第5章第1节《国际法上国家之种类》又说,从国际法的角度来看,可以区别国家为单纯国家和复杂国家。不过,"国际法上之国家虽有种

---

① 耐轩:《立宪论》,《政法学报》第2期,1903年8月13日,"政治",第1—4页。
② 《译印〈东西政法类典〉预约票简明章程》,《大陆报》第5期,1903年4月7日。
③ 作新社编纂:《新编国家学》,上海:作新社1902年版,第26页。

种形式,不可以为国体之区别。论国体者,究国家之形式若何,亦观服从权力之组织为如何耳。"①

将《新编国家学》第5章的上述内容与菊池学而《宪政论》比较,可发现相关论述十分接近。但为何《新编国家学》同时高举菊池学而明确反对的国家法人说呢?经查,《新编国家学》实际上杂糅了多种著作的内容。《新编国家学》的《国家意义之沿革》与吾妻兵治《国家学》第1章《国家之意义沿革》极相近,可能译自平田东助《国家论》;《国家主观之观察》等节与永井惟直《政治泛论》的《国家之观念》基本相同②。《新学书目提要》注意到,《新编国家学》"似以日本人之著作辑译而成","多就西儒之说撼拾而补苴之,未能自立一义,故于卢骚民主之论与霍布士异义亦并存其说而无所折衷,其著书之例则然也"③。

上面引文加下划线的话,在《宪政论》本来是:"国体政体论与主权论有密切之关系,问统治权所在则国体也。"《新编国家学》把"问统治权所在则国体也"改成"明统治权最上机关之组织若何,是为国体论",与该书下一节的内容有关。

《新编国家学》第5章第2节《国体之区别》说,区别"国体"为君主、贵族、民主三种始于希腊学者,后来有论者认为"贵族之国,人民亦有国权,贵族唯依人民之代表以行国权耳,故以贵族为无关紧要",主张区分"国体"为君主、共和,共和涵括了贵族、民主两种国家。

就区分"国体"的标准而言,"无论如何国家,其最上机关无

---

① 作新社编纂:《新编国家学》,第42—43、45页。
② 永井惟直:《政治泛论》,《翻译世界》第4期,1903年2月27日,"政治",第88页。
③ 通雅斋同人编:《新学书目提要》,熊月之编:《晚清新学书目提要》,第399—400页。

不存在,惟各国之制度相异,因而组织不同,故国体之区别亦不同焉。""以一定分位之人,为其固有之权利,使充国家最上机关之地位"的是君主国体;"以多数人之合议体为最上机关"的是共和国体,包括民主共和、贵族共和;"非纯然君主制,又非共和制,而混合此两制度"的是混合国体。

《新编国家学》还介绍了其他区分"国体"的学说,主要有四种:一,"以统治为标准",一人为统治者的是君主国,某阶级为统治者的是贵族国,人民全体为统治者的是民主国;二,"以统治权之主格为标准",人民为统治权主格的是民主国,君主为统治权主格的是君主国;三,"以国家首领之数为标准","以一定分之人为国家首领"的是一人政治国,"以多数人集合而为国家首领"的是数人政治国。君主国和大统领制的共和国都属于一人政治国,多数政治国则如古罗马的公同政治制,有二个执政官;四,以国家元首否将统治权当作固有权利为标准,区别国家为君主国、共和国。此说大意谓:"君主国之统治权分割于国家与君主之间,而国家为统治权之主体,君主亦宜以统治权为固有之权利也。君主行国家之权利,为国家机关之作用,同时又行自己固有之权利。"即使同时有多人作为统治者,也仍旧是君主国。如"历史间屡有兄弟数人同时并为君主,虽颇类贵族国,然实非共和制,乃君主制也"。与此形成对比的是,共和国的大统领只是国家机关,有统治权限,无统治权,"故共和国竟无一人以统治权为固有之权利而行之者"。

《新编国家学》指出,以上观点多不完善,并逐一予以批驳。第一说"以统治者为统治权之主体",但统治权主体实际上是国家,"行统治权者之一人或一阶级不得为统治权之主体"。"第二说虽似明了,然于君主国以君主为统治权之主体,于民主国以被治者为统治权之主体,则失其权衡矣。若指统治权之主体为实际发表统治之意思而言,则民主国发表统治之意思者,为上院、下院及制定宪法之机关,则此等机关,不可不谓为统治权矣。"第三说"以国家首领为标准而立国体之区别",也不恰当。君主与大统领的地位不同,前者是国家最上机关兼"行政之渊源",后者非最上机关,仅为行政长官。既然"机关与首领非同一之物",则不可"比较最上机关与行政长官以为国体之区别"。如果以行政长官为标准,君主国权限甚大的内阁总理大臣与共和国大统领处于同一位置,"是君主国、共和国可为同一之国体矣,有是理乎"。第四说"以君主国君主与国家共分割主权而有之,君主为主权之主体,甚不可解"。首先,主权有不可分的性质。其次,若"以一个权利为国家与君主所共有,则国家、君主皆非独立之人格,而以其共同体为人格",如此一来,君主"不得为统治权之主体"。该说又认为君主国可以由数人共同构成君主,按照这种说法,就采用直接民主制的共和国而言,人民"有直接会合决议国政之权",自然也就属于君主国。"此说之谬误可知矣。"

由上文可见,《国体之区别》一节处处强调国家是统治权的主体,与之相应,"国体"因最上机关的组织而区别,君主、人民都不是统治权主体。这样的观点与菊池学而以主权所在区分"国体"的学说明显冲突对立。但《新编国家学》第5章第3节《政体之区别》紧接着又继续征引菊池学而的著作,称:"政体者,政治之体裁也,为主权者统治一国之方法。"[①]该书后面对专制、立宪两种"政体"的论述,与《宪政论》基本一样。

经比较,《国体之区别》一节与副岛义一的《日本帝国宪法论》第1章第5节《国体及政体之种类》的内容基本相同,可判定即是译自该书。副岛义一主张以最高机关的组织为标准区别"国体",与菊池学而以统治权的主体是君主或人民为标准区别"国体"极其不同,甚至可以说是针锋相对。《新编国家学》的编者摘抄二人的著作,糅合相互对立

---

① 作新社编纂:《新编国家学》,第45—47、49—53页。

的观点于一书,充分说明留日学子吸收东学中错综复杂的"国体""政体"学说时,不甚注意或者难以察觉这些说法的差异和分歧。

当然,明治时期日本法政学界对"国体""政体"异同关系的认识本来就丰富多样,部分学者对相关学说的基本内涵未必会仔细阐释,容易让读者感到莫名其妙,这对国人杂糅互异的"国体""政体"学说也有一定的影响。

曾被《新编国家学》摘译部分章节的永井惟直著《政治泛论》,对"国体""政体"异同的论述即颇显晦涩。该书《政治之定义》一章说,"政治者,国家主权者所以统治其臣民",有主权属于一人的君主政治,有主权属于少数贵族的贵族政治,还有"为多数之合议制,设民选议院,国家政令一依于多数国民之意志"的民主政治(共和政治)[①]。这三种政治又被称作"政体"。但该书紧接着说,区分"政体"为君主、贵族、民主三种,是"混视国体与政体为一物"。阿斯清(按:即"奥司卿")以主权所在为标准区别"政体"为主权属于一人的君主政体和属于二人以上的数人政体,同样是混淆了"国体""政体"。在他看来,日本人"晓然于二者之别,故于国体无所变更而得立宪政治之美果"。"夫不能据主权所在以分别政体者既章章明矣,而其分别之标准果以何者为正确乎?盖必以其国之元首,即统治权之总揽者立说而后可也。"不过,永井惟直没有进一步申述"政体"分类的具体内涵,而是说这种观点在教科书中颇为常见,不复赘述。他接着讨论专制、立宪政体的特征及利弊,强调"政体之美恶随时地以迁移"[②]。

由于世界各国国家形态和政治文化的差异,如何区分国家类型,

[①] 永井惟直:《政治泛论》,《翻译世界》第1期,1902年11月30日,"政治",第2—3页。

[②] 渊生:《国家之政治的方面》,《新民丛报》第93号,1906年12月16日,"译述",第5—7页。

本无定论。以主权所在为标准区分国家，无论是归于"政体"范畴，还是与"政体"相对的"国体"范畴，本身都只是一种法政理论，没有绝对的此是彼非。永井惟直声称其他学者混同"国体""政体"，很大程度上不过是依据日本的国情和相应的国家分类学说强人以就我。"国体""政体"学说之间这些错综复杂的纠结，对于主要通过日本法政论著来了解相关知识的国人来说，无疑有一定的认识难度，难以洞悉其底蕴。

第三节　异同难辨

一、"国体""政体"的混用

由于区分和混用"国体""政体"的观念同时存在，相关法政论著被翻译引入中国时，又频繁出现随意置换概念等情况，国人笔下的"国体""政体"的意涵指称和异同关系因时因人而异。

1901年底，梁启超在《清议报》第100册发表《尧舜为中国中央君权滥觞考》，辨析曾被时人用来证明"中国古有民主制度"的尧舜禅让实际上与"民主政体绝异"。因为民主国的特征是主权在民，"其举某人为民主，由于全国人之同意"。尧舜禅让不过是私相授受，将国家视为君主的私有物，"是正沈惑于专制政体之谬想"。如果不澄清尧舜禅让的实情，"则于中国上古之国体不得其真相，而进化之理不能明，历史之义务不能尽。"

梁启超指出："中国上古之国体，盖有力之诸侯及豪族选立帝王而委以政权，己亦从而参与之也。至其被选之资格，则亦略有限制。故按黄帝以来之谱系，其帝王皆出自黄帝之血族，大抵于同宗族之中，择其最贤明有望实者而立之。"在他看来："中国之政体，自黄帝以前，君主无世袭权,大禹以后,君主有世袭权。而自黄帝至大禹之间,则世袭权定而不定之过渡时代也。子贤则传子,不贤则择他之贤者而立之,是可谓无世袭权。虽然,其所选之贤者,必在同族中,是可谓稍有世袭权。此过渡时代,前后实亘四百余年,至禹而始定。若是者谓之豪族帝政。此种政体,在他邦亦往往有之。"①

梁启超在"国体""政体"的框架下分析尧舜时期的"豪族帝政",两个概念没有明显的分别。1902年2月,梁启超在《新民丛报》发表《论教育当定宗旨》,指出:"若文明人则必先定国体焉,立宪法焉,或采专制之政,或采共治之政,皆立一标准,而一切举措,皆向此标准而行。若是者,所谓宗旨也。"②"国体"指向专制之政、共治之政。

梁启超论证尧舜时期是中国中央君权的起点,其目光是当下及向前,即提倡民权,鼓吹立宪。与此相应,梁启超广泛采辑日本法政论著中的国家学说阐论如何建构新式国家。1902年3月,他在《论政府与人民之权限》中说:

> 私法、公法皆以一国之主权而制定者也(主权或在君,或在民,或君民同有,以其国体之所属而生差别),而率行之者则政府也。最文明之国民,能自立法而自守之,其侵人自由者益希,故政府制裁之事,用力更少。史称尧舜无为而治,若今日立宪国之政府,真所谓无为而治也。不然者,政府方日禁人民之互侵自由,而政府先自侵人民之自由,是政府自蹈天下第一大罪恶,而欲以令于

---

① 任公:《尧舜为中国中央君权滥觞考》,《清议报》第100册,1901年12月21日,"历史",第1—2页。
② 中国之新民:《论教育当定宗旨》,《新民丛报》第1号,1902年2月8日,"教育",第2页。

民，何可得也。①

在这篇文章中，与主权所在关联的"国体"应是源于穗积八束一系的"国体""政体"区分说，但梁启超未提及"政体"。基于梁启超对国民"自立法而自守之"，政府不侵犯人民自由的立宪国的肯定，法律又由主权者制订，可以判断他更认同主权在民或在君与民的"国体"。

在其他论著中，梁启超经常混用"国体""政体"指称各种国家形式。他翻译自石川安次郎的《路易·噶苏士》的《匈加利爱国者噶苏士传》介绍"双立君主国（The Dual Monarchies）"：

> 双立云者，一君主国之下而有两政府焉。其宪法异，其风俗异，其政府之威严相匹，其人民之权利相匹。语其实际，则厘然两国也，而特同戴一君主于其上。此为近今最新奇可喜之政体。世界中现行此种政体者有二国，其一为瑞典与挪威，其一则奥大利与匈牙利也，此等国体与英、爱君主国有异。②

1902年5月，在《尧舜为中国中央君权滥觞考》的基础上，梁启超接着撰写《中国专制政治进化史》，系统介绍西方"政体分类之说"，证明中国古代专制政治日渐强化。梁启超指出，"政体"分类有理论的与历史的两种方法。理论的"政体"分类有四种：（1）亚里士多德以

---

① 中国之新民：《论政府与人民之权限》，《新民丛报》第3号，1902年3月10日，"政治"，第4—5页。
② 中国之新民：《匈加利爱国者噶苏士传》，《新民丛报》第4号，1902年3月24日，"传记"，第2页。关于此文的渊源问题，可参考松尾洋二：《梁启超与史传——东亚近代精神史的奔流》；狭间直树编：《梁启超·明治日本·西方——日本京都大学人文科学研究所共同研究报告》（修订本），北京：社会科学文献出版社2012年版，第227页。

主权者人数为标准类别"政体"为君主、贵族、民主,它们分别对应暴君、寡人、暴民三种"变体"。此外还有"和合君主、贵族、民主"而成的混合政体;(2)孟德斯鸠因主权者以名誉、道德、温和、胁吓为主义的不同而区分"政体"为君主、民主、贵族、专制四种;(3)墺斯陈(按:即"奥司卿")以主权在一人或二人以上为标准区分出一人政体与数人政体,后者细分为少数政体(含寡人政体、少数共和政体)和多数政体(含民主政体、君民共主政体);(4)一木喜德郎区别"政体"为独任、合议二类,独任政体有独任君主政体(含专制独任君主政体、立宪独任君主政体)和独任共和政体,合议政体有合议君主政体(含专制合议君主政体、立宪合议君主政体)和合议共和政体。梁启超特别说明:"此分类者,盖就近世之国家言之,故贵族政体不另为一种云。"至于历史的"政体"分类,他依据"法国博士喇京"的观点,将"政体"分为古代政体、近世政体,前者有族制、神权、市府、封建四种,后者有近世专制君主、立宪君主、代议共和、联邦四类。梁启超认为,"政体"逐级进化,前后经历族制政体、临时酋长政体、神权政体、贵族政体、君主专制政体、立宪君主政体或革命民主政体六个阶段。中国君主专制政体"成立最早,而其运独长",至今还没进入最后一个阶段[1]。

"法国博士喇京"即德国学者那特硁,《清议报》第100册刊载冯自由译《政治学》的广告,介绍作者是"德国喇京""法国博士喇京"[2],广智书局正式出版《政治学》时统一改称那特硁。除了墺斯陈和一木喜德郎的"政体"学说,其余的"政体"分类法均可在那特硁的《政治学》中找到对应的内容,原文称作"国体"分类[3]。梁启超可能

---

[1] 中国之新民:《中国专制政治进化史》,《新民丛报》第8号,1902年5月22日,"政治",第2—8页。
[2] 《广智书局印行书目》,《清议报》第100册,1901年12月21日。
[3] 山崎哲藏译:《政治学》,第62—178页。

在冯译《政治学》刊印前已看过书稿，又或是读过原著。

梁启超改"国体"为"政体"，应与墺斯陈、一木喜德郎的学说有关。墺斯陈的"政体"分类法，可见于高田早苗的东京专门学校政治科讲义《政体论》，一木喜德郎的观点曾刊载于1902年4月出版的《译书汇编》第2年第1期，不知梁启超是否直接参考以上书刊[1]。值得一提的是，一木喜德郎的"政体"分类法在岸崎昌、中村孝的《国法学》中，被认为是外国学者格立司的观点，也就是说，直接将此当作一木喜德郎的学说可能是误会。无论如何，这些论著都将二人的学说称作"政体"分类法。

据此推断，梁启超糅合不同论著的"国体""政体"知识时，面对在他看来是指称同种事物的不同概念，为避免用词淆乱，于是将"国体"统一改作"政体"。梁启超广泛吸收日本的法政概念与学说，经常拿来就用，带有一定的随意性，未必都是深思熟虑、审慎采择。事实上，"国体""政体"也没有绝对清晰的界限。

在《新民丛报》上，梁启超积极援用从日本转手而来的法政知识分析中西政治的异同。针对盛宣怀说德国"尊崇帝国，裁抑民权，划然有整齐严肃之风，日本法之，以成明治二十年以后之政绩"，"较量国体，惟日、德与我相同，亦惟日、德之法于我适宜而可用"[2]，梁启超决定"平心观察德、日两国政体所由来，及其国政之实状，以与我中国国体相比较"。具体来说："论德国之政治，不可不先明德国国体之特色。""德为联邦之国，我为大一统之国，德为新造之国，我为四千年古国。"日本与中国稍近似，但日本皇统万世一系，"其国体为地球万国所无"。中国自秦以来，征诛篡禅频现，"谓其与日本国体正同，谁

---

[1] 高田早苗讲述，山泽俊夫编辑：《政体论》，第43页；《政法片片录·各国政体表》，《译书汇编》第1期，1902年4月3日，"附录"，第2—3页。
[2] 盛宣怀：《盛宫保推广译书敬陈纲要奏》，《经济丛编》第16册，1902年10月30日，"廷议"，第126页。

能信之"。其实,若论君主尊荣、君位巩固,莫过于英国,"欲尊其君者,不可不学英吉利"。中国国民程度与英国相远,"至如公之所谓国体者,则与德、日大异而与英吉利不甚相远"①。盛宣怀说日、德"国体"与中国相同,重点在于尊崇君主,"国体"延续中国旧有的用法意涵,强调国家的体统。梁启超笔下的"国体"论述的事物则相当广泛,国家为联邦或一统、为新造或古国,皇统断续,君主尊荣和君位巩固等都涵盖在内,明显指称不同形式的国家、政治的同时又超脱此范畴。梁启超用"和文汉读法"阅读日文,又或是阅读日本人、中国人汉译的法政论著,他的"国体""政体"认知,显然不宜简单套用西学、东学本义解释。

伴随着庚子事变后的改革思潮,"国体""政体"知识越来越受重视。1902年9月,邓实在《政艺通报》第13—14期上刊载《政治学述》,专门介绍了各种"政体"分类方法。《政治学述》第1章《政体》"政体之沿革"部分首先阐述了"政体"按照族制、酋长、贵族、君主、民主、君民共主六个阶段依次进化的观点,"政体之区分"部分则从理论和历史两个角度区别"政体",内容与梁启超的《中国专制政治进化史》基本一致。略有不同的是,对于墺斯陈的"政体"分类法,《政治学述》认为源自市岛谦吉,又指出孟德斯鸠区分"政体"为三种,即共和政体(包括主权在国民全部的民主政体和主权在小部分国民的少数政体)、君主政体(主权在遵守一定法则之一人)、君主专制政体(主权在不受法律约束之一人)。另外,还加入了伯路父的学说。伯路父区别"政体"为主权在一人的君主政体(如主权者专横,则称专制政体)和主权在一人以上的共和政体两类,后者细分为主权在普遍国民与不同类之阶级的少数政体(最少数时则为寡人政体)和主权在普遍国

---

① 饮冰:《答某君问盛丞堂近奏言德国日本裁抑民权事》,《新民丛报》第20号,1902年11月14日,"问答",第1—2、11—12页。

民的民主政体[1]。邓实的《政治学述》大量转引了梁启超《中国专制政治进化史》的"政体"分类论述,另外又从市岛谦吉的《政治原论》第5章辑录伯路父的"政体"学说[2]。

由上文可见,不同学者对"国体""政体"异同关系的认知各异,同一人同时或先后提出多种说法的情况所在多有。有的学者会将原本不属于同一个理论体系的"国体""政体"论述整合在一起。1902年,早稻田大学留学生张肇桐将高田早苗的《宪法要义》翻译出版。该书第3章《国体与政体》指出:"国家与政府,国体与政体,学者每易混淆。虽然,其别自显然也。国体者,国家之形式,而政体者,执行主权之形式。""国体实由主权之所在而分,则欲明国体,又不可不先即主权论之。"高田早苗借用亚里士多德的学说,区分"国体"为主权在一人的君主国体、主权在数人的贵族国体和主权在国民全体的民主国体三种。至于"政体",则分为"主权随一人之意志而行"的专制政体(又称独裁政体)和"主权从宪法之定而行"的立宪政体[3]。高田早苗的《宪法要义》对"国体""政体"的定义,与那特硁的《政治学》十分接近,他在书中对应"国体""政体"为"国家""政府"两个层面。

高田早苗接受"国体""政体"区分说后,开始调整此前的论述,相关著作也传入中国。高田早苗不同时期曾编辑多种《国家学原理》,除了嵇镜的译本,后来还有一种中译本。这一版《国家学原理》的译者、刊印时间均不详,仅有书名、原作者的信息和写在扉页上的"早稻田大学出版部藏版"几字,可能是早稻田大学编辑的《政法理财科讲义

---

[1] 邓实:《政治学述》,《政学文编》卷3,《政艺通报》第13期,1902年9月2日,第4—5页;第14期,1902年9月16日,第6—7页。
[2] 市岛谦吉:《政治原论》,万松堂1889年版,第96—97、101页。
[3] 高田早苗著,张肇桐译:《宪法要义》,上海:文明编译印书局1902年版,第4、6页。

录》的其中一种①。

《国家学原理》强调前人不知"国体""政体"之别:"国家之形体问题,经古来多数学者之研究,其说极复杂而不完全,其所以如此者,不可不谓其原因在于不知国家与政府及政体与国体之差别。"书中对"国体""政体"的解释与《宪法要义》基本一致。《国家之形体》一章紧接着介绍亚里士多德、伯伦知理等人区分"国体"的学说。有关亚里士多德的部分,与嵇镜译《国家学原理》十分接近,同时还掺入伯吉斯批评亚里士多德混淆国家与政府的观点。对于伯伦知理的学说,则一方面沿用伯吉斯《政治学》的相关内容,一方面与嵇镜译《国家学原理》一样,区分国家为不自由、半自由和自由三种。这一章最后分析"复杂国体"的论述,也与伯吉斯《政治学》对"复杂形体"国家的讨论近似②。

也就是说,受"国体""政体"区分观念的影响,高田早苗再次编辑《国家学原理》时,将以前用来指称亚里士多德等人所分类的国家形式的"政体"全部改成"国体"。不过,"国体""政体"实际上还是难以绝对区分。书中写道:"盖人民处于君主政体之下,相安既久,必不欲主治者之屡为变更。苟如民主政体,每数年而更代,则彼等之惊骇,不知所措矣。"同样是君主、民主国家,一方面被严格定义为"国体"范畴,一方面又直接指称为"政体"③。

二、《列国政治异同考》的"国体""政体"取舍

由于"国体""政体"一方面可以混同使用,一方面又截然区分,

---

① 孙宏云:《学术连锁:高田早苗与欧美政治学在近代日本与中国之传播》,《中山大学学报(社会科学版)》2013年第5期。
② 高田早苗:《国家学原理》,早稻田大学出版部藏版,出版时间不详,第32—40页。
③ 高田早苗:《国家学原理》,第53页。

这些纷繁复杂的观念相继传入中国后,"国体""政体"异同很快成为困扰国人的问题。李佳白的《列国政治异同考》从混用"国体""政体"到只用"政体"的修改过程,就是一个典型例子。

上海格致书院"向例延聘泰西名人宣讲一切政治学术,开通智慧",自1902年10月16日起,李佳白受聘每周演讲各国政治异同[1]。上课时,李佳白以京语讲授[2],"其高等弟子握椠其旁,汇录而成书"[3]。也就是说,李佳白的口头表述最后由华人弟子整理润色成文。

在李佳白以各国政治异同为题的演讲中,《法德政治异同考》《德美政治异同考》是目前所见最早刊载在报刊上的讲义。1902年11月30日,《选报》刊载李佳白的第7次演讲《法德政治异同考》,文中对比法、德两国"国政之体"的异同:

> 德国在法国之东,土地略大于法国,户口相同,自开国以来,常为君主,因其人民、政事合于君主也。法国时为君主,时为民主,前三十二年,法君拿破仑第三与德国战,法大败,遂又改为民主,今之民主乃第三次之民主也,此法、德国政体之异同也。[4]

用"政体"指称君主制、民主制,应是受日本法政知识的影响,作者理解为"国政之体"。

同一期的《选报》还收录了第8次演讲《德美政治异同考》,其中写道:

---

[1] 《开院讲学》,《申报》,1902年10月16日。
[2] 《西儒讲学》,《申报》,1902年10月23日。
[3] 姚丙然:《序》,李佳白:《列国政治异同考》,上海:商务印书馆1906年版,第2页。
[4] 《法德政治异同考》,《选报》第36期,1902年11月30日,"世界新史",第17页。

一曰国体之异同也。德国在欧洲之中，世为君主，美国在美洲之中，世为民主。德国土地小于美，德国人民六千万，美国人民九千万，德国联二十六邦以成今之德国，或名联邦，美国原合十三省，今乃合四十九省而成今之美国，或名合众国。德国联邦三十年，美国合众一百二十年，此德、美国体之异同也。①

这里主要是比较美、德两国在君主制与民主制上的差异，另外牵连到联邦制与合众制的问题，不同于《法德政治异同考》用"政体"指称这些国家制度，此文使用"国体"一词，应该也是"国政之体"的简称。

后来各种报刊相继刊载李佳白演说各国政治异同的文章，却不再出现"国体""政体"。如《湖南官报》第319号刊登的《美儒李佳白论英俄政治异同》介绍英、俄两国政治制度，只是说："一曰大概情形，英国处欧洲西北，为君民共主之国，俄国处欧洲东北，为君主专治之邦。"②

这种情形一直到《万国公报》以《列国政治异同考》为题连载系列文章才有所改变。之前的报刊只是偶尔选登李佳白的演说，不是每一次讲义都会登载。《万国公报》虽然直到1903年2月才在第169册上刊登《列国政治异同考》第1章《中美政治异同考》，但到1904年10月第189册，总共连载了20章，内容相当完整。与此前刊载的内容相比，可以发现撰稿人明显调整了关于"国体""政体"的论述。

第1章《中美政治异同考》在"政体"的范畴下比较中、美两国"政府邦省之异同"：

---

① 《德美政治异同考》，《选报》第36期，第18页。
② 《美儒李佳白论英俄政治异同》，《湖南官报》第319号，1903年3月20日，"论说"，第21页。

中国京师有皇帝、宰相、各部院大臣等掌理通国政务,施行大清律例,以为民之准则,约而言之,其政体即皇政也。在省有督抚藩臬各大宪掌理通省政务,其下道府州县各有管理地方之专责,谚曰知县乃一邑之侯,信不谬也。然省官必听令于京官,而京官亦必听令于皇帝,故无论京官省官,皆不过承宣谕旨,代理地方而已。考美国政体,亦分京师各邦为两途,在京师为合众政府,或曰中央政府,在各邦为分众政府,或曰各邦政府。[①]

用"政体"描述世界各国政制在《万国公报》载《列国政治异同考》中相当常见。第3章《论英日政治之异同》第5节《今之政体》说:"今英之政体,乃君民共治之政体,其成也,由于徐然。今日本之政体,亦君民共治之政体,其变也,出于骤然。"[②]第4章《论中日政治之异同》第4节《国政章程(或曰宪法)》对比日本实行立宪政治而中国沿用旧有制度的现状,说:"日本新立政体之章程,在一千八百八十九年(即光绪十五年)。立此章程,关乎政体一切要旨,并非一时一人所能成者也。乃二十余辈通达事务谙习西法之士,在数年间互相酌议,于各等当用之新法皆相宜,并非专效英美等国之政体,乃考诸大邦,而择其善要,参以日本之情形也。""考中国之政体,率由旧章,承袭唐汉宋之成法而已,未尝取西法而更张也。"[③]

《列国政治异同考》第6章《考德法政治之异同》即曾经刊载在《选报》的《法德政治异同考》,仔细比较,可以发现二者有微妙的差别。《考德法政治之异同》将叙述德、法两国国土广狭、人口众寡的内容抽出来,放在第1节《国体》前面。《国体》专门讲述:

---

① 李佳白:《中美政治异同考》,《万国公报》第169册,1903年2月,第2页。
② 李佳白:《论英日政治之异同》,《万国公报》第171册,1903年4月,第5页。
③ 李佳白:《论中日政治之异同》,《万国公报》第172册,1903年5月,第10页。

> 法国数百年前原为君主之国，君权甚重，百年前法国人民始废君主之权，而行民主之政。然此百年间改革无常，行君主者二，行民主者三……至于德国，有今昔之别，昔之德国即偏小之德国也，今之德国即联邦之德国也……故至今法国为民主之国，德国为君主之国。①

也就是说，《考德法政治之异同》用"国体"代替《法德政治异同考》的"国政之体""政体"，指称君主国、民主国和联邦等制度。

有意思的是，《万国公报》第175册刊载第7章《法国与德国政治之异同》，内容与《考德法政治之异同》基本相同，但有一处明显不同的地方，即第1节标题由原来的《国体》改成了《政体之异同》，该节最后一句是"故至今德国为欧洲之大帝国，法国为欧洲之大民国"，原有的"此德法国体之异同也"被删去②。

编辑者将"国体"改成"政体"，明显是有意为之。《万国公报》第177册刊载的第8章《德国与美国政治之异同》第1节《政体之异同》，主要内容与《选报》的《德美政治异同考》基本相同，但"国体"也被改成了"政体"③。

早前零散刊载在《选报》等报刊的各篇文章与后来刊登在《万国公报》的《列国政治异同考》的编者是否同一人，因材料不足征，目前不易得知。但《万国公报》所载《列国政治异同考》有意舍弃"国体"，改用"政体"，说明撰者认为就指称君主、民主、联邦等政治制度而言，"政体"比"国体"更合适，统一用"政体"也可以避免引起"国

---

① 李佳白：《考德法政治之异同》，《万国公报》第174册，1903年7月，第5页。
② 李佳白：《法国与德国政治之异同》，《万国公报》第175册，1903年8月，第3页。
③ 李佳白：《德国与美国政治之异同》，《万国公报》第177册，1903年10月，第9页。

体""政体"异同的困惑。

此后《列国政治异同考》不再用"国体","政体"则频频出现。如第10章《德国与奥恒两国政治之异同》第1节《政体之异同》:

> 德国之政体,前二章已详言,即大小二十六联邦合而成一大国者。虽时而分为各邦,时而联为帝国,而分离之情则万不及联合之情焉。奥恒两国之情形与德法英美等国迥异,奥恒原为二国,即奥国恒国,而亦可称为一国,即奥恒国。

第5节《各联邦政体之异同》:

> 德国政体有二,曰联邦、曰分邦。联邦政体总成于德国京都,分邦政体分成于各邦京都。……至于奥恒国之政体,繁冗淆乱,最难考究。奥帝掌治国政,颇能自主,其军机大臣八人,分理八部事物,八部者,外务部、内务部、宗教兼教育部、商部、农部、户部、刑部、铁路部是也。①

再如第16章《荷兰国与比利时国政治之异同》:"一千七百九十七年(即中国嘉庆二年),拿破仑权威正炽,海内风从,荷兰亦在其列,后拿破仑衰,又改为君主,即现行之政体也。"②这段话在《湖南官报》载《美儒李佳白论荷比政治异同》本是:"故荷人动义愤,举干戈,遂脱西人之轭,三百年前而为民主之邦矣。离拿破仑之范围,又改

---

① 李佳白:《德国与奥恒两国政治之异同》,《万国公报》第179册,1903年12月,第13、15页。
② 李佳白:《荷兰国与比利时国政治之异同》,《万国公报》第185册,1904年6月,第6页。

为君主，以至于今。"①最初没有"政体"一词。

1906年，商务印书馆刊印单行本《列国政治异同考》，与《万国公报》连载的内容基本相同，篇幅有所扩充。总而言之，李佳白的弟子将其比较各国政治异同的演说整理成文稿时，受到日本法政词汇的影响，用"国体""政体"指称君主、民主等政治制度。相关文章后来在《万国公报》转载时，编辑者有意将"国体"改成"政体"，或是意识到混用"国体""政体"容易引起困惑。

① 《美儒李佳白论荷比政治异同》，《湖南官报》第343号，1903年4月13日，"论说"，第4页。

第三章

中国的"国体""政体"属性和走向的争议

清季朝野各方在变法的时趋下，纷纷援引域外"国体""政体"学说，尤其是日本学者为了说明君主与统治权的关系而辨析"国体""政体"的理论分析规划改制，迅速达成立宪共识后，又因君权、民权立场的差异，持续引发中国的"国体"属性及"国体""政体"关系的激烈争论，衍生出各种言人人殊但又交织交贯的"国体""政体"认识和主张。

第一节 "国体""政体"学说与立宪潮流

一、中国的君主国定位及其负面化

鸦片战争以后，欧美日本国家类型学说的相继输入，不仅丰富了国人对纷繁多样的域外政制的认识，更在中西强弱悬殊逐渐演化为政制优劣对比的情势下，成为越来越多的中国读书人定位中国政治的理论框架。

蒋敦复曾在国家类型比较的维度指出，英国"君民共为政"，"君民共主"，上下两院"操君民政教之权"。"君有举措，诏上院，上院下下院。民有从违，告下院，下院上上院。国中纳赋必会议乃成，律法定自两院，君相不能行一法外事。"但"君民共为政"的制度不适合中国。在他看来，"天下有道，礼乐征伐自天子出。天下有道，庶人不议。"若议院行于中国，允许庶人议政，将破坏君臣之分、上下之别，实"大乱之道也"①。

针对威妥玛（Thomas Francis Wade）在1866年初向清廷呈交《新议论略》，谈及中国将来能否"常为自主之国"②，蒋敦复专门撰写《拟与英国使臣威妥玛书》加以反驳，强调中国应固守"君自主"。其实，威妥玛的本意是指中国能否继续保持主权独立，蒋敦复则将其理解为中国皇帝能否始终独掌国权。蒋敦复认为，"泰西各国，政有三等"，即"民为主""君民共为主"和"政刑大事，君自主之"。"西国有是三等，故称中国为自主之国而鳃鳃焉。"在他看来，"我中国从未有不能自主者。五帝官天下，其传贤也，君主之。三王家天下，其传子也，亦君主之。秦以前天下为侯国，侯国各有主，天子为侯国之主，秦以后天下为郡县，郡县皆有主，皇帝为郡县之主。仁如尧舜，民之主也，暴如桀纣，亦民之主。君臣之际，名分甚严，恩礼至重。名分严，故莫敢为主，恩礼重，故共戴一主。惟其能也，故名曰自主之国"。若"西国民为主、君民共为主之政行于中国，此大乱之道也"。"中国所以能常为自主之国者，在德不在力。以无道行之，虽强必亡。以有道守之，虽弱必昌。"蒋敦复坚信中国未来必能"君自主"③。

蒋敦复的论述，反映他已经接受按照君、民在国家统治中的权力关系区分国家为三种的学说，且承认中国属于"君自主"一类，其观念与

---

① 蒋敦复：《英志自序》，《啸古堂文集》卷七，《清代诗文集汇编》第628册，第523—524页。
② 蒋敦复在文中说是赫德提出这个问题，实际上应是威妥玛。
③ 蒋敦复：《拟与英国使臣威妥玛书》，《啸古堂文集》卷三，《清代诗文集汇编》第628册，第486—487页。

来华传教士的分歧,仅在于西方的"君民共为主""民为主"是否比中国的"君自主"更先进,以及是否需要向其学习。

随着中国在中西竞争中的颓势日渐明显,来华传教士又在舆论上积极引导中国转向君民共主,约自1870年代起,国人也开始直接批评中国旧有的政治体制。1873年12月20日,《申报》所载《皇帝不可微行论》说:"欧罗巴各国与中国殊,或为专权之国,或为合众之国。"合众国,"君与臣民相同",皆不能专主,有政事须共同谋议。专权国,"政令虽出自国君",但亦不能不与臣民商议,国君、臣民"不大相悬隔"。作者进而比较中国与西方国家,认为中国在三代以上尚算"君民一体",自秦以降,"君日尊,臣日卑",至赵宋废三公坐论之礼,"民之于君,更如隔万里而遥"[①]。中国自秦以后君民悬隔是旧有认知,如今在国民可以参与政事商议、决策的西方国家的对照下,中国不仅与合众国差距甚大,甚至连专权国都不如。

随着时间的推移,在君主、君民共主、民主的国家类型体系中,君主国的负面意义日渐凸显。1878年1月12日,《申报》刊登《论泰西国势》,详细介绍君主、君民共主、民主三种国家,并比较其优劣。君主国"世及为常,权柄操之自上",民主国元首"由众推举,任满而去,与齐民无异",君民共主国设有由勋爵贵人及牧师组成的上议院和由庶民推举的才识兼优、学问渊博者构成的下议院,"尤为泰西土风所尚"。且不论作者对西方政制的描述是否完全符合实情,关键在于他如何看待这三种国家。在他看来,"君臣同体,上下相联,初无贵贱之分"则"情伪可以周知,灾患无不共任",于是去害趋利,国由此而强。但这也是泰西"变乱易滋"的根源,因为"生民有欲,无主乃乱。天泽之分不明,则觊觎之私渐启。神器既无专属,凡身居草莽者亦得奋

[①] 《皇帝不可微行论下》,《申报》,1873年12月20日,第1版。

其私智，各立党徒，以期暗干大命"①。此文主要以改成民主国后多有变乱的法国为例说明此观点。作者虽然也强调君臣大防、天泽之分，但与十九世纪五六十年代蒋敦复等人对君民共主毫无好感相比，已明确认可其可以使"君臣同体、上下相联"，由此亦可见国人开始对君主国信心不足。

在中西竞争的过程中，越来越多人感觉到西强中弱、西治中乱，这引发的后果之一是对君主国的不满以及对西方君民共主国、民主国的追慕。在这方面，王韬显得最具典型性。王韬1883年首次刊行的《弢园文录外编》收录有《重民》一文，分上、中、下三篇，具体写作时间未能确定②。《重民下》指出："泰西之立国有三：一曰君主之国，一曰民主之国，一曰君民共主之国。"君主国，"一人主治于上而百执事万姓奔走于下，令出而必行，言出而莫违"；民主国，"国家有事，下之议院，众以为可行则行，不可则止，统领但总其大成而已"；君民共主国，"朝廷有兵刑礼乐赏罚诸大政，必集众于上下议院，君可而民否，不能行，民可而君否，亦不得行也，必君民意见相同，而后可颁之于远近"。王韬认为，君主制须有尧、舜一类明君才能长治久安，民主制则因法制变更频繁、心志难专一而不无流弊，唯君民共治可恰如其分地使"上下相通"。中国"三代以上，君与民近而世治；三代以下，君与民日远而治道遂不古若。至于尊君卑臣，则自秦制始"。简言之，三代以上是君民共主，三代以下逐渐走向君主，这一趋向自秦以降彻底定型，君民隔膜也日益加深。因此，王韬主张中国重返君民共治，"君主于上，而民主于下，则上下之交固，君民之分亲"，国家亦可富强③。

---

① 《论泰西国势》，《申报》，1878年1月12日，第3版。

② 萧永宏：《王韬与〈循环日报〉：王韬主持〈循环日报〉笔政史事考辨》，北京：学习出版社2015年版，第161—167页。

③ 王韬著，楚流等选注：《重民下》，《弢园文录外编》，沈阳：辽宁人民出版社1994年版，第34—36页。

也有时人借日本立宪之机批评君主国,揄扬君民共主国。1885年12月3日,述戬子在《申报》发表《书日本议设国会后》,指出日本明治维新后一改政事"悉由大将军为主,日皇拥虚名"的旧局面,"事无大小,悉禀命于皇而后可行",天皇独揽乾纲。自"臣主之国改为君主"后,因担忧"设施或有所不当,下情或壅于上闻",日本又计划开国会,以期"上下相交,与民共治"。述戬子进而引用君主、君民共主、民主的国家分类法发表其看法。他明显对中、俄等政令"皆出于君,而民不相干预"的君主国不甚满意,而偏向于认同君民共主及民主,因为这两种国家"设有上下两议院,国家有事,先与上议院议之,议成授于下议院,使之议,议同则禀于君与总统而行之,不成则作罢论"。在"众议金同,君无妄举"的君民共主、民主的对比下,他认为君主国亦应"舆情悉洽,而后可以为政"①。

在与君民共主、民主的比较中,君主益趋落于下风。在时人印象中,泰西君主国"盖不多焉"②。甚至有人说欧美不是民主就是君民共主,中国则数千年来"皆以君为主,一人端拱于上,而兆民听命于下",这些言论背后潜藏的中西政治高下优劣的判断不言而喻。既然意识到中西因"为治不同"而"取效亦异",师法富强的西方也就顺理成章。仿行君民共主的诉求反过来又强化了中国君主专权独断的观念。该论者说,中国上古之时,"君与民近,上与下通",自秦以后,"尊君卑臣",乃"古今以来之一大变",延续直至今日。在中西交通、列国竞争的背景下,若仍沿用"汉唐以来,默定一尊,独操魁柄"的旧办法治国,将无法强国富民。故中国应"仿泰西之制,设立国会、议院于京师及各省会城",以使"上下之情通,官民之心浃"③。

在日益高涨的仿效君民共主的呼声中,经与国民可以通过议会参与

---

① 述戬子:《书日本议设国会后》,《申报》,1885年12月3日,第1版。
② 《中西会议情形不同说》,《申报》,1887年1月18日,第1版。
③ 《论宜通民情》,《申报》,1887年5月1日,第1版。

政治的君民共主国、民主国相比照,君主国与君主"惟所欲为""专权独裁"的勾连愈趋紧密、明显。如1888年7月8日《申报》的《论重民则国以富强》一文说,中国兴盛的根本在于设议院使上下之情相通,"一如英德等国之君民共主"。若有"开天继圣之人,藉君政之余威",开创君民共主之政,则"君权虽有限制,反能常保尊荣,民气得以常伸"。换言之,中国此前的君权并无限制。在作者看来,尧舜之时为官天下,属民主之政,夏商周为家天下,属君民共主之政,秦汉以后则是君主之政,君权独尊。自秦灭六国后,"生杀予夺,惟所欲为,而君主之权遂永成定制",历经汉晋唐宋元明二千年,积重难返,"民势愈衰,君与民遂成隔绝"①。在此文的表述中,中国自秦以降变成君主国后,君权日盛,民权日衰。

因对君主国的内涵认识不一,一些人眼中的中国甚至连君主国都不如。格致书院学生许象枢在1893年回答郑观应所出的议院论课题时写道,君主国"权操于上,议院不得擅施行,弊在独断";民主国"权落于下,议员得以专威福,弊在无君";君民共主国兼容并包,"君可民否,君不得擅行,民可君否,民不得擅作,立法独为美备"。但这三种国家"上情可以下逮,下情可以上达则一也"。他又认为,中国"地利不能尽,国用不能充,弊政不能革,刑罚不能简,民困不能苏,国威不能振,下有贤才不能遴用,上有庸佞不能遴退"是因为无议院②。明显可以看出,在主张中国转向君民共主的许氏看来,中国连专权独断的君主国都算不上,毕竟后者还有议院。

因痛恨外人欺凌、将士不能战、大臣不变法、官师不兴学、百司不

---

① 《论重民则国以富强》,《申报》,1888年7月8日,第1版。
② 许象枢:《议院利害若何论》,郑振铎编:《晚清文选》,长春:吉林人民出版社1998年版,第317页。

讲求工商，愤世嫉俗之士纷纷提倡兴民权、开议院①。不过需要注意的是，直至光绪戊戌年，这种观念仍经常遭受批评。1898年6月13日《申报》的《变法当先防流弊论》一文就对君民平权不以为然，认为"国之有君，犹家之有主"，"君得总揽其权，故愚民皆帖然相安，即桀骜不驯之徒亦不敢斩木揭竿，突然而起"。西方君民共主国、民主国设议院平议朝政，"似乎民之权与君各得其半，甚至民得以主持清议，进退臣僚"，实则"议院诸员惟详陈土俗民风，俾民隐不致壅于上闻，并不得稍稍僭窃政柄"。作者认为，"君权必不可下移"，"尊君亲上之义"不可变，故"议院必不可设"。但"民情则断宜上达"，方法是"地方官不自高其位，绅商士庶凡有所见，立时可以直陈，方面大员则据实奏闻，不稍讳饰"，如此即可"君与民联为一体"②。

另一篇反对开议院的文章说，在西方民主国、君民共主国中，"君之权力有限制，是以凡有大事，不得不询于大众"。但议员集议时往往结党成群，各立门户，龃龉纷起。至于中国，"君权特重"，自尧舜以至今日，从无民主及君民共主之说，亦不用设议院，"使君权渐分，国是遂纷更不定"。作者认为，愤世嫉俗之士因外人欺凌日甚、朝臣蒙蔽益深而想借重民权，让议员将国势民情上陈朝廷，以"审知利弊，及时整顿，一洗从前因陋就简之风"。其实，中国虽无议院，但朝廷"凡有大举措，亦断不致任情喜怒，独断独行"。其理据是，"外而疆吏，内而谏垣，苟有所言，无不交部议奏，亦有通饬各省将军督抚各抒所见，奏请施行"，这与"泰西凡事先交上议院核议之意"相通。此外，"一省有公事，绅民禀白有司，有司即举以申详大吏"，此即"泰西下议院以所议之事上之上议院之意"。批评者说君主专权独断是基于国民无法直接通过议院参政议政这一事实，此文以疆吏谏垣可向朝廷奏陈政

---

① 张之洞：《劝学篇》，赵德馨主编：《张之洞全集》第12册，武汉：武汉出版社2008年版，第166页。
② 《变法当先防流弊论》，《申报》，1898年6月13日，第1版。

事、绅民可向有司大吏禀白意见为例进行反驳,不但没对准焦点,反而容易予对方以口实。作者又指出,主张开议院的人"欲绌君权而伸民权",但"君权既绌,民权亦必致渐不得伸",反而"将四万万忠君爱国之民人胥变为异服异言而后止"[①]。

连反对开议院的士人都承认中国是君主总揽权力而无限制,可见君主、君民共主、民主国家分类法影响国人思维已甚深。随着"以君治民"被视作落后、不合时宜,设议会与民共治[②],使"君权与民权合"成为潮流[③],"君权特重"的君主国自然备受非议。

从君权、民权程度高低的角度认识君主、君民共主、民主三种国家逐渐定型。薛福成于1891年2月7日在出使日记中说,君主国皇帝有"全权于其国",民主国"政权全在议院,而伯理玺天德(译作总统)无权",君民共主国"政权亦在议院,大约民权十之七八,君权十之二三。君主之胜于伯理玺天德者无几,不过世袭君位而已"[④]。有意思的是,1890年5月14日,《申报》刊载的《纵论欧洲时局之变迁》指出,泰西有民主国、君民共主国,虽偶有君主国,"而终若不洽于民心"。如果从国民的角度来看,"民主胜于君主,不啻倍蓰,君民共主尚虑有上下意见互异之处,则不若民主之为愈"。作者预计百年后泰西各国"皆将变而为民主之国"[⑤]。从民权由低向高发展的角度将西方国家想象成一个从君主过渡到君民共主,最终变成民主的演进历程,不能不说颇有进化的眼光。

康有为也以民权程度的高低为标准比较君主、君民共主、民主三种

---

① 《中国不可设议政院说》,《申报》,1898年8月1日,第1版。
② 汪康年:《论中国参用民权之利益》,《时务报》第9册,1896年10月27日,第3—4页。
③ 梁启超:《古议院考》,《时务报》第10册,1896年11月5日,第3页。
④ 薛福成:《出使英法义比四国日记》,钟叔河主编:《走向世界丛书》,长沙:岳麓书社1985年版,第286页。
⑤ 《纵论欧洲时局之变迁》,《申报》,1890年5月14日,第1版。

国家的优劣。在19世纪80年代末至90年代初撰写、修订而成的《实理公法全书》中,康有为评论各种政治说,"立一议院以行政,并民主亦不立"是"最有益于人道"的统治形式,因为"法权归于众,所谓以平等之意用人立之法者也"。民主制虽也是"以平等之意,用人立之法者,但不如上法之精"。至于"君民共主,威权有限",则已"失几何公理之本源"。"君主威权无限"更是"大背几何公理"①。康有为的门生梁启超后来受其三世说影响,在《论君政民政相嬗之理》一文中更加明确地将君主、君民共主、民主等国家形式置于一个逐级进化、不能躐等的"三世六别"序列中。所谓三世,即始为"多君为政之世",继而是"一君为政之世",最后是"民为政之世"。这三世又分别包括前后两个阶段,多君世是酋长之世与封建及世卿之世,一君世是君主之世与君民共主之世,民政世是有总统之世与无总统之世②。

很明显,在康梁的观念中,君主、君民共主、民主并非相互平等,而是表现为一种从野蛮到文明、从低级到高级的进化次序。在此认知体系下,君主国成为最落后的政治,其特征是"君主威权无限",中国是典型代表之一。

二、中国古代专制政体说的生成

类分国家为君主、君民共主、民主三种主要是基于欧美的政治经验,区分标准是有无世袭君主以及君主、国民在国家统治中的权力关系,特别表现为有无代表民权的议院。在设议院的君民共主国、民主国的对比下,君主国的形象是"国王自为专主""帝为政""权由上出,惟君是专",等等。国人很早就定位中国为君主国,随着不少趋新士人

---

① 康有为:《实理公法全书》,姜义华、张荣华编校:《康有为全集》第1集,第152—153页。
② 梁启超:《论君政民政相嬗之理》,《时务报》第41册,1897年10月6日,第1页。

在内忧外患的刺激下纷纷提倡开议院、伸民权，君主国越来越多地与君主独断、纯用君权、君权不受限制等内涵关联起来，日益负面化。光绪戊戌年后受日本的影响而广泛流行的"专制政体"一词，最常见的意涵是国家缺乏三权分立，特别是没有由国民参与议政立法的议院制度，由于当时的民主共和国多设有议会，"专制政体"往往就是君主专制的代名词。不难发现，戊戌变法以前已经相当常见的君主国概念，与作为立宪政体的对立面的专制政体没有太大的差别，只是后者更加醒目，意义更加明显。在此思想脉络下，戊戌变法后，国人迅速接受中国是专制政体的观念。

1899年10月，《清议报》第31册翻译转载《东亚时论》的《中国之运命与革新之气运》一文，文章明确指出中国是君主专制政体："盖中国之国家组织虽甚简单，其制度文物则似甚烦缛，其君权虽甚专制，而其革命权亦甚自由也。而其君主专制政体与其朝廷之内政，概以二百年乃至三百年，达于腐败之极点，其时即以革命而一新之。"[①]

国人也不遗余力地论证中国是专制政治。1899年12月，梁启超运用孟德斯鸠的"政体"分类知识分析中国政治，认为"蒙氏所谓立君政体者，颇近于中国二千年来之政体"。立君政体与专制政体略有不同，"专制之国，君主肆意所欲，绝无一定之法律"，立君政体则"威力与法律并行，盖专制之稍杀者也"。不过二者"性质实相同，特其手段稍异"，与英国的君民共治绝不相同。[②]梁启超的同门麦孟华则直接断定中国是专制政体。在他看来，自秦以降，君主一人专权，国民由国家之主变为客，再变为佣，三变为奴隶。此西人所谓"专制政体之下，止有

---

① 《中国之运命及革新之气运》，《清议报》第31册，1899年10月25日，"闻戒录"，第10页。
② 任公：《蒙的斯鸠之学说》，《清议报》第32册，1899年12月13日，"饮冰室自由书"，第9页。

服从君主之人民,而必无服从国家之国民也"①。

梁启超很快也调整表述,直接说中国是专制政体,并援用他了解的"国体""政体"学说系统梳理中国历史,论证中国专制政体的形成过程。1901年12月,梁启超在《清议报》第100册上发表《尧舜为中国中央君权滥觞考》,叙述人类社会进化的次序。"当天造草昧之始,无论何种人,皆有所谓自由性,不过彼乃无制裁之自由",所以是野蛮自由时代。后来人群竞争,举智勇者为临时酋长指挥众人,逐渐演变为"贵族封建之制度者也,亦名贵族帝政时代"。随着"竞争日烈,兼并盛行,久之遂将贵族封建一切削平,而成为郡县一统者也,名为君权极盛时代"。由于君主日益专制,人民起而反抗,"全群之人共起而执回政权,名为文明自由时代"。就中国而言,黄帝以前是野蛮自由时代,黄帝至秦始皇是贵族帝政时代,秦始皇至乾隆朝是君权极盛时代,自今以后将进入文明自由时代②。

紧接着《尧舜为中国中央君权滥觞考》,梁启超又专门撰写《中国专制政治进化史》(后改名《中国专制政体进化史论》),更加详细地阐述"专制政治之进化,其精巧完满,举天下万国,未有吾中国若者也"。认为国人脑海中未尝有"政体分类之说"的梁启超列举不同学者的"政体"分类学说后,指出:"我中国所曾有者,第一表之第一(君主正体、变体)、第二(贵族正体、变体)两种也;第二表之第一(君主)、第三(贵族)、第四(专制)三种也;第三表之第一(一人政体)、第二(寡人政体)两种也;第四表之第一种(专制独任君主政体)也;第五表之第一(族制政)、第二(神权政)、第四(封建政)、第五(近世专制君主政)四种也。"在他看来,"政

---

① 伤心人:《论中国国民创生于今日》,《清议报》第67册,1900年12月22日,"本馆论说",第2页。
② 任公:《尧舜为中国中央君权滥觞考》,《清议报》第100册,1901年12月21日,"历史",第3—4页。

体"有一个逐级进化的过程,前后分为六个阶段。人类起源于家族,族制政体是政治进化的第一级。接着各族相争,"一族之中必须有人焉起而统率之,于是临时酋长之制起",临时酋长政体是政治进化的第二级。因战争频繁,临时首领逐渐变为常任首领,在他们死后,子孙更奉为天神,利用宗教迷信进行统治,于是变为神权政体,这是政治进化的第三级。由于临时酋长只是领袖团体中的最优者,"外敌既数见,则领袖团体全部之势力必与之俱进","于是乎此团体之魁杰者或在中央政府而司选举君主之权,则贵族政体所由起也。或分于部属诸落而为诸侯割据之势,则封建政体所由立也"。这是政治进化的第四级。后来君主权力渐大,削夺贵族权力,废除封建制度,遂演变为君主专制政体,这是政治进化的第五级。君主专制压迫日久,人民奋起争取自由自治,"君主之智焉者则顺其势而予之,此立宪君主政体所由生也。其愚者则逆其势而抗之,此革命民主政体所由成也。吾命为政治进化之第六级"。欧洲几千年来沿着上述阶段依次进化,中国则不同,最大的差异是,欧洲已经走完六个阶段,中国只经历了前五个阶段,而且"第五级之成立最早,而其运独长"①。借助《新民丛报》广泛的影响力和梁启超那激奋人心的文字,以及其中蕴藏的多数时人闻所未闻、极具震撼感的新知新理,中国自秦以降是专制政体的观念广泛流行。

梁启超从日本接受区分"政体"为专制、立宪、共和的观念后,毫不犹豫地将其与光绪戊戌年以前已经流行的区分国家为君主、君民共主、民主三种的说法对应。1901—1902年间,梁启超反思说,对应君主专制、君主立宪、民主立宪为君主、君民共主、民主,"名义不

---

① 中国之新民:《中国专制政治进化史》,《新民丛报》第8号,1902年5月22日,"政治",第1、5—8页。

合"①。因为君主国实际上包括了君主专制与君主立宪,不能将其视作与君民共主并列的一种国家。"今日而言政体",当分为君主、民主二种,其中君主有专制、立宪之别②。在梁启超此时的认知中,君主国的内涵由原来的君主独裁转变成主要以君位世袭为标志,既可以君权独断,也可以采用三权分立的立宪政体。为了表述准确,他更认同君主专制、君主立宪、民主共和的"政体"分类法。

梁启超的观点很快就被时人辗转引述。有论者指出,"天下各国之政体,大要有三,从前译本称之曰君主政治、曰民主政治、曰君民共主政治",不过"近人译本以谓君主、民主、君民共主等称,似与原义仍有未安",所以改称为专制政体、共和政体、立宪政体。"专制政体者,一人专其权于上以制万民万事者也;共和政体者,凡事由民间建议而政府从令而行者也;立宪政体者,公立法律,君民皆相遵守者也。"尤其值得注意的是,这位作者敏锐地察觉到,在这种"政体"学说框架下,"于是而中国政府乃归入专制之属"③。

君主、君民共主、民主的国家分类法虽然被梁启超认为不够严谨,但因其简明易记,也依旧流行,而且被称作"政体"。1902年9月14日,清醒居士在《大公报》上刊文分析"中国民智闭塞之原因",说道:"我中国历史无君主、民主、君民共主之名,然以其时考之,按其迹求之,则尧舜之世似为君民共主之政体。其时文化昌明,君权不失之过重,民权亦不失之过轻。"三代以后,"教化陵夷,君权渐重,民权渐轻,又变成一君主之政体,至于秦而专制之势

---

① 爱国者:《立宪法议》,《清议报》第81册,1901年6月7日,"本馆论说",第1页。
② 中国之新民:《亚里士多德之政治学说》,《新民丛报》第20号,1902年11月14日,"学说",第7页。
③ 《立宪法浅说》,甘韩编、杨凤藻校:《皇朝经世文新编续集》卷2,沈云龙主编:《近代中国史料丛刊》第79辑(781),台北:文海出版社1972年版,第218页。

成矣"①。

庚子事变后,内忧外患日益加重,中国趋新官绅和读书人为了伸张民权,无疑更加容易接受中国是专制政体的观念。与此形成对照的是,外国人对中国所属的"国体""政体"类型的判断,反而略显慎重。1902年7月,《译书汇编》刊载英人胡奋著、立法学士解说的《支那化成论》,文中说:

> 胡氏首论支那国体曰:祭天之俗,为其大本,苟欲明其国体,莫若拟以神政之体,盖神政之体,往时行于泰西,即神道设教之政体也。……所谓皇帝者,名为专制君主,而其实则非。彼之不能行其权也,与立宪之君主、共和之总统,亦复何择?盖皇帝高拱九重,不过曰俟大臣所奏,而为之判决可否而已。如发号施令,权固在君,而行之不力,帝亦无如何者也。且军国大事,不得不与内阁及军机处相商,是亦以官制要君已也。呜呼。不啻官制要君,舆论亦足以要君,如草野之徒亦得上书于君以述己意者也。……由是言之,支那之国体,将谓之君主政体乎,则有民主之制存焉。谓之共和政体乎,则疆臣黜陟,唯帝皇之爱憎是从,求之泰西政体,又未见其所当也。②

也就是说,中国的"国体""政体"同时带有君主制、共和制的特征,很难绝对断定为君主专制。

不过,延续梁启超的思路,将中国古代政治叙述成专制政体始终是大势所趋。1903年,《国民日日报》刊载的《中国古代限抑君

---

① 清醒居士:《论中国民智闭塞之原因》,《大公报》,1902年9月14日,"论说",第2版。
② 立法学士解说:《支那化成论》,《译书汇编》第5期,1902年7月25日,第5—7页。

权之法》认为："中国当尧舜以前，为酋长时代，亦君民共主之时代也。当三代之时，为封建时代，亦地方分权之时代也。"秦朝"变封建而为统一，地方分权之制变为中央集权之制，君民共主之世变为君权专制之世"。此后历朝历代越来越专制。为了提倡民权，作者引用史事，如"周民之逐厉王也，覆专制之政府而建设贵族之政体"，说明中国古代实际上也限制君权。又引用法政学理，说明法律"虽与人君以无上之权，然不以君为国家之主体"，"君臣上下同受制于法律之中，但以国家之主权归之君耳"。作者认为，商鞅"权者，君之所独治也"的说法，证明"商君亦知法治国之意，重国家而轻个人，视人君为统治机关"，与"西人国家学法人之说若出一辙"。并特别注释："此说倡于德国伯伦知理，近世立宪君主国多用其说，日本之宪法亦然，此国体、政体所以有别也。"①作者没有具体阐释"国体""政体"的含义所指，结合前后文的意思，所谓"国体""政体"有别应是指国家、君主有别。

在从日本引入的"国体""政体"知识的影响下，中国古代专制说逐渐成为主流论调，在这个过程中，国人对"国体""政体"的理解并不一致，而是相当多元。1904年，白话道人（林獬）在《中国白话报》上专门论述中国的"政体"变迁史。他说："这政体两字，是说做政事的体统，某朝代章程规矩怎么样，就叫做某朝代政体怎么样。"②延续梁启超的思路，林獬也认为秦以降是中央集权政体，即君主专制政体。③此后，除了两汉是专制寡人政体，元朝是贵族政体，其他朝代都是专制政体。清朝在康熙以前是贵族专制政体，即寡人政

---

① 《中国古代限抑君权之法》，《国民日日报汇编》第2集，东大陆图书译印局，第20—22、25页。

② 白话道人：《政体》，《中国白话报》第3期，1904年1月17日，"历史"，第7页。

③ 白话道人：《政体》，《中国白话报》第5期，1904年2月16日，"历史"，第15—16页。

体,康熙以后大权全在一人之手,是暴君专制政体,也叫作一人独任政体[1]。林獬从"政事的体统"的角度理解明治日本对译西文、指称国家形式的"政体",显然是受汉文中"政体"的旧有用法的影响,属于望文生义。

用中国原来的文法字义解读日制新词颇常见。宋育仁曾指出,"政"是"统道德、宗教、礼乐、兵刑、法律、习惯生业之总名","政者依国而立,有国即有政。如专制政体(按孟德斯鸠《法意》,专制政体,系指无法度之国,但凭君主一人喜怒为刑罚,以意行政者,俗说多误会为君主政体)、寡头政体(其言不雅驯,乃贵族数人把持国事,以意行政),本不足言政,然不得不名之曰政"。专制政体、寡头政体本来是客观存在的政治形态,宋育仁说它们"不足言政",是因为他认为"名词又有中西之异,西文之译为政字者,于政治之涵义,本不完足"。按照汉文的意思,"政者,正也"[2]。专制政体和寡头政体,一者任凭君主喜怒行政,一者由贵族把持国事,显然不够"正"。这明显是用中国旧有的文化观念解读"政体"。

三、议行立宪

在清季国人的"国体""政体"论述中,鼓吹立宪和定义中国古代属于专制政体,是一体两面。也就是说,中国古代专制说本质上是服务于改行立宪的现实需求。既然中国长期以来都是专制政体,如今西方强国都是君主立宪、民主共和政体,借鉴外国的民权理念及制度,"组织新政体"代替"独夫民贼愚民专制之政"[3],也就在所难免,甚至成为

---

[1] 白话道人:《政体》,《中国白话报》第6期,1904年3月1日,"历史",第15—21页。
[2] 《政法研究会演说》,《正本学社讲学类钞》第5册,林庆彰等主编:《晚清四部丛刊》第5编第33册,第356—357页。
[3] 梁启超:《过渡时代论》,《清议报》第83册,1901年6月26日,"本馆论说",第2页。

唯一的选择。

1901年1月29日，以慈禧为首的清廷颁布新政上谕，命军机大臣、大学士、六部九卿、出使各国大臣、各省督抚各抒己见，研求西政本源[①]。大约在1901年6—7月，驻日公使李盛铎遵旨条陈变法事宜，提出"变法之道，首在得其纲领"。"查各国变法，无不首重宪纲，以为立国基础。惟国体、政体有所谓君主、民主之分，但其变迁沿改，百折千回，必归依于立宪而后底定。"他建议朝廷"毅然决然首先颁布立宪之意，明定国是"[②]。

对于君主、民主，李盛铎统称为"国体""政体"，其论述重点放在立宪上。这样的观念，在当时的官场可谓超前。李盛铎的这份奏折曾交给张之洞阅看，1901年10月14日，张之洞回复："独言国体，可谓知本之言，识时之务"[③]。"独言国体"应指李盛铎提出"首重宪纲，以为立国基础"，"国体"意同国基、国本。

像李盛铎这样在庚子事变后不久就直接提出立宪主张的官员少之又少，当时呼吁立宪的主体是留日学生和国内士绅。中国屡战屡败后，"国民骎骎有政治思想"，专制政体、立宪政体"人人能知之"，"立宪政治良于专制政治，人人能言之"[④]。日本学者也注意到中国的这股政治风气。1903年中旬，早稻田大学教师高田早苗在中国留学生每月召开的同志会上演讲，他以"日本国体为立宪，而藩阀政府卒不可废"为例，劝诫留日学子不应激进，"遽言破坏形式，当以

[①] 中国第一历史档案馆编：《光绪宣统两朝上谕档》第26册，桂林：广西师范大学出版社1996年版，第460—461页。

[②] 《追录李木斋星使条陈变法折（立宪丛论之一）》，《时报》，1905年11月28日，"要件"，第1版。

[③] 《光绪二十七年九月初三日致李木斋星使函》，《张文襄公函牍未刊稿》，中国社会科学院近代史研究所藏张之洞档案，转引自李育民：《晚清时期国体观的变化试探》，《人文杂志》2013年第6期。

[④] 《宪法精理》，《新民丛报》第6号，1902年4月22日，"绍介新著"，第3页。

成就事实为务"①。

与此同时,国内报刊也积极讨论"国体""政体"问题,进行舆论宣传。1903年10月8日,《大公报》刊载《说公》一文,强调"政府既为多数之民所公建,自非少数之官所得而私"。就专制、立宪、共和三种"政体"而言,"极公者为共和之政,极不公者为专制之政。"共和政体虽然极公,但如果国民程度较低,则可能由极公变成极私。"故居今日而图改良中国之政体,以求化其私而合乎公,则惟有立宪乎。盖宪法一立,则有所范围,共相遵守,君不得自私而朝廷公,官不得自私而政府公。上无不讲公德之事,下无不讲公理之人,国民亦自不敢不公。"②

1904年1月14日,《大公报》在"豫章吴熿"撰《压制释放利弊论》一文后附志:"国民之程度,由蛮野而递进,至文明为高点。一国之政体,由专制而递进,至共和为极则。进化之阶级,宜层累而上,躐等则颠。国政之改革,当因时制宜,躐等则弊。故就国民之程度而言,固以文明为高点,然我国民尚难一蹴而跻。就一国之政体而言,固以共和为极则,然我中国尚难一变而至。"斟酌损益,应采用立宪③。

由于意识到"专制之国体""必不能立足于地球之上"④,"脑中输入文明之思想"的趋新官绅学生,"乐为提倡民权自由之说,以冀改良政体,拯救衰亡"⑤。1904年3月26日,夏曾佑在《中外日报》上发表论说,认为在京师设大学作育人才、设商部提倡商务、设财政

---

① 高田早苗:《改造支那论》,《政法学报》第3期,1903年9月13日,"讲演",第1—2页。
② 《说公》,《大公报》,1903年10月8日,"论说",第1—2版。
③ 豫章吴熿:《压制释放利弊论》,《大公报》,1904年1月14日,"论说",第2版。
④ 《论中国宜行征兵之制》,《大公报》,1904年3月18日,"论说",第2版。
⑤ 《论学务不见起色之二大原因》,《大公报》,1903年12月9日,"论说",第2版。

处整顿财政、设练兵处讲求武备，在各省设学堂、派遣学生出洋、设立农工商务局，这些措施都不是变法的根本。"本何在？政体是矣。政体何以变？则当变专制为立宪是矣。"虽然当政者对"中国当改政体，当改专制为立宪"的说法既怒且叱，但事实上各国"政体不同"，专制必败。只有"从改变政体下手"，使全国政治焕然一新，才能扶危定倾[①]。

日俄战争爆发后，立宪日本强而专制俄国弱成为国人要求立宪的有力证据，而且除了在野士绅外，越来越多的朝廷命官也加入到呼吁立宪的队伍中来。1904年4月，孙宝琦请政务处王大臣"吁恳圣明仿英、德、日本之制，定为立宪政体之国"。在他看来，"政体既立，则弱者浸强，乱者浸治"。"盖立宪政体者，实所以尊君权而固民志。"[②]张謇在为张之洞等人撰拟的立宪奏折中，表达了同样的理念："政体不变，则虽枝枝节节而为之，终属补苴之一端，无当安危之大计。今环球万国，政体虽有君主民主之不同，其主义均归于宪法。"立宪"变谘询之少数为多数，且仍决之于上，是君权转因之益尊"[③]。

经官绅合力推动，清廷将来是否会制定宪法虽不易确定，"然其机已动，其端已见，其潮流已隐隐然而欲涌出，则显然可见"。有论者提醒朝廷"取法宜审慎"，特别是要注意中外"国体"的异同。民主国的宪法自然不在论列，"如立宪，必宜取立宪君主国之宪法，参观而仿效之"。但可资参考的英、德、日等国，各有其特殊情形。"英国虽亦

[①] 《论出洋诸钦使奏请变法事》，杨琥编：《夏曾佑集》，上海：上海古籍出版社2011年版，第149—150页。
[②] 《驻法孙钦使上政务王大臣书》，《大公报》，1904年8月8日，"紧要公文"，第2版。
[③] 《张謇、汤寿潜、赵凤昌改定立宪奏稿》，章开沅、罗福惠、严昌洪主编：《辛亥革命史资料新编》第2册，武汉：湖北人民出版社2006年版，第41—42页；因反对者众多，此折终未呈进。《立宪折稿未上》，《大公报》，1904年7月20日，"时事要闻"，第2版。

为君主,究其国体之性质,与中国大有不同。至于德国,虽系君主,实为联邦,其国体既与中国殊,其宪法自非中国所宜则效。"或认为中国立宪可取法"其种同,其文同,其洲同,其国政风俗与中国相去未远"的日本,实则不然。日本自建国以来一姓相承,中国则朝代屡易,国情不同,宪法自然不能简单照搬。中国如果真要立宪,"必先研究中国国体之性质及国民之习惯,以为规定宪法之基,然后再参考各君主国之宪法,以资借镜。"①

由于中国国情复杂,各人所具备的政治知识互异,改制诉求也不尽一致,即使都是主张实行立宪政体,具体提出的方案却因人而异。1904年7月2日,《时报》刊载《论中国政府之满洲善后策》。文章认为,日俄战后,清政府应注意筹谋满洲的善后政策,其中包括"国体问题,亦名政体问题。满洲收复之后,当由何道使永保其独立且促其内治之发达,当由何道使列强咸表同情信任满足"。作者主张"以满洲为一独立国,以满洲为一立宪君主国"。所谓独立国,不是将满洲的主权与"中国本部"的主权离析为二,而是采用双立君主国的方式,就像欧洲的奥地利与匈牙利、瑞典与挪威,两国共戴一君。"满洲与中国本部在二百余年前本为异国,今虽天下一家,耦俱无猜矣,而其历史上国体之发达,固大有悬绝者存。列圣之治满洲,置三将军而施政方略不同于内地督抚,诚深察其本也。"所以,"不如以满洲为一独立之立宪君主国,而以大清国皇帝兼王之"。②7月3日,《时报》发表《再论满洲当为立宪独立国》,继续阐论"满洲之国体问题"。③此文颇受关注,后来

---

① 《论中国立宪之要义》,《大公报》,1904年6月20日,"论说",第2版。
② 《论中国政府之满洲善后策(国际问题与国体问题)》,《时报》,1904年7月2日,"本馆论说",第2页第1张。
③ 《再论满洲当为立宪独立国》,《时报》,1904年7月3日,"本馆论说",第2页第1张。

又被转载于《东方杂志》第1卷第6期。①《论中国政府之满洲善后策》《再论满洲当为立宪独立国》的作者应该是日本人,将满洲独立出来,以双立君主国的形式实行君主立宪的"国体""政体"方案,反映了列强在中国划分势力范围的阴谋诡计。

在"天下竞言中国宜立宪"的政治氛围下,有人进而开始规划中国立宪的具体步骤。1904年9月27日,刊载在《时报》的《立宪平议》认为,中国国民程度较低,不能"遽以立宪之治体相待",应"先行下诏,期以十年立宪","如此则通国之人见立宪之政体已定,益知自重其品格,而求所以克享立宪之权利者"。以日本为例,明治十三、四年,举国要求开国会、立宪法,但因民智尚未大开,国民又沾染放任风气,日本政府审慎决定,"先允改行立宪之国体以定民志",又以10年时间筹备,宪政才得以实现和充分发挥优点②。

1905年4月,《大公报》以"振兴中国何者为当务之急"为题,举行征文活动,投稿者几乎都说"以立宪为当务之急"③。这样的结果,无疑是编辑有意安排,但多少也反映出时人观念和舆论的趋向。如史彬认为:"全球政体不外三种,曰专制,曰共和,曰立宪。专制者君权过尊而民情不免壅塞,共和者民权太重而政柄未免下移,独以君主之国而行立宪之法,则有利无弊,推诸万世而可行。"④效灵说:"世界之政体有三大别,曰君主专制政体,曰君主立宪政体,曰民主立宪政体(即共和政体)。今世之强国十数,除俄罗斯为专制政体,美、法为民主立宪政体外,自余皆君主立宪政体也。然则君主立宪者,政体之完全无缺

---

① 《论满洲当为立宪独立国》,《东方杂志》第6期,1904年8月6日,"社说",第112—115页。
② 《立宪平议》,《时报》,1904年9月27日,"本馆论说",第2页第1张。
③ 竹园:《读振兴中国何者为当务之急论书后》,《大公报》,1905年4月27日,"附件",第6版。
④ 史彬:《振兴中国何者为当务之急》,《大公报》,1905年4月13日,"千号增刊",第3版。

者也。"①因此，中国非变"政体"不可。若"政体不改，根本不坚，教育、实业虽兴，其如上下之隔阂如故，官场之沓泄如故"②。

为加深对各种政治制度的认识，国人又进一步译介各类法政论著，据此分析中国的"国体""政体"属性及走向问题。1905年5月，《大陆报》刊载《国家与宪法》，文章指出，国家种类不同，形态互异，"所谓国体者，即国家之形态也"，一般分为君主、贵族、民主三种。君主国体，"以君主一人为治者而统御国家"，如中、日、英、俄、德等国；贵族国体，"仅阀阅与有财产之贵族，立于普通人民之上，或仅以豪族为治者而统御国家"，现已少见；民主国体，由国民全体为治者，"握其实权，而公选所谓大统领者，使负统御国家之任"。这三种"国体"各有利害得失，而且"多本于历史上之由来者，故一国之国体，决不可滥行变更，且未易变更之者也"。相对于"国体"，"政体""因各国之治者互异其形式"而不同。治者"唯以一己意见而决万机"是专制政体；治者遵照宪法，"视为标准而行政务"是立宪政体。如今文明各国多是立宪政体，只有中国等少数国家是专制政体③。言下之意，中国应该保持君主国体，改行立宪政体。

在朝野上下的共同呼吁下，立宪呼声如"潮流之涌，鼓荡而来"④。清廷终于在1905年7月16日发布上谕，派载泽、戴鸿慈、徐世昌、端方出洋考察政治。此举实已暗寓立宪之意，只是并未明言，所以人们仍纷纷请求立宪。

贵州巡抚林绍年上奏《速定政体以救颠危折》，将中国屡受侵凌的原因归结为"政体"。他比较专制、立宪、共和三种"政体"：

---

① 效灵：《振兴中国何者为当急之物》，《大公报》，1905年4月13日，"千号增刊"，第4版。
② 《振兴中国何者为当务之急》，《大公报》，1905年4月28日，"论说"，第2版。
③ 《国家与宪法》，《大陆报》第7号，1905年5月28日，"学术"，第12—13页。
④ 《中国立宪消息》，《之罘报》第13期，1905年6月25日，"政界"，第13页。

"共和者，以民举君，不必论已。专制者，臣民同奉法令而仍无同休戚之心，在上者虽极忧勤，而百姓懵然罔知，直视国之安危如胡越之肥瘠。立宪者，人人知共卫国家，而团体愈结，轮财轮命，皆有出于不期然而然者。"中国"惟有预定政体，乃足挽衰弱而救颠危"。林绍年又说，与"有宪法之制限，而主权不尊"相反，"立宪精意正所以保主权"①。

为了敦促清廷立宪，宣称立宪政治对君权没有影响的言论相当常见。1905年9月左右，署理商部左侍郎唐文治奏请"预定立宪政体以弭外患而维危局"。在他看来，富强的根源是"治本"，"治本者何，政体是已"。"处今日而欲挽回危局，力图自强，非仿效日本改定立宪政体不为功。"或担心，"中国向尊君权"，一旦"仿各国治体，明定立宪"，"将于国体有损"。唐文治指出，这实际上是"不知政体与国体互相维系，立宪虽改政体，而适以尊崇国体。且日本亦君权之国，自立宪以后，皇室之尊荣过于曩时，足征兹事于国体无损"②。唐文治的变"政体"无损"国体"的观念，无疑是受穗积八束一系的"国体""政体"区分说的影响，他想说明立宪不会有损君主、君权的尊荣。

由上文可见，在立宪从少数人的议论凝聚成多数人的共识的过程中，各人接触到的知识资源不同，对"国体""政体"意涵指称的理解和运用难期一律。"国体""政体"的异同一开始并没有成为困扰时人的问题，人们关注更多的是判定中国属于专制政治，呼吁立宪。而随着在立宪体制下尊崇君主、君权的问题出现，"国体""政体"关系的辨

---

① 林绍年：《速定政体以救颠危折》，《闽县林侍郎（绍年）奏牍》，沈云龙主编：《近代中国史料丛刊》第31辑（301），台北：文海出版社1968年版，第473、475、478页。

② 唐文治：《请立宪折》，《茹经堂奏疏》，沈云龙主编：《近代中国史料丛刊续编》第6辑（56），台北：文海出版社1967年版，第228—229、231、235—236页。

析逐渐引起关注。

第二节 预备立宪与"国体""政体"问题的肇端

一、五大臣出洋与以日为师

在清末的立宪大潮中,官绅士民纷纷将学习的目光投向日本。这除了因为有一衣带水、"同文同种"的便利之外,更为关键的是《明治宪法》带有浓厚的尊皇色彩。为了打消清廷的顾虑,官绅士民常常以日本为例说明立宪不会有损君权。驻法公使孙宝琦的一番言论,颇能代表时人的一般认知:

> 日本之立宪,非同欧美各国之迫于他国兵力,或迫于民乱,其势由大以及小,其事由上而命下,故顺而不逆,安而不危。其立宪政体第二条特为剖明曰:"日本帝国,万世一系之天皇统治之。"所以定一尊而防流弊。盖立宪政体者,实所以尊君权而固民志,与我大清一统抚驭全国之宏谟适相吻合。①

仿照日本先例,立宪而尊君,对于鼓动清廷改制来说无疑是绝佳的理据。事实上,这也是清廷预备立宪的出发点和既定路线。在派遣载泽等人出洋考察政治的上谕发布后,即有媒体判断:"朝廷派遣之宗旨系注重考查德、日两国宪法,盖以德、日亦系君主之国改为立宪,中国大可采用其法,若如英国之半主,则与中国不合云。"②

---

① 《驻法孙钦使上政务王大臣书》,《大公报》,1904年8月8日,"紧要公文",第2版。
② 《简派重臣出洋意在考查德日宪法》,《申报》,1905年7月25日,第3版。

这并非媒体的臆测,出洋官员确实更重视日本的立宪经验。1905年7月27日,被续派为考察政治大臣的绍英前去拜访载泽,二人谈论"日本立宪大意"①。又有报纸传闻,慈禧曾询问立宪"究竟有无妨碍主权",端方回答说:"现在君权不专,旁落于寮属,此即不立宪之弊。"并将日本"万世一系天皇统治之义"一一奏明。慈禧听后颇为满意,命其认真考查,回国后参考、损益东西各国宪法,"总期于君权无损,大局有关,自必决意改为立宪政体"②。这是否对谈的原话,已难确切考证,但两宫召见绍英等人时,确实表露出赞成立宪的意思:"宪法事现在虽不能宣露,亦应考察各国办法为何,以备采择。"③

清季颇为关注新政的罗振玉建议出洋大臣"宪法必详询日本",理由是中、日"国体"相同:"欧美各国,日本立宪之母国也,调查欧美宪法以究其根元,调查日本宪法以观其效。日本之与欧美国体、民俗种种不同,故日本宪法殊于欧美之处甚多。今中国国体、民俗多同于日本,大异于欧美,故于日本宪法尤宜加意研究。"④

无极知县章绍洙也从中外"国体""政体"比较的角度论证师法日本立宪。在章绍洙看来,泰西强盛与"政体"关系密切:"自卢骚、孟德斯鸠天赋人权之学说兴,而民族主义之政体成,内治既修明,则国力自臻于巩固。自达尔文、斯宾塞物竞天择之学说兴,而民族帝国主义之政体盛,内力既巩固,则国势益见其雄强。"反观中国,未能"于政体实行其修改",故无力抵抗外侮。章绍洙进而将"政体"差异提升到战争胜负的层面,说:近年来世界各国的战争,"专主不能胜立宪,立宪不能胜共和,非兵事之战争,实政体之战争"。

---

① 绍英著,张剑整理:《绍英日记》上,北京:中华书局2018年版,第115页。
② 《端抚条陈立宪》,《大公报》,1905年9月14日,"要闻",第2版。
③ 绍英著,张剑整理:《绍英日记》上,第116—117页。
④ 罗振玉:《调查政治管见》,《大公报》,1905年10月8日,"言论",第2版。

既然中国必须立宪，随之而来的问题是，中国"宜确定采用何种宪政之宗旨"。立宪分为君主立宪、民主立宪，美、法等国是民主立宪，"主权全属议会，元首为行政长官，过重民权，与中国旧伦理不相符合"。英国、德国、意大利、瑞典、葡萄牙、日本等君主立宪国中，葡萄牙等国地隘民寡，国势与中国悬殊。"德、意皆联邦政体，与美、瑞略相似。而奥与匈为二王国联合体，与瑞、那略相似，其国体与中国相差违。"英国"规制最为美备"，但其宪法是渐进自然形成，中国很难模仿。综合来看，中国应师法日本，"不特其同种同文，风尚相近，又袭用我唐律，其改正有轨辙之可寻也。"而且日本宪法的纲领是"以天皇为至尊至荣至神至圣，代天出治，总揽万机"。立法、行政、司法三权都属于"天皇之独立权"，"议会只立法之协赞而已，内阁只行政之副署而已"。章绍洙认为，中国"似宜明定为君主立宪政体，采用日本法典，庶可以息异议而昭正则"[①]。

在尊君权的思路下，自然容易判定中国和日本"国体"相同，但在各方对立宪的认识渐趋深入，立宪的诉求和目标逐渐分化后，能否简单比附中、日国情则成为激烈争论的对象。

二、载泽："君主立宪大意在尊崇国体"

经历吴樾炸弹案后，绍英、徐世昌分别因伤和任巡警部尚书而无法出洋，由尚其亨、李盛铎顶替，重组队伍后，兵分两路，载泽、尚其亨、李盛铎一路，端方、戴鸿慈一路。1906年1月16日，载泽一行抵达日本，27日，穗积八束奉内阁命令为载泽等讲演日本宪法，由唐宝锷口译，钱承鋕记录。穗积八束在壁上悬挂一张君主统治简明表，指图而言：

[①] 《无极县令章绍洙禀陈改行宪政各项事宜文并批》，甘厚慈辑、罗澍伟点校：《北洋公牍类纂正续编》第1册，天津：天津古籍出版社2013年版，第67—68页。

>　日本国体，数千年相传为君主国，人民爱戴甚深，观宪法第一条可知。明治维新，虽采用立宪制度，君主主权，初无所损。今就表中所述，以君主为统治权之总纲，故首列皇位为主权之本体，此数千年相承之治体，不因宪法而移。凡统治一国之权，皆隶属于皇位，此日本宪法之本原也。
>
>　至统治方法，自宪政成立后，少有更改。表中所列，一为统治权，一为统治机关。盖统治必有机关，载于宪法：第一帝国议会，第二国务大臣及枢密顾问，第三裁判所。各国立宪制度，殊途同归，日本即采用此制也。统治权之作用有三：第一立法权，第二大权，第三司法权。如君主行立法权，则国会参与之；君主行大权，则国务大臣、枢密顾问辅弼之；君主行司法权，则有裁判所之审判[①]。

因时间有限，穗积八束这次演讲较为简略，但已简明扼要地表达了其宪法学说的核心观点：日本是君主国体，立宪政体无损君主主权。

应载泽等人的要求，1906年3—5月，驻日公使杨枢又延请穗积八束"讲演数次"，"付速记写成"内容更为详尽的《日本宪法说明书》，交由载泽带回国翻译进呈。清廷对《日本宪法说明书》颇为重视。该书除了刊载在《政治官报》《北洋法政学报》等官办杂志上外，还有单行本。两宫曾命宪政编查馆进呈《日本宪法说明书》[②]，传闻"退朝后并在宫中披览"，"以备取长补短，择善施行"[③]。后来宪政编查馆因各

[①] 载泽：《考察政治日记》，钟叔河主编：《走向世界丛书》，长沙：岳麓书社1986年版，第575—577页。

[②] 《又咨复内务府呈进书籍文》，《政治官报》第130号，1908年3月10日，"本报咨牍"，第20页。

[③] 《两宫关心宪政》，《时报》，1908年5月7日，"要闻"，第2版。

省实缺、候补官员不熟悉立宪原理，又无书可资借鉴，特将《日本宪法说明书》咨送两江总督，"并请通饬所属一体价购，以资研究而裨宪政"①。流行程度，可见一斑。

《日本宪法说明书》强调，要了解宪法的种类及性质，"不可不知国体与政体之分别"："国体云者，言夫统治国家之权力在于何人之手，即指言统治权之所在为何如者也。政体者，指言行使统治权之方法形式，为其国之法律制度之所制定者也。国体与政体之观念判然有别。""国体"可以分为主权在君的君主国和主权在民的民主国。"政体"的区别"全在政治之方法，而不在主权之所在"，有专制、立宪之别，前者由一人总揽一切权力，后者相反，区分立法、行政、司法三权，各以特别机关执行。"君主国与民主国，其国体虽彼此各异，然其政体则有相同者。"如日本是纯粹君主国体，法国是民主共和国体，但二者都采用立宪政体。

穗积八束特别重视"国体"的稳定性。在他看来，"变更政体者，固不必变更国体，常得因沿固有之国体而施行制度之改革"。"国体"是各国历史沿革的产物，历史不同，统治权所在自异，很难从理论的层面评定是非得失，也不宜以法令左右更改。"至于政体，则但论政权运动之方法为何如，有不必摇动国体而可实行改革者。"制定宪法、实行立宪政体决非变更"国体"，因为立宪后国家主权的本体没有发生任何变化，只是对立法、行政、司法等国权行动的方法形式加以改造。以日本为例，虽采用欧洲的立宪政体，颁布宪法、开设国会，但"主权之所在仍归于万世一系之皇位"，与原来的君主国体毫不相妨。在欧洲，德国也是只变"政体"，不牵连主权所在，在"纯粹君主权国体"下采用立宪政体。

---

① 《咨送宪政书籍》，《现世史》第1号，1908年6月23日，"政书·内阁事类"，第23—24页。

穗积八束还专门区分了立宪政体的不同形态。在他看来，以三权分立为宗旨的立宪政治在实际运作中很难保持彼此平衡状态，往往是其中一种权力占据主导地位。因此，立宪政体有三种情况："第一为美国之分权政治，第二为英国之议院政治，第三为日本之大权政治。"穗积八束认为，日本的大权政治，"权力之中心于名实上并在于皇位"：

> 君主对于国务大臣得以自己信任之厚薄而自由进退之。又宪法上列记君主大权之事，不许国会侵犯之。帝国议会但为参与立法之机关，无议会之决议虽不得立法，然裁可法律之大权于名于实并归于君主，虽议会已经决议之法律，然如君主不与以裁可，则不得有法律之效力，非以议会享有立法权，实以君主行使立法权，议会惟得参与立法之方法、次第，于立法及预算之外，不许干涉何事，于外交、军事及其一切重要政策，皆属于君主之所亲裁，虽必须有国务大臣以为辅弼，然其进退黜陟之权在于君主，故决用何种政策，全在君主之实力。

所以，尽管君主大权一般特指"对于立法权及司法权而为君主独自专有之权力"，但"在君主主权之国，国之全体皆为君主所擅"，"大权者即谓统治权之全体"[①]。

不难发现，穗积八束的"国体""政体"区分说极力宣扬日本天皇君权无远弗届，"国体"绝对统摄"政体"。值得注意的是，穗积八束特别指出："日本国体与中国国体之异同，非可故为牵合者，故且略

---

① 穗积八束：《日本宪法说明书》，《政治官报》第21号，1907年11月15日，"译书类"，第21—22页；第22号，1907年11月16日，第21页；第24号，1907年11月18日，第21页；第25号，1907年11月19日，第19—20页；第32号，1907年11月26日，第22页。

之。"①对于《日本宪法说明书》的宗旨，考察团有精准到位的把握，译书提要概括道："日本宪法之改良政体，国体益以尊崇，摧抑私权，君权愈以巩固，实熔铸欧美而成日本之特色。"②

除了穗积八束，其他日本官员、学者也向载泽团队灌输以尊崇君权为内核的"国体""政体"区分说。后来被派留在日本继续调查政治的唐宝锷曾就司法问题访问青浦子爵和斋藤博士，二人强调：

> 立宪政体、专制政体、君主国体、共和国体之分，不但其名异，而其实亦殊，此惟因主权之所在与主权之应用如何而为区别者。至主权之本体与国家统治权之本质，本无区别存于其间。彼主权者以其意思加限制于其无限之权力，而誓率由，宪法之规条者非加变更于统治权之本质，不过加制限于统治权行使之方法而已。③

曾参与起草宪法的金子坚太郎则是向载泽团队的随员戢翼翚解释了《明治宪法》以日本固有"国体"为基础：

> 盖构成日本宪法，以其形式及运用之方法言之，虽仿欧美之宪法，然宪政之精神骨髓必不可不以日本之国俗为根柢，于是用日本历史为构成宪法之基础，据日本二千五百年之政治机关，而应用欧美各国宪法之学说及运用之方法。质言之，即以日本之国体为基本，以欧美各国之宪法政治为辅助机关是也。④

---

① 穗积八束：《日本宪法说明书》，《政治官报》第32号，第21页。
② 考察政治大臣：《译书类提要·日本宪法疏证提要》，《政治官报》第1号，1907年10月26日，"译书类"，第19页。
③ 唐宝锷：《司法访问录》，《北洋法政学报》第143册，1910年7月，"编辑类"，第7—8页。
④ 戢翼翚：《日本立宪史略论》，《宪政杂志》第2号，1907年1月28日，"社论"，第55页。

伊藤博文同样介绍了日本保持主权在君改行立宪的经验。在载泽等人听完穗积八束的演讲后的第2天,伊藤博文来访,"以所著《皇室典范义解》《宪法义解》见赠,因谈宪法"。伊藤博文用英语发言,由柏锐口译,钱承鋕笔记。双方问答如下:

> 问:立宪当以法何国为宜?
>
> 答:各国宪政有二种,有君主立宪国,有民主立宪国。贵国数千年来为君主之国,主权在君而不在民,实与日本相同,似宜参用日本政体。
>
> 问:立宪后于君主国政体有无窒碍?
>
> 答:并无窒碍。贵国为君主国,主权必集于君主,不可旁落于臣民。日本宪法第三、四条,天皇神圣不可侵犯,天皇为国之元首,总揽统治权云云,即此意也。
>
> 问:君主立宪与专制有何区别?
>
> 答:君主立宪与专制不同之处,最紧要者,立宪国之法律,必经议会协参。宪法第五、六条,凡法律之制定、改正、废止三者,必经议会之议决,呈君主裁可,然后公布。非如专制国之法律,以君主一人之意见而定也。①

受穗积八束、伊藤博文的影响,载泽等人对日本的政治制度大加赞扬,在奏陈考察日本政治的情况时说:"大抵日本立国之方,公议共之臣民,政柄操之君上,民无不通之隐,君有独尊之权,其民俗有聪强勤朴之风,其治体有画一整齐之象。"②

---

① 载泽:《考察政治日记》,钟叔河主编:《走向世界丛书》,第579页。
② 《出洋考察政治大臣泽公等奏在东考察大略情形折》,《大公报》,1906年4月14日,"奏议"。

穗积八束等人尊崇君权的政治理论更直接影响了清廷的立宪取径。载泽、尚其亨回国后,对慈禧、光绪说:"立宪后君权当益尊尚,并有裁制议院之特权"①,"各立宪国不但不碍主权,且于主权更尊"②。针对一些官员声称立宪有损主权,载泽在《密陈大计请定立宪折》中信心满满地反驳说:"君主立宪大意在尊崇国体,巩固君权,并无损之可言。以日本宪法考之,证以伊藤侯爵之所指陈,穗积博士之所讲说,君主统治大权凡十七条。""凡国之内政、外交、军备、财政、赏罚、黜陟、生杀予夺以及操纵议会,君主皆有权以统治之,论其君权之完全严密,而无有丝毫下移,盖有过于中国者矣。"③

值得注意的是,端方、戴鸿慈虽然没有直接考察日本政治,但他们进呈的书籍和奏折也与日本有着密切的关系,其中《请定国是以安大计折》由梁启超捉刀代笔④,字里行间流露出来的还是日本的法政理论。此折写道:"盖世界政体厥有二端,一曰专制,一曰立宪。专制之国,任人而不任法,故其国易危,立宪之国,任法而不任人,故其国易安。"任法不任人,"不仅君主立宪政体为然也,即民主立宪政体亦然。所重者不在君主、民主之别,而在立宪与专制之别"。⑤梁启超离析君主、民主与专制、立宪为两个范畴,可能是受"国体""政体"区分说的影响,但他只说后者是"政体",未提及"国体"。"所重者不在君主、民主之别,而在立宪与专制之别"的立意,既是反对革命党人的民主共和主张,也是劝告清廷改行立宪政体。同样是主张变"政体"

---

① 《泽尚二大臣召见纪闻》,《大公报》,1906年7月30日,"要闻",第3版。
② 《枢密商订立宪期限》,《大公报》,1906年8月13日,"要闻",第3版。
③ 《泽公密陈大计请定立宪折》,《直隶教育杂志》第16期,1906年11月1日,"奏议",第2页。
④ 参见夏晓红:《梁启超代拟宪政折稿考》,陈平原主编:《现代中国》第11辑,北京:北京大学出版社2008年版。
⑤ 端方:《请定国是以安大计折》,《端忠敏公奏稿》卷六,沈云龙主编:《近代中国史料丛刊》第10辑(94),台北:文海出版社1967年版,第692、696页。

为立宪,梁启超看重的是由此发展民权,载泽等人则是从穗积八束的"国体""政体"区分说那里看到了立宪无损君权的希望。双方宗旨相去甚远,说明朝野之间从一开始就对立宪有着截然不同的理解和期许,这条无法逾越的鸿沟将伴随着立宪的逐步推进而渐趋明显,并持续引发激烈争论。

三、君权、民权之争与"国体""政体"的权衡

五大臣出洋归来,清廷终于下定决心,于1906年9月1日宣布"仿行宪政"。在此前后,立宪已成定局,各方各界转而集中讨论如何立宪等具体问题。受明治立宪经验的影响,"国体""政体"问题直接关系到如何结合国情重构权力体系,也越来越受国人重视,相应的纠葛随之凸显。

1905年6月至1906年1月,由曾经在日本学习法政的戢翼翚、杨廷栋主办的《大陆报》连载长篇社论《中国与立宪政治》,为即将开展而又"至难"的中国立宪问题献计献策,勾画改革蓝图。作者援用穗积八束一系的学说,批评"世间浅学者流,往往混同国体与政体,直认以为采用立宪政体,即如改为民主国体,或解民主国以为立宪政体",认为中、日同属"纯然君主国体"[①],"中国须取以为模范之政体,非在于民主国,或民权重之君主国特有之议院政治,而在于绝体君主国尚易实行之立宪政体"[②]。表面上看作者似乎推崇君权,其实恰好相反,他虽然不认可议院政体,却主张中国实行民权大的立宪政体。理由是:"帝王神权主义亦为中国人之所不认。至若日本民族忠爱其族长、君主及国体之思想,更非中国人民梦想所及矣。"中国传统政治观念以王道思想为基础,"王道以民为本位"[③]。因此,"中国采用君权大之立宪政

---

① 《中国与立宪政治》,《大陆报》第17号,1905年10月23日,"社说",第2—4页。
② 《中国与立宪政治》,《大陆报》第18号,1905年11月6日,"社说",第1—2页。
③ 《中国与立宪政治》,《大陆报》第22号,1906年1月4日,"社说",第1—3页。

治，不如民权大之君主立宪政治。换言之，则仿日本宪法之特色，大权委任之性质，不如仿欧洲诸国之君主立宪政，从古来之民本位说，而制定其宪法，略置限制于君主权力"①。

因着意于民权大的立宪政体，《中国与立宪政治》对日本君主国体推崇君权的特殊性高度警觉，竭力辨明中国政治思想的内核是民为本位，与日本忠爱君主的"国体"观念迥殊，明显不再强调君主国体与主权在君的关联。君主国体立宪政体的方案，重点不是"国体"，而是落实"政体"。

在清廷宣布"仿行宪政"之前，立宪已是大势所趋，很少有人敢直接反对立宪。江西道监察御史刘汝骥可以说是个异数。1906年1月，有感于"异说嚣张，是非糅杂"，刘汝骥奏请"明定国是，以正学术而遏乱萌"。他说："近今之政治家，其论国体也有三，曰君主，曰民主，曰君民共主。其论国政也亦有三，曰专制，曰立宪，或曰共和。"立宪"抑君权以张民权"，"欧洲百年前其君暴戾恣睢、残民以逞，其病盖中于专制，以立宪医之当也"。反观中国，官骄吏窳，兵疲民困，百孔千疮，病源在于君权不振，"何有于专，更何有于制"。而且，专制、立宪没有绝对的好坏之分。"专制恶谥也，乃德之卑士麦卒持其尊君权之义一摈奥于日耳曼之外，而联邦之伟业成立。立宪美名也，乃美之加弗林肯、法之路易十六卒以总统之尊授首于平民，为天下笑。"中国经典早有"民为邦本、君为司牧"的要义，足以证明"我国固立宪之祖国"。"我朝受命以来"，"集其成而光大之"，"不可谓非环球中宪法完全无缺之第一国也"，没有必要"舍我之宪法，以模仿彼之所谓宪法"。再说，日本富强并非立宪之功，而是因为"王室尊，则治内治外之法权自厘然有条而不紊"。

清季国人往往将君主、君民共主、民主对应为专制、立宪、共和，

---

① 《中国与立宪政治》，《大陆报》第22号，第5—6页。

刘汝骥则区别二者为"国体""国政"两个范畴。刘汝骥意识到,"国体""国政"差异背后涉及国家权力归属这一根本问题,所以他主张辨明"君权、民权之界限",坚定地给出自己的答案:"毋遽言立宪也,言君权而已。毋遽言君主、民主也,言君权、民权之比较而已。君者,积民之权以为权者也,故君为本位而民为动位。"①一言以蔽之,中国应重君权,无需立宪。

就公开言论来说,反对立宪的始终是少数,主流观点还是强调立宪既可以通下情,又不会减损君权。杨毓辉撰写、曾被多家报刊登载的《论君主立宪政体之性质》一文指出:"泰西国体,向分三种,曰满那弃者,君主为政之制,即今之专制而无宪法,若土若俄是也;曰德谟格拉时者(一名公产,又名合众),民主为政之制,即今之共和而立宪法,若法若美是也;曰巫理斯讬格拉时者,君民共主为政之制,即今之君主而立宪法,若德若英若义若奥若日是也。然专制之政体,下情或壅于上闻,而共和之政体,上轻而不免下重,均不能有利无弊。独以君主之国而行立宪之法,则主权不至旁落,下情不至壅塞,洵为尽美尽善之规。"君主立宪政体,"行政之权操自君,立法权亦君所有而分掌于议院,司法权尤君所出而分派于法官,是国权皆出于君主而于君权无损,其于人民之利益则又曲加体恤"。"立宪之君权有限",只是"限其法外之行为,而于治国之权、安民之权实仍一无所限,则是限之所在,正利于国,正利于君,然则谈立宪者,正不得以君权有限为病"②。

"满那弃""德谟格拉时""巫理斯讬格拉时"是严复对

---

① 刘汝骥:《立宪有害无利请定国是而遏乱萌》,中国第一历史档案馆、海峡两岸出版交流中心编:《清宫辛亥革命档案汇编》第2册,北京:九州出版社2011年版,第266—274、277—278页。

② 《论君主立宪政体之性质》,《东方杂志》第3年第4期,1906年5月18日,第81—83页。此文又载于《秦中官报》第5期,丙午年五月,第74—76页。

Monarchy/Democracy/Aristocracy的音译，即君主、民主、贵族政治。1897年10月，梁启超刊载在《时务报》第41册的《论君政民政相嬗之理》将它们称作"政制"。杨毓辉受到日本的"国体""政体"学说的影响后，用"国体"指称"满那弃""德谟格拉时""巫理斯讬格拉时"，并对应为专制（君主）、共和（民主）、君主立宪（君民共主）三种"政体"。杨毓辉笔下的"国体""政体"所指相同，他意识到不同的"国体""政体"之间蕴含着君权、民权程度的差异，所以才会竭力说明立宪无损君权。

不过，随着对立宪政治的认识渐趋深入，不少士民对以保守君权为前提的立宪产生怀疑。沈镜贤敏锐地察觉到，"近时朝议主张宪政者，大都近取日本，以规定君主大权为重"。他提醒人们，《明治宪法》虽然规定日本天皇总揽统治权，但同样明文指出，制定、改正、废止法律必经议会议决。"既有宪法，君与民共由于法律之中，君主大权已无复专制国之偏重。"革命党要求共和、完全削夺君权固然是"偏宕而不切事情"，主张立宪者偏重君权也不可取①。

考虑到清末朝野上下普遍认为中国、日本国情相近，试图仿效日本尊君立宪，沈镜贤的担忧和批评相当有道理，也切中了问题的关键，即到底要如何处理君权、民权竞争的紧张关系，才能妥洽调和各方复杂的政治诉求。这关系到立宪能否在中国真正落地生根。于是，政见不一、立场互异的各方人士纷纷各抒己见，试图影响立宪的路径。

刊载在《顺天时报》的《论立宪之根本主义》一文，在"吾国将采用文明各国之立宪制度"的背景下，从"国体""政体"比较的角度讨论"制定何种之宪法"的问题。文章指出，宪法分为君主钦定和国民协约两种。法、美"政体为民主共和"，宪法由国民协约。德国"国体实联合日耳曼三十六邦而成一帝国"，奉普鲁士国王为皇帝，宪法由各邦

---

① 《述古无重君权之大义》，《申报》，1906年8月26日，第2版。

协议而成，近似于国民协约。"比利时虽称立宪君主国，而代议政治之权固操自国民议会，经国会制定宪法，而后乃迎立国王，则其政体之基础实为民主主义，而其宪法之成立为国民协约之宪法，又莫须辨也。以外如西班牙，如德意志联邦中之普鲁士，均为立宪君主政治，然其制定宪法也，决不由君主之独断独裁，必咨询于国会，得其协赞然后可以见诸施行。则其宪法之成立，虽不全然为国民协约之宪法，而实非完全之钦定宪法也。"英国"国体称为君主立宪，而立宪政治之运用尤称美善焉"，其宪法也接近于由国民协约而成。

与欧美各国通过革命或"反抗政府"的方式实现立宪，宪法由国民协约大不相同，日本政府"容纳国民之希望"，主动立宪。"顾其国体，则为奉戴万世一系之皇统之帝国也，于制定宪法一事，固执君主钦定主义。""是以日本发布宪法之日，为君主立宪政体遂确然一定而不可移易。所谓日本国家之主权，存于万世一系之皇室，又分毫与从前无异。如日本者，奉戴万世一系之皇统，其国体之标然独别，求诸世界万国中，可谓有一而无偶。而此世界无偶之君主国，关于其国体毫无所变更，而竟以和平安易实行立宪制度，求诸世界万国立宪政体中，又可谓有一而无偶矣。"

日本政府主动立宪，钦定宪法，变"政体"丝毫不影响"国体"，主权仍存于万世一系的天皇，看似圆满无缺。不过，"中国国家之成立由来与日本有特异之点，国民之政治观念与宗教信仰又全然相反对"，中国不能完全效法日本。最重要的理由是："日本之历史，其所以教国民者，万世一系之皇统，即万世不易之主权，而中国历史则异是。日本之历史，其所以统治国民者，以五千万众之人民实为同种同血之一家族，而中国历史则异是。"如果政府只与王公大臣、封疆大吏私下筹议，不遍询公众，周咨绅董耆宿，就钦定宪法，公然违背"尧舜立国之精神"，无视"代朝革命之历史"，妄图"改创中国未曾有之国体"，国民恐怕无法恪遵①。

清廷宣布预备立宪后不久,傲霜窟陈人也在《大公报》上发表言论,指出中国没有日本那种君主万世一系、尊崇天皇的"国体",他警告:"中国君臣之关系与日本万世一系之国体自不同其原理,故统御之道一不得其宜,则祸将不测。"②

清末立宪面临的最大的难题,还是君权与民权的冲突。1906年10月初,韩梯云在《申报》上连载《立宪论》,直白地表达了这方面的担忧:"政体者,由主权者统治之方法而分,其间有种种差别。我国之立宪必为君主立宪固已,而君主立宪之与专制之别,以君权有限及君权无限为定衡。所虑者,君主或不肯捐弃权限,国民或至于要求过分,一有不合,而生龃龉焉,则宪法之根本动摇矣。"③

伴随着立宪逐步展开,从限制君权的角度解释立宪的言论明显增多。1906年12月,《广益丛报》第123号刊载的《论立宪国之精髓》明确说:"宪法有因国体而异者,即单一国家与复杂国家是也。单一国家之宪法,惟定三权之权限关系与君民之权限关系。复杂国家之宪法,则三权与君民之权限关系外,又有联邦各国与中央国家之权限关系。"但是,"立宪之精髓,其要在限制君权,此立宪各国所同然者"。因此,"养成国民自治之习惯与独立之精神,由立宪国之精髓以产出立宪国之宪法,而断不能藉寥寥数十条空文之宪法,以制出一国立宪之精髓。而其下手之方,要不过去君权无限之说,与地方以自治之特权"④。

有人运用穗积八束一系的"国体""政体"区分说论证立宪无损

---

① 《论立宪之根本主义》(录《顺天时报》),国家图书馆分馆编选:《(清末)时事采新汇选》第17册,北京:北京图书馆出版社2003年版,第8984—8989页。
② 傲霜窟陈人:《论立宪制度》,《大公报》1906年9月5日,"言论",第3版。
③ 《立宪论上》,《申报》,1906年10月3日,第2版。《直隶教育杂志》第16期(1906年11月1日)亦刊载此文。
④ 《论立宪国之精髓》,《广益丛报》第123号,1906年12月15日,"粹论",第1、3、5页。

君权，但仔细品味的话，可察觉出其重点不在于置重君权，而在于呼吁立宪。1907年1月，因老成持重者"认为主权所在，不可不保守"而阻挠立宪，振民专门撰写《立宪释疑》，从法理层面指出："所谓统治之大权者，虽政体各有殊别，而无论其为君主、为民主，此权皆有奉而专属之一人，于立宪固无与也。"又说："据法学家之所论，因统治权之所在而国体分，由统治权行动之形式而政体异。""国体至不一，而以特定一人，因其固有之权力而总揽国权，统治其国者，谓之君主国体。政体亦至不一，而以宪法为统治国家之大则，依所设国会、政府、裁判所之统治机关而行立法、司法、行政三大权者，谓之立宪政体。"日本"以君主国体而用立宪政体"，王权得以巩固，天皇益显尊荣。只要中国效法日本立宪，"于主权之本体固无所损，且益形其固"①。

值得注意的是，振民一方面说无论"政体"为君主或民主，统治权皆专属于一人，一方面又以统治权所在及其行使形式为标准区分"国体""政体"，前后观念矛盾。由此可见，时人往往混用多套"国体""政体"知识体系。

1906年，天津自治研究所编辑的《立宪纲要》第4章《述政体》写道：

> 国于环球者以百数，苟其具独立之资格，有平等之权力者，则必有一定之国体，或为君主，或为共和。因其国体之不同，遂有政体之区别。政体者，统治之权力动作于形式上者是也。统治权之所在各异，故其政体亦异。约分之，有三种焉。统治权之在于人民全体者谓之共和政体，在于数人者谓之寡人政体，在于一人者谓之君

---

① 振民：《立宪释疑》，《〈东方杂志〉临时增刊·宪政初纲》，上海：商务印书馆1907年版，第1—3页。

主政体。①

文章一开头先说君主、共和是"国体",指出"国体""政体"不同,定义"政体"为"统治之权力动作于形式",但紧接着又说"政体"因统治权所在的差异分为君主、寡人、共和三种,"政体"同时兼有统治权行使形式和统治权所在的双重内涵,"国体""政体"异同关系因此淆乱不清。

---

① 天津自治研究所编:《立宪纲要》,《〈东方杂志〉临时增刊·宪政初纲》,第5页。

第四章

多元的"国体""政体"学说与革命论战

由于清末推行新政急需大量法政人才,日本法政大学在1904年特设法政速成科,广收中国官绅学生。1905年,早稻田大学清国留学生部也开设政法理财科。伴随留日法政教育的兴起,异于君主主权派穗积八束一系的君主机关派学者笕克彦、小野塚喜平次、副岛义一、美浓部达吉等人的"国体""政体"理论输入中国,并在以汪精卫、梁启超为首的革命党与立宪派的革命论战中发挥着深远影响。

第一节 法政速成科与纷歧的"国体""政体"理论

一、输入渠道

1904年,留日学生已超过3000人,但学习普通科者居多,法政专门科者较少。原因在于,如果按照日本正常学制攻读法政科,往往需要先用几年时间学习日语,进入官立、私立学校后又要3—4年才能毕业,"非立志坚定者,鲜克见厥成功。即成矣,而其数必又居于最少"。此时,清廷推行新政亟需法律、行政、理财、外交等专门人才,驻日公使杨枢与法政大学总理梅谦次郎等人商议,决定"特设法政速成科",专教中国游学官绅①。

以速成为目标的法政科最初预定的修业年限为1年,分2个学期,后因课程多而时间不足,于1904年11月修改为1年半,增加1个学期。由于中国留学官绅学生普遍不通日语或日语水平较低,法政速成科的教学方式比较特殊,"每日讲义各教习以东语口授,而令通译人以华语传述之"。杨枢"又与各教习商允,将每日讲义以东文笔之于书,而令通译人译出汉文",编成《法政速成科讲义录》,分发学生阅读②。此外,一些法政速成科的学生也会将教师的讲义和上课内容编辑出版。

由于清廷预备立宪后对法政人才的需求倍增,留学有助于功名利禄,而且速成科学期短,对日文水平要求不高,法政速成科开办后异常热闹,东渡国人如过江之鲫。后来清廷意识到,"游学一途,虽不能过高其格,而根柢未完,遽令出洋,不惟耗财,且易滋弊",有意提高留学的条件,更规定"习法政、师范速成科者,除日本法政大学速成科第五班暂准送学外,嗣后概不咨送"③。法政速成科由此停办。

法政速成科先后总共开办了5个班和1期补习科,据统计,先后有1800余人来学,毕业者约1142人④。这5班入学及毕业的时间分别是1904年5月至1905年6月、1904年10月至1906年6月、1905年5月至1906年11月、1905年10月至1907年5月和1906年10、11月至1908年4月⑤。课程方面,法政速成科第1—3班设有法学通论、国法学等,1904年11月增加政

---

① 梅谦次郎:《清国留学生法政速成科设置趣意书》,法政大学大学史资料委员会编:《法政大学史资料集》第11集,东京:法政大学1988年版,第2页。

② 《出使日本大臣杨奏特设法政速成科学教授游学官绅以急先务而求实效折片》,《东方杂志》第2年第4期,1905年5月28日,"教育",第62—63页。

③ 《各省游学汇志》,《东方杂志》第3年第10期,1906年11月11日,"教育",第281页。

④ 翟海涛:《法政人与清末法制变革研究——以日本法政速成科为中心》,华东师范大学历史系博士学位论文,2012年,未刊。

⑤ 法政大学大学史资料委员会编:《法政大学史资料集》第11集,第5—9、91、115—116、264页。

治地理、政治学等科目。从1905年底起,速成科第4班、第5班分为法律部和政治部,课程也做出相应的调整,国法学被取消,法律、政治两部都有法学通论和宪法泛论,政治部另外开设政治地理、比较宪法和政治学等。至于师资,法政速成科所聘多为日本著名法政学者,如笕克彦、小野塚喜平次、美浓部达吉、清水澄等人。这些学者讲授相应的课程时,都根据各自的认识介绍了"国体""政体"学说。

二、笕克彦多样的"国体""政体"论述

笕克彦,1897年毕业于东京帝国大学法科大学,后留学德国,师从祁克(Otto Friedrich von Gierke)等人。1900年起在东京帝国大学任教,主讲行政法、宪法、法理学[①]。法政速成科开办后,笕克彦兼任讲师,先后教授国法学、宪法泛论,其讲义著作多有汉译本。《国法学》至少有8种:

1	《法政速成科讲义录》版	早稻田大学学生周宏业、方时翻译,《法政速成科讲义录》第1、6号刊载,出版时间为1905年2、6月,后无连载。
2	《法政粹编》版	罗杰编辑,为《法政粹编》第2种,1905年出版。译者未说明《国法学》原作者是谁,但其主体内容与其他中译本笕克彦《国法学》相近,书中也频频提及笕克彦。此书又掺入其他学者的观点。
3	《法政丛编》版	陈武编译,收入湖北法政编辑社1905年出版的《法政丛编》。[②]
4	上海商务印书馆版	陈时夏笔述,光绪三十三年仲春初版,同年仲秋再版。

---

① 唐荣智主编:《世界法学名人词典》,上海:立信会计出版社2002年版,第523页。
② 张晓编著:《近代汉译西学书目提要:明末至1919》,北京:北京大学出版社2012年版,第135页。

续表

5	《江苏法政学堂讲义》版	程起鹏编辑，编者在书中加入了有贺长雄、清水澄等人的学说。
6	《北洋法政学报》版	吴兴让译，1907年《北洋法政学报》第23—28、30—34、36、38期刊载。
7	《四川学报》版	杂志未说明作者、译者，由内容可判断为笕克彦的著作。1907年第5期《四川学报》（后改名《四川教育官报》）开始登载，至1908年第12期止，全书未译完。
8	《法政讲义》版	熊范舆译，收入《法政讲义》第1集第2册，丙午社发行，1908年初版，1911年再版。熊氏在《凡例》中称：本讲义为日本法学博士笕克彦氏所讲授，编者基于笔记，参以各大学同博士之讲义，间亦附以己意，略为解释，别之为附录，不使与本文相混。

《宪法泛论》，目前所见有2种：

1	《政法述义》版	成应琼、刘作霖译，收入《政法述义》丛书，政法学社1907年8月初版，长沙集成书社1913年再版。译者在《例言》特别提到：一、是书系日本法学博士笕克彦先生所口授，编者笔述而成，纯为一家言，不掺入他之学说。一、是书为先生最近讲本，与前所讲《法学通论》及《国法学》二书不免少有差异，阅者试比较参观，足以知学问研究之进步。
2	东华书局版	李家祥译，东华书局1907年出版。此书《例言》称：一、是书荟萃日本法学博士笕克彦先生之各种讲义编辑而成，于他氏之说概不掺入，以严体例。一、是书以博士在日本法政大学为吾国人所讲之国法学、宪法泛论等为编辑之根据，并参考博士在日本大学出版之《法学通论》《宪法总论》二书，择要译入，以期详备。

在《国法学》《宪法泛论》的译者中，周宏业、方时翻是法政速成科的翻译，罗杰是第1班毕业生，陈时夏、程起鹏、吴兴让、熊范舆为第2班，成应琼、刘作霖和李家祥是第4班[①]。他们翻译的方法，分为两

---

① 日本法政大学法政速成科各班毕业生名单，详见法政大学大学史资料委员会编：《法政大学史资料集》第11集，第136—159页。

种情况，一是纯粹依据笕克彦的著作翻译，二是同时引用其他学者的观点。受此影响，各种《国法学》《宪法泛论》的主体内容比较接近，但也带有详略互异、结构参差、表述多样的特征。以基本不掺入其他学者的论说的笕克彦著作为基础，综合不同版本近似的内容，充分比较各书相异之处，可以呈现笕克彦的"国体""政体"学说的基本内涵及其传入中国的复杂形态。

在笕克彦看来，国家由土地、人民和统治权（又称国权）三种要素构成，而且国家"基于此最高之人格，自己确认有此统治权"。所谓人格，指具备权利义务能力的主体，换言之，国家是统治权的主体，这也就是国家人格说。统治权是无形之物，必须通过有形的自然人来执行，"此自然人乃国家最高之机关，称为国权之总揽者"[①]。国权总揽者又可以称作国权掌握者，"总揽从法理上言，掌握从政治上言"[②]。事实上，多种《国法学》频繁使用"掌握"代替"总揽"，没有严格区分。

笕克彦根据国权总揽者的差异，区分"国体"为民权国、贵族国、君权国。笕克彦之所以使用民权国、君权国的概念，是因为他觉得民主国、君主国的表述容易让人误以为国民、君主是统治权的主体。在他看来，国民、君主"非国权之主体，不过掌握国权"。具体来说，民权国是人民直接总揽（掌握）国权，又或者是从平等的国民中组织机关，由此机关掌握国权，可以细分为直接民权国、间接民权国、兼有直接与间接的民权国、专制民权国和立宪民权国。贵族国是"国民中有门阀财力智德之阶级或人士，而掌握（总揽）国权"，有直接贵族国体、间接贵族国体、专制贵族国和立宪贵族国，如今已经不存在。贵族国、民权国合称共和国，"盖二者大致无甚区别，民权国者，亦非尽国民而掌握国权"。君权国"以一人为国权之代表掌握国权"，分为世袭君权国、选

[①] 笕克彦讲述，方时翻译：《国法学》，《法政速成科讲义录》第6号，1905年5月25日，第17—18页。

[②] 笕克彦讲述，陈时夏编辑：《国法学》，上海：商务印书馆1907年再版，第78页。

举君权国、专制君权国和立宪君权国,专制君权国包括绝对专制国(专横国)和普通专制国。笕克彦特别指出,有君主的国家未必就是君权国,"在民权国亦有君主之称号,如比利时民权国而有君主,法兰西为民权国时,而那破伦一世称皇帝是也"①。

值得注意的是,陈时夏译《国法学》介绍民权国后,有一段话专门讨论"国体与政体之区别":

> 权力有出于自然者,有出于人为者,而国体大抵主人为言,其范围狭,政体兼自然、人为二者,其范围广。国体系人为而定,故民权国之国体,法定国权在国会,从政体上言,则或国权在国会,或大统领、裁判所等。且其全国人民为政治上之原动力,国之人民非尽有国权也,或在政党,或在财产阶级,而所谓在于政党或财产者,即自然者也。自君主国言之,则法定国权在君主,其国体则君主国体,而观其政体,则或在国会、君主、裁判所,或在政党,或在阶级,又所谓自然者也。②

也就是说,"国体"因人为的、法定的国权所在而区分,"政体"因实际政治中自然形成的国权属于何者而区别。

程起鹏译《国法学》也有近似的论述,紧接着又说:

> 故单就政体以观国家者,犹不能知其国体也。盖国体者,论主权归于何人之手,自国家组织之形态区别之。而政体者论主权之作用,即在论主权如何为行使。国体者无变更之事,又不得而变更

---

① 笕克彦讲述,陈时夏编辑:《国法学》,第76—90页。
② 笕克彦讲述,陈时夏编辑:《国法学》,第81—82页。

之，政体者乃从时势之宜而发达者也。①

这种说法与穗积八束一系以主权、统治权所在及其行使形式为标准区分"国体""政体"的观念接近，也不见于其他人翻译的笕克彦著作。也就是说，程起鹏将两种不同的理论混为一谈，他对个中差异未必了解。

陈时夏、程起鹏、熊范舆三人翻译的《国法学》，阐释选举君权国时继续强调"国体""政体"之别，但表述不尽一致，分别如下：

> 选举君权国者，谓在选举中当选者方有君主之权利者也。其方法或从国民全体中选举，或阶级中选举，或直接与间接选举，其选举效力之所及，乃确定其创设变更机关之人之行为也。从选举君主观之，国体与政体之别自见。盖从政体上言，君主乃掌握政治上国权，自国体上言，君主为掌握法理上国权，即欲变更国之宪法，须君主定之也。②

> 且从选举君权国观之，又足以见政体与国体之区别。自政体言，君主自选举而定，似与共和国无异。自国体言，则国权归于君主者，被选举后即永为君主之资格，不如共和国之大统领，任满之后即退为人民之资格矣。③

> 国体与政体之区别，就选举君主国制度观之而益见，何者？选举君主之时，人民可随其意之所向，其权在民，此政体之关系也。然宪法之变更废止必由君主主之，其权又在君，此国体之关

---

① 笕克彦著，程起鹏译：《国法学》，林庆彰等主编：《晚清四部丛刊》第5编第37册，第614页。
② 笕克彦讲述，陈时夏编辑：《国法学》，第87页。
③ 笕克彦著，程起鹏译：《国法学》，林庆彰等主编：《晚清四部丛刊》第5编第37册，第619页。

系也。①

概括来说，程、熊译《国法学》认为，选举君权国从"国体"层面看，是君主掌握国权，从"政体"层面看，是国权在民。陈译《国法学》认为，选举君权国在"政体"上也是君主掌握国权。两相比较，前者更符合逻辑和文意，后者可能是误译。

罗杰编辑的《国法学》也出现"国体""政体"区分观念。书中《国权执掌之流别》一节说，各国有种种不同之处，"则政体必不能同一，政体既不能同一，国体又焉能同一哉。筧博士曰：国家之种别甚多，亚里士多得盖尝大别为三种，一公治国，二贵族国，三君权国"。这三种"国体"因国权掌执者的不同而区别。"自法理上言，君权、公治为国体；自政治上言，君权、公治为政体非国体。"一个国家的"国体""政体"不相一致，历史上不乏先例："拿破仑既即位之三年，变成终身大统领制度，又三年，其国体则为共和民权国，其政体则为共和君权国。自法理言之，以拿破仑一人专制之手段代表共和国，自事实上言之，拿破仑实为开明专制君主。"1830年，法国七月革命后，"其国体复变为民主国体，其政体为君主政体，其议会选举权一部分的，非全体的"②。

虽然"国体""政体"的涵盖范畴都是公治国、君权国等，但意义迥殊，"国体"与法理上何者掌握国权相关，"政体"与事实上何者掌握国权关联。筧克彦意识到国权总揽者存在名实背离的现象，所以特意辨析出"国体""政体"两个层面，从而更加严谨地区分国家类型。不过，《宪法泛论》仅根据国权总揽者（总揽机关、最高机关）构成的差

---

① 筧克彦著，熊范舆编辑：《国法学》，天津：丙午社1911年再版，第101页。
② 罗杰编辑：《国法学》，东京：并木活版所1905年版，第57—58、114—115页。

异类分"国体",未论及"政体"①。

除在东京帝国大学、日本法政大学任教外,笕克彦还是日本大学教师。1907年考入日本大学法律科的戴季陶曾受教于笕克彦②,他在1909年底至1910年初任教于江苏地方自治研究所,其间依据笕克彦的观点撰成讲义《宪法纲要》,文中也区分"国体""政体",但所用方法、标准不同:

> 国体与政体,皆国家根本的组织之发现状态也,即由根本的组织观察而得之国家体裁也。国体之区分,由国家总揽者之体裁而定,政体之区别,则由国家成立存在上必要之根本的组织之方法而定者也。如君主、民主之分,国体之区别也,专主、立宪、共合,政体之区别也。③

文章后面用君权国体、民权国体代替君主国体、民主国体,至于二者的定义及类型的细分,基本与《国法学》《宪法泛论》相同。由此可见,如何分类国家,因视角的差异,标准可以多样,"国体""政体"的意涵指称因之多变。

三、小野塚喜平次的"国体""政体"区分理论

法政速成科的政治学课程,由小野塚喜平次讲授。小野塚喜平次,1895年毕业于东京帝国大学法科大学政治科,后进入大学院深造,1897年赴德法留学,1901年回国后任教于东京帝国大学法科,同时担任政治

---

① 笕克彦述,成应琼、刘作霖译:《宪法泛论》,长沙:集成社1913年再版,第6、31—32页。
② 张玉萍:《留日时期的戴季陶——其日本观形成与留学经历的关系》,《江海学刊》2010年第2期。
③ 戴季陶:《宪法纲要》,唐文权、桑兵编:《戴季陶集(1909—1920)》,武汉:华中师范大学出版社1990年版,第7页。

学讲座教授,"成为日本政治学史上首位作为政治学专任教授的本国人"①。小野塚喜平次的讲义《政治学》在中国流传甚广,目前所见,至少有13种:

1	《法政丛编》版	杜光佑编辑,湖北法政编辑社发行,光绪三十一年七月初版,光绪三十二年九月增订再版。该书"例言"称:是编据日本法学博士小野塚喜平次先生口义,复参考《政治学大纲》及诸大家学说,务期与口义吻合,逐节解释,分类详明,庶令阅者一目了然。
2	《法政粹编》版	黄可权编辑,东京并木活版所印刷,1906年3月18日发行。
3	《北洋法政学报》版	吴兴让译,名《政治学大纲》,1906至1907年在《北洋法政学报》上连载,1906年出单行本。
4	《法政讲义》版	陈敬第编辑,光绪三十三年天津丙午社发行。该书"凡例"称:兹编为日本法学博士小野塚喜平次口授之讲义,更据同氏所著《政治学大纲》参证之,其他之增补,悉依同氏《帝国大学讲义》。
5	上海商务印书馆版	郑篯译,光绪丁未年三月初版,1913年7月7版。
6	《江苏法政学堂讲义》版	程起鹏译,名《政治学大纲》。程氏在光绪三十三年仲冬所写的序言中称此书"本德国大学教授耶里捏克之说,乃纯理与应用兼赅者"。其"凡例"又说:是编为日本法学博士小野塚喜平次所讲授,但博士讲授之时,时间短促,故于国家之分类一章略之,今依博士原刻讲义补译,以求完备。
7	《法政大学速成科讲义录》版	《讲义录》自第48号(1907年9月)起刊登法学士杉程次郎的《政治学》,至目前所见最后一期《讲义录》,即第52号仍有连载,全书未刊毕,无译者信息。是书与小野塚喜平次《政治学大纲》的章节十分接近,内容基本相同。检索日本国立国会图书馆所收明治时期图书,作者署名杉程次郎的书籍有1911年出版的《财政学》,是日本大学44年度法律科第3学年的讲义,没有与政治学相关的论著。《讲义录》载《政治学》的作者可能误植,实际应是小野塚喜平次。

---

① 孙宏云:《小野塚喜平次与中国现代政治学的形成》,《历史研究》2009年第4期。

续表

8	《政法述义》版	陈宗蕃、方承恩、罗超编辑,为《政法述义》之第4种,政法学社光绪三十四年十月发行。其"例言"称:是书译本,已经数见,兹特略变体例,以小野塚原著《政治学大纲》为纲,用同氏讲义为目,既避繁复,且期收互相阐发之效。
9	湖北地方自治研究社版	沈泽生编,湖北地方自治研究社1908年出版的《宪法》一书所附的"新付刊书目"载有该书简要信息。
10	《湖南法政学堂讲义》版	江陵曹履贞钞述。此书没有直接说明作者为何人,绪论是《美国博士巴尔基博之民族主义》,后面的章节、内容与其他中译本小野塚喜平次《政治学》相近。
11	《广东法政学堂校外讲义录》版	刊载于《广东法政学堂校外讲义录》第1—6册,宣统二年发行。原书没有说明著者、译者,由内容可判断是译自小野塚喜平次的著作。
12	杨毓麟译本	名《政治学大纲》,现收入《湖湘文库》的《杨毓麟集》。《游学译编》第10、11、13册载有杨君译小野塚喜平次《政治学》的广告,杨君应即杨毓麟。
13	《新民丛报》版	梁启超称:"《政治学大纲》留学界曾有译本,余未之见,惟同人名云有不慊之处,故怂恿余别译之。"所以他在《新民丛报》第74号节译小野塚喜平次《政治学大纲》的《国家之性质》一章,并加以注释、按语。

以上各种《政治学》的编译者,除前面已经提及的程起鹏、吴兴让外,曹履贞是法政速成科第1班毕业生,杜光佑、黄可权、陈敬第、郑篯是第2班,《广东法政学堂校外讲义录》所载《政治学》未标明译者,但在该校执教的金章、朱大符、叶夏声、曹受坤、张树枬、黎庆恩、陈融等人均毕业于第2班,《政治学》或由他们翻译[①],陈宗蕃、罗超是第4班毕业生,沈泽生毕业于第5班政治部,方承恩留学经历不详,杨毓麟留学于早稻田大学,只有梁启超没有留学背景。

各种《政治学》《政治学大纲》的章节、内容大同小异,但曹履贞、杜光佑、黄可权、吴兴让等人翻译的《政治学》没有《国家之分

---

① 孙宏云:《小野塚喜平次与中国现代政治学的形成》,《历史研究》2009年第4期。

类》一章,可能是因为小野塚喜平次课堂上没有讲授,各人也未从日文原著辑入。

从各种汉译《政治学》可以发现,小野塚喜平次认为,国家是"于一定之土地有统治组织之继续之人类社会","统治组织之中心点为统治权"[1]。国家可以根据不同的标准来分类,但"属于国家统治权之本质,常为同一也,故就统治权自身言之,不得分国家"。如果从其他方面观察,如"以领土之特质,国民之政治法制经济宗教社交特性等为标准,得分为无数国家"。其中,最有名且最重要的是以最高机关为标准分类国家[2]。所谓最高机关,指掌握统治权(尤其是立法权和宪法修正权)的运用的机关[3]。

小野塚喜平次进一步指出,以最高机关为标准区分国家,涉及两个方面,"一关于其组织,是为国体分类;二其作用之规定,换言之关于活动之形式,是谓政体分类"。就"国体"而言,"如占最高地位者为一人,则君主国体也,为二人以上,则共和国也"。共和国体包括贵族国体、民主国体,贵族国是"特别之少数人民以其为特权而专有政权",民主国"参政权为一般普通人民之所有"[4]。至于"政体","以有无宪法为区别之国家分类也"。国家机关依宪法而行动的是立宪政体;没有宪法,国家机关的行动出于专断,则是专制政体[5]。

在小野塚喜平次看来,区分"政体"比区分"国体"重要。一般来说,"国体"关系到"国家体样""国家构成","本为最要"。但从"国家发达之沿革上,及国家活动上、政治实势上"的角度来看,"政体"分类的重要性"宁可谓出于国体分类之上"。因为"政体"可以判

---

[1] 小野塚喜平次著,陈敬第编辑:《政治学》,天津:丙午社1907年版,第90、92页。
[2] 小野塚喜平次著,陈敬第编辑:《政治学》,第96—97页。
[3] 《政治学》,《法政速成科讲义录》第51号,1907年12月23日,第104页。
[4] 小野塚喜平次著,陈敬第编辑:《政治学》,第98、104—105页。
[5] 小野塚喜平次著,陈敬第编辑:《政治学》,第106页。

断政治的进化退化,"国体分类则不必然"。"挽近来政治上之趋势,非在国体变更,而在政体变更。"有时候,各国的政治政策、方针,与其说同一种"国体"有近似点,不如说同一种"政体"更有"多数之类似点"①。

小野塚喜平次相当重视"国体""政体"区分说。他批评一些学者开口执笔便用"国体""政体"等词,但"观念常不明确,盖以政治学发达尚幼稚,佳著绝鲜,以至于此"。②可见他对自己的"国体""政体"解释颇为自信。他还专门出题"国体与政体之区别如何",测试法政速成科学生③。

法政速成科政治地理课程教师野村浩一也向中国留学生传授与小野塚喜平次一样的"国体""政体"学说。他的讲义《政治地理》写道,国家分类"最著名且最重要者,莫如从国家之最高机关分类。其中以二者为主,一由其组织,称之国体上分类,一由其动作之形式,称之政体上分类"。"国体"有君主国、共和国(包括贵族国、民主国)之别,"政体"分为专制、立宪。不过,野村浩一的"国体""政体"区分意识绝非根深蒂固。《政治地理》第7节《政体之区别》说,"政体"有君主、共和二类,前者包括专制君主政体、立宪君主政体,后者包括贵族政体、民主政体,民主政体可以细分为专制民主政体、立宪民主政体④。同样是君主、共和政治,在"国体""政体"区分说中,是与"政体"相对的"国体",但同时又可以单独称作"政体",可见国家分类的标准并无定论。当然,对于初涉法政理论的中国留学生来说,也

---

① 小野塚喜平次著,陈敬第编辑:《政治学》,第105—106页。
② 杨毓麟.《政治学大纲》,饶怀民编:《杨毓麟集》,长沙:岳麓书社2008年版,第436页。
③ 《法政速成科试验问题》,法政大学大学史资料委员会编:《法政大学史资料集》第11集,第107页。
④ 野村浩一讲述,陆梦熊译:《政治地理》,《法政速成科讲义录》第1号,1905年2月5日,第6、8—9页。

容易增添他们对"国体""政体"异同的困惑。

四、美浓部达吉的"国体"分类法

美浓部达吉，1897年毕业于东京帝国大学法科大学政治学科，1899年起留学欧洲，深受德国学者耶利内克（Georg Jellinek）的影响，1902年回母校任教①。1905年底，法政速成科聘请美浓部达吉在政治部教授比较宪法，其论著讲义陆续被译介到中国，主要有以下3种：

1	《宪法讲义》	王运嘉、刘蕃合译，宪学社1907年出版。1908年10月2日《时报》首页所刊《宪法讲义》广告概括该书主旨称：本书为日本法学博士美浓部达吉所讲授，其所讲法理主国家人格说，至论国家之观念，谓非仅日本所特有之观念，而为今日世界国际团体之国家所共通之普通观念也。
2	《比较宪法》	至少有4种译本：（1）刘作霖译，收入1907年出版的《政法述义》。此书以美浓部达吉口授讲义为基础，"并参考其日本大学之《国法学讲义》（三十八年度）编辑而成"；（2）刘鸿翔译，《北洋法政学报》第59期（1908年4月）起连载，至1908年8月第73期止；（3）柴守愚译，《神州日报》介绍新书时曾提及此书；（4）张孝慈等编译，东京秀光社1907年版。②
3	《国法学》	至少有两种：（1）孙云奎译《国法学》，政治经济社发行，1906年9月出版的清水澄著、卢弼等译《宪法》后附有该书广告；（2）金泯澜译《国法学讲义》，上海商务印书馆1910年出版，译者毕业于日本大学法律高等专攻科，该书是美浓部达吉在日本大学法律科的讲义。

由于清末不少译著往往先登广告，后来未必真正出版，又或者是书籍发行量有限，柴守愚译《比较宪法》和孙云奎译《国法学》暂未获见。译者方面，孙云奎信息不详，王运嘉、刘鸿翔、刘作霖、柴守愚均毕业于法政速成科第4班，与王运嘉合译《宪法讲义》的刘蕃是第1班毕业生。这几种著作的写作时间接近，内容大体一致。

---

① 唐荣智主编：《世界法学名人词典》，第523—524页。
② 张晓编著：《近代汉译西学书目提要：明末至1919》，第134页。

美浓部达吉认为："国家系一团体，非仅由多数人之集合而已，必有其统一之方法焉，此之所谓权力，亦曰国权，又曰统治权。"[①]与当时不少日本法政学者混用统治权、主权不同，美浓部达吉特别辨析二者的差异。美浓部达吉指出，主权概念因法国学者查罢宕（Jean Bodin，今译让·博丹）而流行，他定义主权为不受法律约束和他人限制的最高权力，认为"惟国王有主权，封建诸侯非有主权者"。后来卢梭等人为了反对君主主权说，提出针锋相对的国民主权说。而在美浓部达吉看来，主权只是表明"国家之权力有不受国家以外他种权力之抑制之性质"，是"国家权力之一属性"。主权也不是国家必备要素，组成联邦制国家的各国，就没有"最高独立之权力，被支配于自己以上之他种权力之国家"。在他看来，人们使用主权概念，实际上包含了三种不同的意思，一是最高且独立的国家权力，二是国家最高机关的地位，三是统治权。为避免混淆不能同义使用的主权与统治权，美浓部达吉主张将主权改称为最高权[②]。

美浓部达吉仔细辨析主权与统治权的差别，甚至提出弃用内涵宽泛的主权概念，主要是因为一提起主权，人们便容易联想到君主主权说、国民主权说，将主权与"国家内何人有最高之权力"的问题联系起来。事实上，美浓部达吉反对君主主权说，提倡国家是统治权的主体，君主只是国家机关。他认为："国家者，唯一之固有权力之统治团体。"[③]在法律意义上，国家有人格，是法人："国家者，由多数之人格而成，国家既成之后，其自身别成一人格矣。凡由多数之人格而全体别成一人格者，称之曰'集合人格'。就法律上通语而言，自然人者，自然成

---

① 美浓部达吉著，刘作霖编：《比较宪法》，《政法述义》第3种，政法学社1907年版，第5页；美浓部达吉著，金泯澜译：《国法学讲义》，上海：商务印书馆1910年版，第5页。

② 美浓部达吉著，金泯澜译：《国法学讲义》，第75、77—80、85页。

③ 美浓部达吉著，刘作霖编：《比较宪法》，《政法述义》第3种，第6页。

一人格者也,自然人以外之人格,依法之拟制而成人格者,称之曰'法人'。国家者,即以集合人格而为一法人者也。"①

不过,国家虽"固有权力","自事实上观之,不得不赖自然人以行使其权力,如君主、大统领是"。君主、大统领"非固有其权力,乃代表国家之机关以行使之,是国权之主体仍属于国家也"②。

美浓部达吉专门批评视君主为统治权主体的观念。与一些学者引用《明治宪法》第1条主张"天皇为统治权之主体,而国家为统治权之客体"的观点针锋相对,美浓部达吉提出:"宪法第一条仅规定'日本国家之最高机关者天皇,天皇者万世一系'而已。"③对于有人认为"若以君主为国家之机关,则必害君主之尊严",美浓部达吉直接驳斥这不过是"漠然无意识之感情"④。

美浓部达吉指出,国家机关分为直接机关和间接机关,前者"直接由国家之构成法(即宪法)而定,其权限由他人所授与,对于他人不负服从之义务",后者"非直接依宪法而定,乃由直接机关之委任而授其权限"⑤。如果国权分属于两个以上的直接机关,则"必有一机关以为最高之机关",作为"国家本源活动之机关",统一国家的活动。比如说,在君主立宪国,君主、议会都是直接机关,但"决非绝对的立于对等之地位",议会的地位在君主之下,议会非由君主召集不得开会,"君主为国家唯一之最高机关"⑥。

值得注意的是,美浓部达吉不赞成国权唯一不可分,必须有一个机关总揽全部统治权的观点。在他看来,国权统一不是指全部权力统一集中在一个机关,"盖使各机关共同向一之目的而行统治权也"。若

---

① 美浓部达吉著,金泯澜译:《国法学讲义》,第17页。
② 美浓部达吉著,刘作霖编:《比较宪法》,《政法述义》第3种,第6页。
③ 美浓部达吉著,金泯澜译:《国法学讲义》,第10—11页。
④ 美浓部达吉著,金泯澜译:《国法学讲义》,第151页。
⑤ 美浓部达吉著,金泯澜译:《国法学讲义》,第95页。
⑥ 美浓部达吉著,刘作霖编:《比较宪法》,《政法述义》第3种,第10页。

"合一此多数机关之意思以成惟一之意思,方法完全,则亦何妨于国家意思之统一乎"。所以,最高机关未必掌握全部国权[①]。以立宪后的日本为例,君主未经议会协赞不能行使立法权,而议会的协赞权不是君主授与,"乃直接因国家之构成法而定之,故议会与君主可立于对等之地位"。由君主行使立法权须经议会协赞可以知道立法权不属于君主,君主也就不是掌握全部国权[②]。

在明确定义国家是统治权主体和最高机关的性质的基础上,美浓部达吉提出:"最高机关为国家活动之源泉,可以伸缩众机关之活动范围者也,因此机关之组织不同,故国体亦遂各异。"他区分"国体"为君主、共和两种,共和涵盖贵族、民主政治。君主国体与共和国体的区别,在于以一人还是以数人组织最高机关。按此定义,有的国家虽然有君主、皇帝,但由于国家最高机关是国民,所以应看作共和国。君主国体因君位是否世袭而分为世袭君主国与选举君主国,因君主是否受到限制而分为专制君主国与制限君主国,其中制限君主国又因制限方法的不同而分为封建国与立宪国。至于共和国体,包括"限于宪法所规定之少数人行使国家最高之权力"的寡人共和国,以特定贵族阶级总揽国家统治权的贵族共和国,以及国民全体为最高机关的民主共和国。"民主共和国,为近世共和国最普通者,故近世共和国之名,几为民主国所专有。""近世民主共和国之最重要者",分为直接民主国、代议民主国和有直接民主组织的代议民主国[③]。

---

① 美浓部达吉著,金泯澜译:《国法学讲义》,第95、100—101页。
② 美浓部达吉著,刘作霖编:《比较宪法》,《政法述义》第3种,第9页。
③ 刘鸿翔编:《比较宪法学》,《北洋法政学报》第59册,1908年4月,"编辑类",第7—12页;第60册,1908年4月,"编辑类",第13—20页。

第二节 "国体""政体"异同争议的症结

一、相互对立的分类标准

伴随着留日法政教育的蓬勃发展和国内对法政新知的迫切需求，日本纷繁复杂的"国体""政体"学说接踵而至，"国体""政体"是否有别、如何区分的争议及其症结逐渐呈现出来。

1906年，日本法政大学留学生李维翰将东京大学讲师市村光惠的著作《宪法要论》翻译成汉文，由普及书局出版[①]。市村光惠认为，国家统治权是"治者对于被治者有意思之强制力"，原则上是"一国中最高之力"，"原始的且不羁的"，又称国权或主权、最高权[②]。对于统治权的归属问题，市村光惠不赞同"以国家为统治权之主体"的观点，主张"统治之主体"是"国家内有固有权而行使统治权之统治者"[③]。与此相应，市村光惠以统治权所在为标准区别"国体"：

> 国体者，国家之种类也，故异其区别之标准，应其各种之分

[①] 叶瀚也曾翻译该书，1907年由京师书业公司、保定官书局、上海科学会社联合发行。《〈宪法要论〉出版》，《大公报》，1907年3月5日。

[②] 市村光惠著，井上密论评，李维翰译，黄宗麟校：《宪法要论》，上海：普及书局1906年版，第6、8—9页。市村光惠指出，将统治权、国权直接等同为主权、最高权，并当作国家要素，主要是就单一国而言，若用此观念解释美国、瑞士、德国等联合国家，则颇有窒碍。因为一旦承认主权是国家必备要素，则会面临两难的困境，如果主张组成联合国家的各国有主权，则不得不否认"联合国之国家性"。如果认为联合国是国家，"则各支分国无主权，故非国家，只可谓地方自治体而已"，但在"国际法上、国法上，无论联合国与各支分国，皆有国家之行动"。针对这一难题，市村光惠解释："单一国家者，完全的国家，联合国家者，不具国家也。"

[③] 市村光惠著，井上密论评，李维翰译，黄宗麟校：《宪法要论》，第20、24页。

类。然兹所称国体者，以一国内统治权在何人之手之点区别之谓也，即基于主权者之区别，区别国体之种类也。

因统治权有属于一人、少数人、国民团体之别，"国体"分为君主国、贵族国、民主国。

"政体"是"统治权行使之形式"，以统治权的作用有无"独立意思机关之参照"为标准，分为专制、立宪两类。"政体之区别，基于国权之行用，故与国体之区别不矛盾。无论君主国、民主国、贵族国，得有立宪、专制政体之分。"[1]

值得注意的是，虽然市村光惠和穗积八束都主张君主是统治权主体，但具体观念仍有差异。穗积八束认为："国家者，主权，即统治权之主体也"，又说"天皇为主权之主体"，主张"君主即国家"。市村光惠反驳道：

> 以国家解作统治权之主体，则君主者，国家之机关也。君主为统治之主体，则国家非统治之主体也。国家与君主二个统治主体同时并存，则矛盾之说也。故其断案，君主即国家，亦隔于矛盾之说。[2]

市村光惠批评"君主即国家"、国家是统治权主体的说法，是为了避免因国家是统治权主体而引发君主是国家机关的观念，从而坚定天皇是统治权主体的观点。

另一位日本法政学者清水澄也反对国家是统治权主体，君主是国家机关的观点，并基于此提出"国体""政体"区分说。其论著在清末流

---

[1] 市村光惠著，井上密论评，李维翰译，黄宗麟校：《宪法要论》，第42—44页。
[2] 市村光惠著，井上密论评，李维翰译，黄宗麟校：《宪法要论》，第29—30页。

传甚广。1906年，曾在早稻田大学师从清水澄的卢弼、黄炳言以其著作《宪法篇》和授课讲义为底本，编译成《宪法》一书，由政治经济社出版。《法政速成科讲义录》第41—46号连载了清水澄著、俞亮公译《宪法》。就读于法政速成科第5班法律部的朱德权、陈登山同时在法政大学兼修地方自治讲习科，清水澄是该科教师，二人将其讲义编译成《宪法》，1908年4月由湖北地方自治研究社出版。1908年，上海商务印书馆出版何燏时、汪精卫等人编译的《法制经济通论》，其中节译了清水澄《宪法》的部分章节。

清水澄认为，国家是"权力之结果"，非统治权主体，"有君主统治权之作用，而后始成国家，是权力之主体为君主，而非国家也"。故国家"无公法上之人格"①。因此，他区分"国体""政体"的标准是："国体者视其权力之所在而定，政体者视其施政之方法而异。"②

中国留学生对清水澄的著作评价颇高，而且意识到他的观点与美浓部达吉、笕克彦等人不同。卢弼、黄炳言认为："清水氏学说非民权说，亦非极端君权说，有参互折衷之美，无偏重畸轻之弊，为日本宪法书中最善之本。"③朱德权、陈登山指出，清水澄"专就日本国体为论究，不好为过高之论"。又说："法律之学首重论理，况宪法为国家根本之法，取法尤贵向上，宁可因其程度不及，过事迁就。日本宪法大家如美浓部达吉、笕克彦诸博士近时著书即渐呈如是之倾向，一时学者欢迎，几于压倒元白。然陈义甚高，置之吾国社会中，或反不伦不类。编者于此亦即不愿阑入，以溷一先生之学说，而淆吾国人之耳目。盖是编专以普及吾国中流社会为目的，故取其切实易行，不复以高文奥义相矜。"④

---

① 清水澄著，卢弼、黄炳言译：《宪法》，政治经济社1906年第3版，第5、7页。
② 清水澄：《宪法》，户水宽人等著，何燏时等译述：《法制经济通论》第一卷第二编，上海：商务印书馆1909年第3版，第1页。
③ 清水澄著，卢弼、黄炳言译：《宪法》，"例言"，第1页。
④ 清水澄讲述，朱德权、陈登山译：《宪法》，湖北地方自治研究社1908年版，"例言"，第1页。

不同学者在统治权主体这一关键问题上的认知分歧，直接产生了相互对立的"国体""政体"分类理论。副岛义一极力提倡基于国家人格说区分"国体""政体"。副岛义一，1894年毕业于东京帝国大学法科大学德法科，后在东京专门学校（早稻田大学）任教，1902年入读德国柏林大学，专攻宪法、行政法，回国后继续在早稻田大学主讲宪法和行政法[①]。

国人较早就注意到副岛义一的著作。庚子事变后，有留日学生提出："各国多有政治专门学校，校师博采东西政治家言，演为讲义，教授生徒，是以人才蔚起，政治修明，国势因之强盛。今朝廷变法伊始，百度更张，政治一门，尤为当务之急。创立学堂，事非易举。因集同志先取各国政治学校教授之书，译印成编，仍名《政治学讲义录》，科目、学期略如学堂之例，俾读者得以专心肄业，从容研究，培成有用之材，上佐国家文明之治。"《政治学讲义录》所列科目，与早稻田大学的课程十分相似，其中有副岛义一的《宪法论》[②]。此计划似乎未真正付诸实行。到了1903年，副岛义一的学说被留日学生节译收入《新编国家学》。后来，早稻田大学设立"教授日本语、普通各学、政法理财学以及师范教育与实业教育"的清国留学生部[③]，这进一步促进了副岛义一的学说在中国的传播。

副岛义一的著作，一直到1911年才有全译本，即曾在早稻田大学修读宪法课程的曾有澜、潘学海合译的《日本帝国宪法论》。在译者看来，一些日本学者研究宪法，往往"拘于日本之国体"，不能自圆其说。副岛义一的《日本帝国宪法论》"独置重于法理"，不主张绝对的

[①] 彭时编：《世界法家人名录》，上海：商务印书馆1936年版，第105页。

[②] 《政治学讲义录简明章程》，《选报》第18期，1902年6月6日，"文学小史"，第23页。

[③] 《日本早稻田大学中国留学生章程纪要》，《教育世界》第101号，1905年6月，"文牍"，第2页。

君权说或民权说，折中平衡，立论平允，是日本最好的宪法著作①。在早稻田大学留学的宋教仁也称赞《日本帝国宪法论》："副岛氏为东方法学巨子，曾游学德意志，专究公法。此书即其居德时所成者，大抵根据国家人格说，以阐论日本宪法之精义，引证该博，说理缜密，虽间有曲为日本辩护之处，然要足为法学上精深博大之作。"对于曾、潘的翻译，则有所批评，认为"译文通达明顺，惟往往有误译处"，前10页即有3处明显错误，"其他似此者当不鲜"②。

正如宋教仁所注意到的，副岛义一主张："领土团体之国家有人格，特为统治权之主格。"③他认为这种理论符合日本国情，并解释说，日本起源于家族制度，皇室与人民是以宗族与支族的关系组织团体，团体次第扩张后形成国家，皇室代国家团体行使统治权，"国权之主体为国家"④。

副岛义一接着解释，统治权为"命令禁令强制之权利，即意思之力"，"国家之意思由国家之总机关而发表"⑤。国家总机关统辖其他各机关，又叫做国权总揽者、主直接机关。国家机关分为直接、间接两种，前者有主直接机关、副直接机关之别。主直接机关"于主地位行统治权，且不依于他机关之行为而直接存在并得为其作用"，如君主。副直接机关"惟参与行使主机关之命令权，且其机关之实际存在虽依于他机关之行为，然其作用之权限，在各个场合，非由他机关所委任，乃法律上直接有其权限"，如议会⑥。

---

① 副岛义一著，曾有澜、潘学海译：《日本帝国宪法论》，东京：秀光舍1911年版，"例言"，第1页。
② 宋教仁：《新刊批评》，郭汉民编：《宋教仁集》第1册，长沙：湖南人民出版社2008年版，第341页。
③ 副岛义一著，曾有澜、潘学海译：《日本帝国宪法论》，第7页。
④ 副岛义一著，曾有澜、潘学海译：《日本帝国宪法论》，第15—16页。
⑤ 副岛义一著，曾有澜、潘学海译：《日本帝国宪法论》，第57—58页。
⑥ 副岛义一著，曾有澜、潘学海译：《日本帝国宪法论》，第94页。

基于国家是统治权主体、君主只是总揽国权的国家机关的观念,副岛义一阐述"国体""政体"的区别。"国家最高机关,即主权者之组织,因其国而不能一致,于是国体生多数之种类。国体云者,即主权者组织之形体之谓也。主权者云者,国家之最高机关也,即国权之总揽者也。""国体"有3种:一,君主国,"某一自然人为其固有之权利,当然践国家最高机关之地位";二,共和国,"以依多数人之直接会合及其选举所组织之合议体为国家之最高机关"。因参与政治的人民有无特定的阶级限制,共和国细分为贵族国和民主国;三,混合国,"非纯然君主制国,又非纯然共和制国,而混合此两制度之元素"。"政体"是"国权总揽者之作用之形体",因最高机关"作用之形式之异而立",以"最高机关与他机关共分掌国权之作用与否"为标准,分为专制、立宪二类①。

在副岛义一看来,区分专制与立宪在君主国尤为必要。在君主专制政体下,君主单独行使国权,不与他人分掌。相反,在君主立宪政体下,"君主欲发表某范围内之国家意思,苟不依于他机关或受他机关之限制,则不得发表有效之国家意思"。这是"解释各君主国宪法尤为必要之根本的区别点"②。副岛义一强调,天皇是"国家最高机关""主直接机关"③,在立宪政体下须受其他机关的限制,明显反对天皇是主权、统治权主体的观念,不主张过度推崇君权④。

明治时期,从总揽统治权的最高机关及其行使统治权的形式的角度区分"国体""政体"的日本学者并不少见,上杉慎吉也是其中一员。上杉慎吉,1903年毕业于东京帝国大学法科大学政治学科,留校任教,

---

① 副岛义一著,曾有澜、潘学海译:《日本帝国宪法论》,第64—66、73页。
② 副岛义一著,曾有澜、潘学海译:《日本帝国宪法论》,第75页。
③ 副岛义一著,曾有澜、潘学海译:《日本帝国宪法论》,第116页。
④ 副岛义一著,曾有澜、潘学海译:《日本帝国宪法论》,第63页。

后赴德国留学,回国任东京帝国大学教授,讲授宪法①。1906年12月,日本东京东亚公司、有斐阁面向中国读者出版上杉慎吉著、铃木虎雄译《比较各国宪法论》。

上杉慎吉区分"国体""政体"说:

> 统治权之总揽者,在于何地,随国相异,于是有国体之别。统治权之总揽者,组织之法有二:曰以唯一自然人者,曰以二人以上自然人者是也。而其以二人以上自然人者,亦分两种,一则合议体者,一则共同团体者是也。组织以唯一自然人者,谓之君主国体。其非君主国体者(即两种者),吾暂名之共和国体。然共和国体之中,其称共同团体者,其为唯一独立之人格,则与唯一自然人无异,而组织之实体,固非一个自然人也,其所以异于君主国体者,洵存乎斯组织之实体耳。吾故共同团体者与合议体者,并称之共和国体。
>
> 统治权之总揽者,其行使统治权之方法与形式,各国未有所一定,统治权之性质乃使然尔。行使之方法与形式,随国相异,政体之别,于是乎生。政体国体,二者之别,不可不知。吾请说之。国体,其事关于国家根本组织之问题者也。……政体,其事关于行使统治权之方法形式者也,与国家组织之基础,无所相关也。行使统治权之方法形式,虽如何定之,而国家组织遂不为此解,国家人格不为此失,政体虽变更,而国家不为此亦更新。故政体者,非国家存立之要件也。
>
> 国体,谓国家构成之基础之状态也。政体,谓行使统治权之方法形式也。国体不可变更,变更之则国家自己更新。政体不妨随意变更,变更之,国家之存在,寸毫不动。

---

① 唐荣智主编:《世界法学名人词典》,第697页。

君主（即统治权之总揽者）之定政体，不一其法，而其法属特定之系统者，谓之立宪政体。……此余君主随意所定之政体，概称之专制政体。①

上杉慎吉的"国体""政体"区分理论与副岛义一大同小异，但他特别强调日本"国体"的特殊性，在这方面反而更接近于持君主主权说的穗积八束。上杉慎吉指出：

君主国体，其最纯粹者，为日本帝国。日本帝国统治权之总揽者，唯是天皇一人耳。帝国宪法法典，宣明其义，文字炳焉，其辞曰："大日本帝国，万世一系之天皇统治之，天皇总揽统治之权。"可见统治权天皇一人之所综宗，无或分有斯权者。国家之活动，发源于天皇，无天皇，则统治权失其所由出，国家亦亡。天皇，国家之至高机关，位居一切国家机关上，于一切国家之意思，有至高最终之决定力。

大日本帝国，名实并为君主国体。是与彼名为君主，而实为共和国大统领，若为国家官吏之一员者，夐然有别。虽有君主、皇帝、国王等名，其国亦称帝国，若王国，而其统治权之总揽者是人民全体，否则人民代表者之团体，君主不过受之委任而统治焉。如此者，其国体，共和国体而已，而不能以为君主国体也。今之所说者，非发于礼义尊称之论，依据法理，严正说明，焉得以名称蔽其实哉。君主如彼者，世袭之大统领耳，自己以外别有统治权之总揽者在，是受其命令委任而行使斯权之官吏耳。日本天皇则异于之，为统治权之总揽者之实，其所固有焉。②

---

① 上杉慎吉著，铃木虎雄译：《比较各国宪法论》，东京：东亚公司、有斐阁1906年版，第29—30、34—36页。

② 上杉慎吉著，铃木虎雄译：《比较各国宪法论》，第87—88页。

上杉慎吉特别说明日本名实上都是君主国体的说法不是出于"礼义尊称",从侧面反映出他对日本是君主国体的解释,客观上带有尊崇天皇的色彩。

与此相关,上杉慎吉还专门说明日本实行立宪政体没有改变天皇总揽统治权的"国体":

> 日本帝国,其君主即是天皇。宪法云:"大日本帝国,万世一系天皇统治之。"又云:"天皇,国之元首,总揽统治之权。"日本开辟以降,千古国体乃然。天皇,国家活动之源泉,一切统治之意思,尽出于天皇。明治二十二年,日本颁布宪法法典,是其精神欲以范式于近世欧美立宪政体。自此以后,置帝国议会,以参与立法之事务;置裁判所,所以施行司法之事务;天皇亲裁之政务,亦有所划定。是非以此而一变其君主国体,非以此而分割统治之权,且最非以此夺取天皇为国家机关全体之地位也。①

二、症结所在:统治权的主体

梳理明治时期日本各家各派的"国体""政体"学说,可以发现其主旨都是如何解释《明治宪法》,特别是"天皇总揽统治权"的条文。这一潮流,肇端于穗积八束援引那特硁的"国体""政体"区分说,将"天皇总揽统治权"解读为日本实行立宪政体后仍是主权在君的君主国体,从法理上凸显天皇至高无上的权力地位。穗积八束提倡的"国体""政体"区分理论,在欧美众多的国家类型学说中只是其中一种,传入日本后,因为契合明治政府以天皇总揽统治权之"体"行立宪政治之"用"的理念,迅速成为官方认可的流行观念。

---

① 上杉慎吉著,铃木虎雄译:《比较各国宪法论》,第108—109页。

在穗积八束采用"国体""政体"区分理论解读《明治宪法》后,"国体""政体"学说在日本的传播和发展出现两个重要的转折:一,原本更多属于学理层面的"国体""政体"分类知识与现实政治,也就是对《明治宪法》以及日本政制的诠释紧密关联;二,"国体""政体"理论的主题变成如何说明天皇与立宪的关系,由此产生的争议相应地表现为聚讼纷纭的"国体""政体"异同问题。从19世纪90年代末起,持不同意见的日本法政学者逐渐分成天皇主体派和天皇机关派:

> 日本宪法学者向分两大派。一为天皇主体派,前数年穗积八束博士为此派首领,清水澄博士、上杉慎吉博士、井上友一博士、野村浩浩治学士等属之。去年穗积博士故后,上杉氏倡导最力,凡所论着〔著〕,专一发挥斯旨,故近来斯派学说惹全国人注目者,亦以上杉为最。盖此派学说甚旧,一班新学者多厌弃之。一为天皇机关派,前原为一木喜德郎博士所倡导,近数年来,美浓部达吉博士游德归国,后遂斩然见头角,故现在美浓部博士实为此派首领,而副岛义一博士、筧克彦博士、立庄俊吉学士等皆其骁将。市村光惠数年前原属穗积派,至前年游德归国,亦遂易其论调,与美浓部并席而居焉。此两派区分之大略也。[①]

双方根本的分歧在于如何解释天皇总揽统治权、定义统治权主体。前者认为,天皇是统治权主体,主张区分"国体""政体","国体"因统治权所在而异,"政体"因统治权行使形式的差异而别。后者认为,国家是统治权主体,天皇、国民都只是掌握国权的国家机关,主张从最高机关的差异类分国家,对于"国体""政体"是否有别、如何区

[①] 《日本宪法学派最近趋势》,《宪法新闻》第8册,1913年6月1日,李贵连主编:《民国北京政府制宪史料二编》第3册,北京:线装书局2008年版,第105—106页。

分,则多有异见。

"国体""政体"异同问题背后潜藏的主权、统治权归属的争议,伴随着日本法政论著的持续译介,进一步为国人所了解。1908年2月,北京大学留日学生编辑的《学海》杂志刊载的陈治安译《国体与政体之区别》,清楚地揭示了"国体""政体"区分说与日本天皇总揽统治权的特殊国情的密切关系。

文章明确主张以主权、统治权所在及其行使形式为标准区分"国体""政体":"国体者,主权所在之意。国体之别,即统治权所在之别也。政体者,统治权行动之形式,而非统治权所在之问题。国体与政体,其形相似,而实不相同。""国体"主要有君主国体和民主国体,前者主权在君,后者主权在民。"政体"分为专制、立宪,"专制政体,其精神在合立法、司法、行政之三权而统之于一人之手;立宪政体,其精神在乎三权之分立,不可以一人而独专此三者"。

在坚定的"国体""政体"区分观念下,作者反驳"统治主权在于国家,各国之所皆同者也,各国之所异者,非国体也,政体而已"的说法,认为主权在国只是指主权是国家必备要素,"据是则主权在国之说,国家之问题,非国体之问题也。而主权存于国家之何处,则别有说在"。简单来说,"君主国之主权,在乎国家中之君主,民主国之主权,在于国家中之国民"。"岂得以主权在国之语,而谓天下之国,遂无国体之区别耶。"

有人认为,国家是有权利、义务的法律主体,具有人格,是法人,主张"君主国也,民主国也,皆尝见于历史,而不可行之于今之世者也,今日之时代,法人国家之时代,本无民主、君主之分","反对国体之区别"。作者反驳:"君主国体之国,有人格,民主国体之国,亦有人格,人格者,君主、民主之所同,而君主之国,主权在君,民主之国,主权在民,主权之所在,君主、民主之所异。据是,则国家人格论与国体区别论,毫无矛盾于其间者,亦明甚矣。""一言以蔽之,国家法人说者,盖指国家之性质而论,原无涉于吾之国体论也。"

文章汲汲于辩明:"主权之所在,不外乎国民之确信,而国民之确信,原因于历史之结果,是则主权之所在,非定于法律,而决于历史者也。""国体之问题,一历史之问题也,其历史之沿革各殊,即主权之所属自异。""日本帝国,君主国体之最纯粹者也。""其所以为君主国体者,非以法律定之,盖自其立国数千年以至于今日,其民族之祖先及其子孙,皆确信统治此国之权力,在乎万世一系之皇位,是故虽谓日本之主权,在乎皇帝可也,此其所以为纯粹之君主国体也。"

与日本是纯粹的君主国体不同,"今日之欧洲之君主制度,其发达自中世之诸侯而来,故其名虽曰君主,而其实古代之民主精神,犹未艾也。若法、若美、若瑞西者,共和民主之义,皆表白于天下,固无论已。即所谓立宪君主国者,大半以民主主义为其宪法之精神。比利时者,立宪君主也,彼州人士,所称赞为宪法模范之邦者也,而主权在民之一语,大书特书于宪法之中。大英帝国,宪法之母也,若但自外貌以观之,则君位之尊严,与东方或无稍异,若自法理以论之,则其国权之主体亦不在君而在民。无他,彼土之历史,与东洋之历史之不同使然耳。然则彼之所谓君主国体,名而已矣,其实则与民主国体大同小异者也。"

按照以主权所在区分"国体"的理论,作者认为:"是则欧洲列邦之所异者,政体而已,非国体也,主权在民,欧州列邦国体之所同也。"甚至声称:"是故于欧洲各国之国法论中,不必强为国体之区别,而于德法之所作中,亦未闻有歧政体与国体而为二者。"而在他看来,"国体""政体"有别,尤其是对于日本来说,必须区分"国体""政体",才能把握日本宪法的精神:

若我东洋诸国,其历史既与彼殊,而国家之沿革亦与彼异,今若以东西洋之国法之思想而互相比较,以考究其命意之所在,则于政体论之外，而国体论犹为必要焉。是以欲知日本宪法之精神者，不可以政体与国体混为一义，而要在于划清此二者之界说以解释之，辨明之者，职是故耳。①

结合欧美国家类型学说的发展历史，不难发现欧美都是民主国体、不区分"国体""政体"的说法并不符合实情。日本学者之所以极力区分"国体""政体"，明显是为了说明日本立宪后天皇仍是统治权所在。

正因为"国体""政体"区分说与尊崇君权的意识紧密关联，一些民权派学者明确反对区分"国体""政体"。其中，美浓部达吉的观点和立场最鲜明。美浓部达吉有意混同"国体""政体"，甚至更倾向于仅使用"政体"分类法。他在《宪法学原理》一书中指出，"国家的统治组织"有君主、民主、联邦等类型，"此种区别，以什么名称来称他，单为名称的问题，并非足以置重的问题。我打算称之为政体的区别（西洋普通以Form of State, Forme de l'Etat, Staatsform称之）。于这种意味，所谓政体，与所谓统治组织完全同意义。然或称之为国体的区别，亦单为名称的问题，没有应强烈反对的理由。（唯因国体一语，如后面所述，以用于完全不同的意味为惯例，故若以之用于统治组织的意义，则必要与之区别，而不使混同，是为至要。）"

对于"穗积博士所热心主张，清水、副岛、筧、市村、上杉等诸氏，大体皆与之同意"，并视作"宪法上最重要的根本原理"的"国体""政体"区分理论，美浓部达吉认为"含有重大的谬误，或者前后互相矛盾"。其实，副岛义一等人的"国体""政体"区分观念与穗积八束一脉明显不同，但由于他们都表达了君主国体是君主总揽统治权的

---

① 陈治安：《国体与政体之区别》，《学海（甲编）》第1号，1908年2月29日，"法律学界"，第1—5、8—10、12页。

观点，美浓部达吉还是视互异的两方为一体，加以批驳：

> 许多论者之所谓国体的区别与政体的区别，皆为国家组织的区别，决非为不同性质的区别。所谓国体的区别，即是政体的区别。且此等之所谓国体论，往往虽于立宪政体之下，亦尚用主张国家统治的全权无制限的属于君主的论据，以蹂躏宪法的大义，而带鼓吹专制政治的思想，这种观念，有强烈的排斥之的必要。①

美浓部达吉的这番话，既表明了他反对区分"国体""政体"的缘由，也揭示了日本近代以来的"国体""政体"异同争议，从根本上来说是尊君权与重民权两条路线的竞争，是日本天皇制与西方立宪制的纠缠在学理上的反映。而随着清末以日为师仿行立宪的实践逐步展开，中国的"国体""政体"纠葛也日益凸显。

第三节　革命论战与"国体""政体"之争

一、汪、梁激辩：改"政体"须先变"国体"

清廷派遣官员出洋考察政治后不久，1905年8月20日，以孙中山为首的革命党在日本东京正式成立同盟会，10月发行机关刊物《民报》。此时革命党不仅要号召国人推翻清政权，建立共和国，更要与君主立宪的政治主张竞争。在此背景下，1905—1907年间，以汪精卫为代表的《民报》与由梁启超主笔的《新民丛报》进行了一场针锋相

---

① 美浓部达吉著，欧宗祐、何作霖译：《宪法学原理》，第271—272、274、276—277页。

对的革命论战[1]。

在1905年汪精卫、梁启超展开论战之前，章太炎、康有为已曾就革命民主与保皇立宪何者适合中国进行过针锋相对的辩论。1902年5月，因梁启超等人附从孙中山倡言革命，震怒之下的康有为除直接申斥弟子外，又撰写《答南北美洲诸华商论中国只可行立宪不能行革命书》，试图消弭逐渐蔓延的排满风气。康有为将"君主专制、立宪、民主三法"对应"据乱、升平、太平三世"，认为中国应循序从君主专制过渡到君主立宪，不可革命[2]。针对康氏"力主立宪以摧革命之萌芽"，章太炎于1903年5月在《驳康有为论革命书》中指出，满人"怵惕于汉人"，将来立宪，可否决下院议案的上院由皇族、贵族、高僧组成，"议权仍不在汉人"[3]。言下之意，只有革命才能真正实现民权。

章、康虽已使用立宪、民主等概念，并对相应的政治理念和制度有所阐述，但稍显疏阔。胡汉民坦言，章太炎"只为单纯的排满主张，而政治思想殊形薄弱，犹未能征服留学界'半知识阶级'之思想"。相比之下，梁启超"杂取汉籍成语与东译新名为词藻"的政论广受欢迎。梁启超1903年决定不复言革后，更是"民族革命之一障碍物"[4]。革命党要想在舆论上与梁启超竞争，必须跟上这股援引日本法政新说倡言变革的潮流，而在其中发挥关键作用的，正是刚加入革命阵营不久，曾在日本法政大学法政速成科"研求政治法律之学"的汪精卫、胡汉民等人。

作为《民报》创刊号第1篇文章，汪精卫的《民族的国民》延续以

---

[1] 关于革命论战的基本观点和内容，学界已多有论述，如张朋园：《梁启超与清季革命》（上海：上海三联书店2013年版）、董方奎：《清末政体变革与国情之论争——梁启超与立宪政治》（武汉：华中师范大学出版社1991年版）等书。

[2] 康有为撰，姜义华、张荣华编校：《康有为全集》第6集，第313—314页。

[3] 汤志钧编：《章太炎政论选集》上册，北京：中华书局1977年版，第198—200页。

[4] 胡汉民：《胡汉民自传》，中国社会科学院近代史研究所近代史资料编辑组编：《近代史资料》总45号，北京：中国社会科学出版社1981年版，第12页。

革命促成民权的主张，旗帜鲜明地提出通过民族主义实现国民主义，即在推翻清政府后，建立国民真正享有权利、义务的立宪国家。汪认为，立宪只是满人巩固统治特权的手段，无关民权。他讽刺曾以德国宪法学者波伦哈克的学说反对共和的梁启超见识浅陋，因为该国学者多致力于解释成文宪法，自然"什九诽斥共和政体"①。

在革命党人看来，君权、民权势不两立，君主即专制，所以一方面积极宣传"最美最宜之政体，亦宜莫共和若"②，一方面极力反驳立宪派的"国体""政体"观念。孙中山多次批判当时流行的"由专制而君主立宪，由君主立宪而始共和，次序井然，断难躐等，中国今日，亦只可为君主立宪，不能躐等而为共和"的说法，认为中国"为直截了当之共和"，不为"不完不备之立宪"，才真正符合"进化之公理""文明之真价"③。

胡汉民则注意到，专制、立宪、共和的政治分类学说容易造成"立宪便不是共和，共和就非立宪"的印象，予立宪派以借口声称"不主张共和，因共和不如立宪"，故明确提出"共和立宪，也是立宪一种"④。汪东进一步揭示立宪与专制相对，只有革命才能实现："革命与立宪，要非绝对的名词也。夫立宪为专制改良的政体，而革命者，即所以求此政体之具也。求共和立宪以革命，求君主立宪亦以革命。"⑤

面对革命党特别是汪精卫指名道姓的攻击，梁启超在《新民丛报》第4年第1—3、5号上连载《开明专制论》做出回应，提倡以开明专制引导君主立宪。开明专制即"由专断而以良的形式发表其权力"，"以所专制之客体的利益为标准"。专制的客体分"法人之国家"和"组成国

---

① 精卫：《民族的国民》，《民报》第1号，1905年12月8日再版，第31页。
② 思黄：《论中国宜改创民主政体》，《民报》第1号，第41页。
③ 过庭：《纪东京留学生欢迎孙君逸仙事》，《民报》第1号，第72—73页。
④ 《记戊戌庚子死事诸人纪念会中广东某君之演说》，《民报》第1号，第80页。
⑤ 寄生：《论支那立宪必先以革命》，《民报》第2号，1906年5月8日三版，第1页。

家之诸分子（人民）"两种①。他说："认国家为客体，似近于'统治者说'，与近世学者所示国家之概念相戾。但此文所论者专制耳，在专制之国家，则其主客之形，固如是也。"②19世纪以来，以国家进步为目标的开明专制方兴未艾，"实立宪之过渡也，立宪之预备也"③。

梁启超认为"开明专制适用于今日之中国"，并反驳汪精卫的共和主张。他引用波伦哈克对共和政体的论断指出，共和国"于人民之上别无独立之国权"，只能靠人民自己调和相互间的利害关系。若人民长期卵翼于专制政体之下，改建共和后，因其"既乏自治之习惯，又不识团体之公益，惟知持个人主义以各营其私"，最易利害关系失衡。一旦出现这种情况，社会险象环生，"终不得不举其政治上之自由，更委诸一人之手，而自贴耳复为其奴隶，此则民主专制政体之所由生也"④。

为反驳中国"革命不能得共和反以得专制"的观点，汪精卫在《民报》第4号发表《驳〈新民丛报〉最近之非革命论》，揭露波伦哈克学说的漏洞。在波氏眼中，共和国主权在民，故"于人民之上，别无独立之国权"，君主国"以君主为国家统治之主体，而以领土及臣民为国家统治之客体"，故可在人民为利益竞争时"超乎其上"，加以判断调和。汪精卫指出这实际上是国家客体说，即"以君主是统治权之主体，而国家为客体"。与国家客体说相反的是"以国家为人格者，自为统治权之主体"的国家人格说。汪精卫根据国家人格说（文中又称之为"国

---

① 饮冰：《开明专制论》，《新民丛报》第4年第1号，1906年2—3月，"论著"，第11、13—14页。关于此时期《新民丛报》的实际刊印时间，可参考《〈东邦协会会报〉受赠书目中所见〈清议报〉、〈知新报〉、〈新民丛报〉一览表》，狭间直树编：《梁启超·明治日本·西方——日本京都大学人文科学研究所共同研究报告》（修订本），第433—437页。

② 饮冰：《开明专制论》，《新民丛报》第4年第3号，1906年3—4月，"论著"，第50页。

③ 饮冰：《开明专制论》，《新民丛报》第4年第2号，1906年3月，"论著"，第11页。

④ 饮冰：《开明专制论》，《新民丛报》第4年第3号，第10—11页。

家主权说")主张国家是统治权主体,君权国的君主、民权国的国会都只是国家统治权的最高总揽机关。既然君权国、民权国均有总揽机关调和人民的利益,"人民无君主则不能调和竞争"、革命反得专制的观点自然失其根据[①]。

梁启超最初并未十分认真地思考主权、统治权的归属问题。自汪精卫批评他为国家客体说代言后,他马上强调《开明专制论》指国家为客体是"就专制言专制"[②],声称自己未尝绝对地承认波伦哈克的主权论[③]。汪精卫指出,梁启超的辩解反映了他"虽日日称述波氏之说",却尚未了解其论旨。波伦哈克说"共和国者,于人民之上别无独立之国权",本身就与国家客体说一脉相承[④]。"就专制言专制"的解释不能成立,因为"主张国家主体说或客体说者,乃明国家之法律上之观念,与政体无涉。无论为专制政体,为君主立宪政体,为民主立宪政体,其理论皆一贯,非谓因政体之不同,而国家主客之位,亦因而异也"[⑤]。

汪精卫持国家人格说与梁启超辩论,除因他认为此说可反驳共和国在人民之上无独立的国权调和利益关系的观点外,亦因国家人格说主张"国权之主体非君主,而在于国家,则君主不过为国家之机关而已",这从"根本上打破君主专制之迷想"。所以,汪精卫说"言民权者,尤不可不研究国家主体说"[⑥]。在民权思潮勃兴的时代氛围下,梁启超后来也不得不明确承认国家人格说。

---

① 精卫:《驳〈新民丛报〉最近之非革命论》,《民报》第4号,1906年5月1日,第3—7、9页。
② 饮冰:《答某报第四号对于本报之驳论》,《新民丛报》第4年第7号,1906年5—6月,"批评",第63页。
③ 饮冰:《答某报第四号对于本报之驳论》,《新民丛报》第4年第7号,第39页。
④ 精卫:《再驳〈新民丛报〉之政治革命论》,《民报》第6号,1906年7月25日,第4页。
⑤ 精卫:《再驳〈新民丛报〉之政治革命论》,《民报》第7号,1906年9月5日,第8页。
⑥ 精卫:《再驳〈新民丛报〉之政治革命论》,《民报》第6号,第6页。

基于对民权的肯定，汪精卫指出，变专制为立宪的政治革命即"君权与民权之消长而已。民权锐进，君权消灭，则成民主立宪。民权锐进，君权让步，于是相安者，则成君主立宪"。他不同意梁启超"君主立宪，则人民能为监督补助机关而已足，若共和立宪，则人民须为指挥主动机关，此程度之浅深相较，有难易之别"的观点。因为如果君主一人可为指挥主动机关，岂有二人以上反而不能胜任的道理。总之，唯国民应当且有能力负起政治革命的责任，只要国民能实现政治革命，"则民主立宪政体必可终获"[①]。

通过利用国家人格说及其影响下的国家类型学说，汪精卫成功化解了中国革命不得共和反得专制的说法，同时还否定君主立宪与民主立宪有难易之别，强调二者均与民权的伸张直接关联，且有程度高低之别。如此一来，梁启超的开明专制论和君主立宪只需人民能为监督补助机关的观点反而显得重视君权，轻视民权。在此基础上，汪精卫凸显君宪政治中君权对民权的限制。汪精卫说，清政府立宪是为了集权，"以少数民族制驭多数民族"。要实现真正伸张民权的立宪政治，根本在于"收复主权"。君主国由君主行使主权，满人入关后，汉族就丧失主权、亡国，故须推翻清政府，收复主权。所谓收复主权指"收复行使主权之机关"，而非主权的本体，这与其主张国家人格说，视君主为国家机关有关[②]。

汪精卫进而解释开明专制、立宪均无法收复主权，因为"宪法者，关于政体之问题，而非关于国体之问题"。"国体"因国家最高机关如何而区别，最高机关由一人组成的是君主国体，由多数人组成的是民主国体。"政体"因最高机关的作用及形式如何而区别，由一机关总揽全部统治权的是专制政体，此机关须受他机关限制，或须与其他机关共同行

---

① 精卫：《再驳〈新民丛报〉之政治革命论》，《民报》第7号，第21—23、29页。
② 精卫：《满洲立宪与国民革命》，《民报》第8号，1906年10月8日，第3、19页。

使统治权的是立宪政体。君主专制、君主立宪的最高机关都是君主,不同的只是由一机关总揽统治权或有其他机关限制其权力。故立宪只是改"政体",不能变"国体",收复主权。此外,最高机关是否受到限制与国民事实上的权力有关,不能只看宪法条文。清政府独揽大权,"自率己意以定宪法,于国民何与焉"。只要"主权尚在满族之手,则所谓开明专制与立宪,皆残贼汉人之具而已"。立宪不仅不足以变"国体",甚至连"政体"也无法真正改为立宪。汪精卫号召"以革命为收复主权之唯一方法",从而实现"民族的国民之目的"[①]。即是说,只有先变更"国体",才能改革"政体",只有先摧毁君权,才能发展民权。

汪精卫提出区别"国体""政体",是为了说明清政府立宪与汉人收复主权无关,且若不变革"国体","政体"亦无从改革。从思想渊源来看,其"国体""政体"区分理念与日本法政大学教师小野塚喜平次、早稻田大学教师副岛义一等人较接近,汪精卫可能是受此二人或持同种学说的其他学者影响。

梁启超自然不赞成先变"国体"后改"政体",但他并未就此直接反驳,而是主要从论证满洲君主入关当皇帝并不代表中国亡国入手说明不必革命。他援引国家人格说指出,中国历代帝王只是总揽统治权的国家机关,非即国家,故变更帝王的改朝换代只是易姓而非亡国。他讽刺汪精卫"始终为君主主体说之谬论所窖,认总揽统治主权者为即国家",才会"以总揽统治权者统系之交代而指为亡国"[②]。汪精卫反驳说,"国家为统治权之主体,而君主实司其行使之机关,君主之死亡,不过司机关者之易人,非惟于国家无所动摇,即于机关亦无所影响"这

---

① 精卫:《满洲立宪与国民革命》,《民报》第8号,1906年10月8日,第20—22页。
② 饮冰:《杂答某报》,《新民丛报》第4年第12号,1906年11—12月,"论著",第3、6页。

种法理观念只适用于继嗣、禅让等情况，若是他族他国入侵则不同①。

在汪精卫的轮番攻击下，梁启超其实已无力招架，他转而主张各自着手于实际行动，不必再作口舌之争。另一方面，汪精卫在1907年3月随同孙中山离开日本，二人之间的激烈争辩遂由此平息。

二、杨度、熊范舆反驳：不变"国体"变"政体"

汪精卫、梁启超激烈论战之时，留日风气盛行，据时人观察，东渡学生分三类：一，"潜心问学"，此类"虽非多数，实不在少"；二，"集会演说"，此类分"破坏主义与保全主义"两派，"其实皆拾梁启超、孙文之唾余以鼓吹而已，为首者不过寥寥数人"；三，"随声附和"，此类"一味盲从"，占数最多②。在有意提倡者和随声附和者的合力推动下，《民报》与《新民丛报》的革命论战迅速引起留日学生群体的关注与响应。

就汪精卫提出的改"政体"须先变"国体"而言，曾先后就读于宏文师范学院、法政大学法政速成科和早稻田大学清国留学生部的杨度较早做出回应③。杨度注意到以君权引导民权的开明专制论已为舆论鄙弃，也知道挟民权反对政府更能引起社会共鸣。杨度声称，清政府虽已宣布预备立宪，但在开国会之前，"国民实无服从此等政府之义务，虽一切反对之，不足为激"④。他希望在立宪的道路上快速前进，主张

---

① 精卫：《杂驳〈新民丛报〉第十二号》，《民报》第10号，1906年12月20日，第4—5页。
② 《吕祖绶致盛宣怀函》，上海图书馆编：《上海图书馆藏稀见辛亥革命文献》第1册，上海：上海科学技术文献出版社2011年版，第63页。
③ 关于杨度的留学经历，参见张玉法：《杨度的政治行为及其转折》，《近代变局中的历史人物》，北京：九州出版社2013年版，第183—186页。
④ 杨度：《复梁启超函》，刘晴波主编：《杨度集》，长沙：湖南人民出版社2008年版，第408—409页。

"专以开国会之字告我国民"①。

与此相应，杨度对中国为何不能实行民主立宪做出分析。杨度倾向于认同革命党人的观念，认为民主立宪、君主立宪所需的国民能力、所得的国民幸福本质上没有区别。但就中国国情而言，只能君主立宪。理由是，"汉人组织共和国家，满人无复有土地之可守，必以反抗而尽败灭"。列强也趁机侵占蒙回藏，瓜分中国②。

和梁启超一样，杨度认为如果革命党认可"国家主体说，而非君主主体说"，则应承认"满人虽为君主，亦不过以国家之一机关视之，而未尝以为即国家"。同属中国人的满人占据帝位并不意味着亡国。在他看来，革命党要求民主立宪是"因于政治问题而发生，而非因于种族问题而发生"，应该"一言君主，则但有专制与立宪之问题，而无满汉之问题"③。

因此，杨度呼吁："吾人之所问者，不在国体，而在政体，不争乎主而争乎宪。"④他又将这一政治主张表述为"国体不可变，惟政体可变"。"国体不可变"指"仍当为君主国体，而不能即为民主国体"，"政体可变"指"将专制政体改为立宪政体"⑤。

汪精卫提倡先变"国体"后改"政体"的理由是只要满人君主仍为最高机关，就无法真正改行立宪政体。如果杨度在认同汪精卫对君主国体所下的定义的基础上主张不变"国体"，难免容易让人怀疑作为最高机关的君主究竟能在何种程度上实行伸张民权的立宪政体，这不仅不能有效地打击革命党，甚至无法说服日益渴望民权的立宪派。深谙此理的

---

① 杨度：《致新民丛报记者》，《中国新报》第1年第4号，1907年4月19日，"杂著"，第6页。
② 杨度：《中国新报叙》，《中国新报》第1年第1号，1907年1月2日，"叙"，第5—6页。
③ 杨度：《金铁主义说》，《中国新报》第1年第2号，1907年2月20日，"论说一"，第59、63页。
④ 杨度：《中国新报叙》，《中国新报》第1年第1号，第6页。
⑤ 杨度：《金铁主义说》，《中国新报》第1年第2号，第91页。

杨度于是有意削弱君主国体与君权的关联,使其成为一个空壳,并强调君主立宪亦可伸张民权,甚至与民主立宪没有差别。

承接汪、梁在论战中已形成的共识,杨度大肆批评君主主权说。他强调:"夫一国之权之在何所,皆人民自为之,非人民则不能组织国家,故无论立宪与专制,君主终不过为国家之一机关。"①杨度进而削弱君主在立宪政体中的地位,试图说明君主立宪可以实现与民主立宪同等的民权。他认为,从法理上不能证明民主立宪比君主立宪优越,因为法理言人人殊,并无固定标准。具体来说,所有国家的统治权均有一总揽机关,君主专制国、民主立宪国的总揽机关分别是君主与国会,人们没有异议。但君主立宪国的总揽机关为何,则众说纷纭,只能根据"其宪法之所订以论其国总揽统治权者为属于何机关",可能是君主,也可能是国会,还可能是君主与国会共同构成②。

通过从统治权总揽机关的角度消解民主立宪、君主立宪的区别,强调"所重要者必不在君主与民主一方"③,即"国体"不可变后,杨度进而讨论变"政体"为立宪的关键所在。杨度认为,立宪国民权程度高低、国会权力大小取决于国民,且只能以事实为据。不必因"君主立宪国法律上、形式上国会权力不能如民主立宪国",就担心"君主立宪国政治上、实质上国会权力亦不能如民主立宪国"。只要由国民发达政党、国会,君主立宪国亦可在事实上以国会为统治权总揽机关。中国立宪应"如西洋各国,去君主专制之权,以扩张民权,而定君民权限之关系"。若国民想要形式上、法律上的国会权力也多于或不少于君主,则须在立宪法前"力谋速开国会"④。

---

① 杨度:《金铁主义说》,《中国新报》第1年第1号,"论说一",第39页。
② 杨度:《金铁主义说》,《中国新报》第1年第5号,1907年5月20日,"论说一",第5页。
③ 杨度:《金铁主义说》,《中国新报》第1年第5号,第34页。
④ 杨度:《金铁主义说》,《中国新报》第1年第5号,第53—55页。

杨度呼吁不变"国体"变"政体",目的是将众人的关注点由争辩是否需要革命拉回到现实的立宪改革中来,为速开国会的政治主张及活动鸣锣开道。为使人相信君主立宪亦可伸张民权且未必低于民主立宪,杨度反复强调君主立宪国的统治权总揽机关也可以是国会。如此一来,杨度虽区分"国体""政体",却竭力避免像汪精卫那样明确以总揽机关为君主一人或国民(国会)定义君主国体、民主国体。"国体"因何而异变得相当模糊,君主、民主两种"国体"的差别似乎仅在于国家元首是世袭还是选举产生,与君权、民权高低无关,所以杨度又说"英之与美,其形式上虽有君主、民主之别,而事实上则同一之共和政体"[①]。杨度的"国体""政体"区分观念应该也是受小野塚喜平次、副岛义一等人的影响,但已因其特殊的政治意图而变化甚多。

当时和杨度志同道合的日本法政大学法政速成科留学生熊范舆同样主张不变"国体"变"政体",但具体表述和意涵有所不同。熊范舆认为"国民对于政府之精神,不可有依赖与放任",至于凭借这种精神实现何种立宪政体则是形式问题。形式受国情差异、历史推移、世界大势变迁等因素影响而难以预测,在形式实现之前,唯有先以对政府不依赖、不放任的精神巩固国民权利、伸张民权[②]。

形式问题与宪法如何制定有关。宪法"发生之形式既异,而国体于以分焉"。宪法由"人民会议"的多是共和立宪国,由"政府与人民相约或纯由政府颁布"的是君主立宪国。"共和与君主,其国体虽不同,而要其为立宪政体,则无不同。"他强调,"国体"只能在立宪政体发生时"因事机之所至而定之","政体"则非专制即立宪,不能立宪就必然回归专制。由于"国体"属于未知之数,"破弃专制,造成立宪国家"却不会因"事机之如何而迁就",所以可贵的是立宪国民的精神。

---

① 杨度:《金铁主义说》,《中国新报》第1年第5号,第35页。
② 熊范舆:《立宪国民之精神》,《中国新报》第1年第4号,"论说二",第4页。

一言蔽之，"吾人之欲造成立宪政体者，精神也。立宪政体实现时所成之国体，则形式也。"精神不可更改，形式随机缘而定[①]。

熊范舆将"国体""政体"对应为形式、精神两个层面，提出先注重精神，后决定形式，似乎承认未来亦可变更"国体"为共和。但他紧接着说，"国体"是"构成国家之基础之状态，为国家根本上组织之问题"，"政体"是"统治权行使之方于形式"。故"国体"不可变，一旦变更即"国家自身之更新"，变革"政体"则对"国家之存在毫无关系"。这相当于否定变更"国体"的可行性、必要性，可见熊范舆本质上是提倡不变"国体"变"政体"。所以，他提醒人们造就立宪政体才是关键，不必"唯是沾沾于国体之争"[②]。以英、法两国立宪的历史为证："改革之精神专注重于政体者，其结果良。兼注重于国体者，则不没却政体上之精神者，其结果良；没却政体上之精神者，其结果恶。"[③]熊范舆批评不争"政体"争"国体"的人"知有政府而不知有国民"，"知有君主而不知有国家"[④]。他认为只要发达民权，君主、共和国体之下都能改革政治，实现立宪政体。

为抨击革命党改建民主共和的主张，熊范舆采取和杨度一样的策略，运用"国体""政体"区分理论提倡先着力建设立宪政体，将君主、民主此"国体"问题束之高阁。熊、杨意识到汪精卫的"国体""政体"区分理论中，君主国体带有浓厚的君权色彩，二人若在国民普遍渴望民权的政治氛围下仍持与汪精卫相同的观念，必将招致批评，无法劝导人们加入呼吁速开国会的队伍。熊、杨于是极力虚化"国体"背后的权力属性，并将其转接到"政体"身上，认为立宪政体建成后亦可发达民权。与此相关，他们屡屡强调"国体""政体"有别，

[①] 熊范舆：《立宪国民之精神》，《中国新报》第1年第4号，第5—6页。
[②] 熊范舆：《立宪国民之精神》，《中国新报》第1年第4号，第6、8页。
[③] 熊范舆：《立宪国民之精神》，《中国新报》第1年第4号，第21页。
[④] 熊范舆：《立宪国民之精神》，《中国新报》第1年第4号，第22、25—28页。

"政体"改革与"国体"无关,却始终没有明确地说出如何区分"国体""政体"。"国体"的内涵因此变得相当模糊,"政体"与民权的关联则被高度凸显。不过熊、杨二人的处理方式还是有细微的差别。杨度以君主立宪政体亦可由国会总揽统治权为理由彻底抹除君主、民主国体的区别,造成一种"国体"实际上无从分别的吊诡局面。熊范舆则是将"国体"问题置诸未来,主张在实现立宪政体后再决定选择何种"国体"。因其所说的"国体"与国民、政府在宪法制定中所起到的作用有关,在时人普遍认为清政府专权独裁的情况下,宪法由国民制定的共和立宪国显然比宪法由政府或政府与国民共同制定的君主立宪国更能代表民权。在熊范舆的叙说中,君主、共和国体之间仍旧存在一定的差距,与杨度有意混淆二者的界限不同。

由上文可见,各方援引日本法政学说的重点不是讨论学理,而是利用相关知识阐论具体的政治主张,随着立场、言说对象变化,"国体""政体"学说在运用的过程中因时因人而异,甚至前后冲突。1908年初,杨度在《湖南全体人民民选议院请愿书》中说,速开民选议院后,"君主仍保其固有之权力","往后之中国必仍为君主国体",还有"巩固君权""增进民度"等好处①。此处君主国体更大程度上是强调君权,与此前竭力削弱君主国体与君权的关联的取向迥殊。杨度立论变化是因为言说对象已不同,在东京所写的文章主要是反对革命党和引导立宪派,面向留学生与国内士绅,《请愿书》则是劝说庙堂之高,自然不得不侧重其所欲。

三、众声附和:歧见迭出的"国体""政体"

梁启超、杨度等人反对革命的理由之一是排满共和将导致国土分

---

① 《湖南全体人民民选议院请愿书》,《顺天时报》,1908年3月15日,"来稿",第4版。

裂以及列强瓜分中国,这一论点在立宪派的言论中反复出现。肄业于早稻田大学,加入杨度、熊范舆等人创办的宪政讲习会(后改名宪政公会)的满人乌泽声①在《满汉问题》一文中就说,"专制政体足以亡国",但"建设共和政体亦必召瓜分",原因之一即"由于土地不能行共和政体"②。

乌泽声引用严复的观点说,国家有单纯国、复成国二类,前者分为专制君主国与立宪君主国,后者包括联邦国与合众国。专制君主国无地方自治权,立宪君主国趋重中央者地方自治权弱,委任地方者地方自治权盛,联邦国是纯粹地方自治,合众国家以地方自治为主义。他根据上述国家类型知识指出中国立宪改革的宗旨:"就国体而言,为单纯统一之君主国体。以政体而论,为代议从众完全无缺之立宪政体。以人民而言,为毫无阶级自由平等之立宪国民。"③

乌泽声解释说,中国幅员辽远,"中央权重"则"各省不适于生存"。"中央权微,各省散漫",则"不适于统一",且"蒙古、回、藏地僻民僿",不能自治。故"必融合中央、地方两权,不可偏重,是即中国最适宜之国体"。"共和国体,纯以地方分权、地方自治为主义,非适宜于中国。"所以,他主张采用"单纯统一国体","即统一内部各行省,外藩蒙、回、藏,成一立宪大帝国"。④

乌泽声关于单纯国家、复成国家的论述并非直接受严复影响,而是出自"无己"发表在《云南》第5号上的《论云南对于中国之地位》。此文依据严复的著作指出,国家进化分为神权国家、宗法国家和军国国家三阶段,军国国家分为单纯国、复成国两类,文章对这二种国家的介绍与

---

① 侯宜杰:《逝去的风流:清末立宪精英传稿》,北京:北京师范大学出版社2013年版,第393页。
② 乌泽声:《满汉问题》,《大同报》第1号,1907年6月29日,"论说二",第30、32页。
③ 乌泽声:《满汉问题》,《大同报》第1号,第33、38页。
④ 乌泽声:《满汉问题》,《大同报》第1号,第39页。

《满汉问题》相同。"无己"在联邦国、合众国二词后面注释说:"严氏称联邦为邦联,称合众为联邦。今从日人命名,幸阅者分别观之。"①

严复的相关论述出自1906年出版的《政治讲义》。在《政治讲义》中,除"无己"改换的联邦、合众本来是邦联、联邦外,单纯、复成这两个词汇对应的是一统、合众。原文没有将一统国家趋重中央和委任地方这两种情况与立宪君主国挂钩,是"无己"在单纯国与君主国之间直接画画上了等号②。

与乌泽声强调中国应保持"单纯国体"相反,"无己"主张改"国体"为复成国。他认为:"吾国国体,属于单纯国家,盖将为立宪君主,而集权中央者也。"但中国不少省份僻远邻敌,交通不便,如果中央收揽兵权、财权,削弱地方,外敌入侵时将造成中央无法及时救援,地方无力应付的局面。为使中国适于生存,"不能不为复成军国国家"。具体方案是,"取现在之分省者而联合之",将"辅车相依、利害相切者,各联为一大部分。乃于诸部分中之形势利便者,立为中央政府以统摄之。中央政府握外交内治之大纲,而于诸部分使自治其区域内之地方行政"。"此自国家学言之,则为联邦国家。"③

"无己"区分"国体"为单纯国、复成国的用法被乌泽声延续,后者又将这两种国家分别对应"君主国体""共和国体",同时将它们与指称立宪等的"政体"区分开来。不过行文中"国体""政体"的所指仍不免重叠,如有共和政体等词。总的来说,乌泽声也是主张不变"国体"变"政体",他在单纯国体与君主国体之间构建唯一的对应关系,并从中国国土、疆域的实际情况出发论证不可改变单纯国体,从而牵连

---

① 无己:《论云南对于中国之地位》,中国科学院历史研究所第三所编:《云南杂志选辑》,北京:科学出版社1958年版,第316页。

② 严复:《政治讲义》,王栻主编:《严复集》第5册,北京:中华书局1986年版,第1278页。

③ 无己:《论云南对于中国之地位》,中国科学院历史研究所第三所编:《云南杂志选辑》,第316—317页。

到保持君主国体。与杨度等人的取向接近,乌泽声笔下的君主国体也明显不是强调君权。

经杨度等人积极倡导,组织政党促成速开国会的言论日渐增多。1907年7月,留东学生直觉在《牖报》第4号的《国民主义》一文中说:"客岁余返国时,有老师谓立宪为监于成宪之义。余告以我国诚当君主立宪,但国体不变,而政体必变,而渠于国体、政体且分别不清也。"① 直觉说"国体不变,而政体必变"应是指在君主国体下改行立宪政体,这一点在其政治理念中有所体现。

直觉提出"合国家主义、民权主义、君主立宪主义而一冶以出之"的国民主义,作为其造舆论、立政党、助宪政的宗旨。所谓国民主义,即"国家者,国民的国家也。国无论专制、立宪,其国权之本质皆在民"。"满、蒙、回、苗、藏与汉人为种族则异,而为国民则同,国家既为国民的国家,则今日中国非汉人独有之中国,非满人独有之中国,更非蒙、回、藏人独有之中国,乃汉、满、蒙、回、藏而共同有之一国家也。故国民主义者,非民族的国民主义,乃国家的国民主义,所谓国民统一者是也。既称国民统一,则实际上万不能不君主立宪,虽君主立宪,而实行议院政治,则事实上又可收国民立宪之效力。此全在国民运用宪法之精神如何,而不在争君主、共和之空名。""国民主义发生之吃紧处"则是组织政党,号召速开议院,造就责任政府②。

直觉"国体不变,而政体必变"的主张从话语到思路都受杨度等人影响,剑锋所指则是汪精卫。他没有细说"国体""政体"到底如何区别,甚至连二者的指称范畴都未明确提及。直觉也将国权归属问题投射到可以变且正在逐步展开的立宪政体上,不变的"国体"恐怕仅剩下世袭君这一层外表。在他心中,君主立宪政体须"以民为权力主体",

---

① 直觉:《国民主义》,《牖报》第4号,1907年7月10日,"社说",第3页。
② 直觉:《国民主义》,《牖报》第4号,第6、8—9、13页。

这与时人眼中属于共和国的主权在民说接近,这种错位使得君主国体与君权的关联荡然无存。

自杨度提出搁置君主、民主之争,专注于请求速开国会以发达民权后,这种言论在与其政见相近的留学生群体中颇流行,不过各人对"国体""政体"的含义所指以及中国应选择何种"国体""政体"的认识却不尽一致。

1907年10月,日本大学留学生李庆芳在其创办的《牖报》上发表《论宪政与国会》,后改名《立宪魂》,请乌泽声等人作序,由宪政讲习会以单行本方式刊行。李庆芳首先分析中国的"国体":中国明显不是"以国民之全体,而直接或间接以构成国家之总揽机关"的民权国体,也不是贵族国体,而是君权国体,且是专横君权国、专制君权国、制限君权国中的专制君权国。他提醒国人,只要"中国今日国体不变,君主之误即国家之误,君主之不利即国家之不利"。所以,必须改变"国体",由国民负起救国的责任。但他反对民主共和,主张在保留君主的前提下实行"国民的立宪",即"全国民出代议士以规定宪法,受君主之裁可,而不出于君主之规定"。"国民的立宪"以开国会为手段,以组织政党为基础,宗旨是:"以国体论,则为民权国体;以政体论,则为君主立宪政体。"①在《中国新报》第1年第9号的《中国国会议》中,李庆芳继续解释说:"中国国家欲存在于现世界,必变为民权国体乃能立国,决非君权国体之所能济。若就政体而论,则中国今日以对外问题,有不必行民主立宪之趋势,以蒙、回、藏畔立问题,有不可行民主立宪之理由,则中国政体宜为君主立宪也无疑。"②

李庆芳的"国体"区分观念出自笕克彦。笕克彦定义民权国体为"由全国多数人组织总揽机关"的国家,所以国家有君主,也可以是

---

① 李庆芳:《立宪魂》,中国宪政讲习会1907年版,第13—15、26—27页。
② 李庆芳:《中国国会议》,《中国新报》第1年第9号,1908年1月12日,"论说四",第16页。

民权国体，不过当时能由国民组织国权总揽机关的更主要是国家元首由民选产生而非世袭君主的民主制国家。在汪精卫那里，民权国指称的就是民主共和国。李庆芳使用民权国体时仅保留民掌权的内涵，完全剔除民为主这层因素。因此，他眼中的民权国体可以包含君主立宪、民主立宪两种"政体"。李庆芳独具一格的"国体""政体"区分理论，应是融合了笕克彦的"国体"分类学说和比较常见的用"政体"指称君主立宪、民主立宪等国家的观念，他试图通过这种巧妙的杂糅使人们相信发达民权与保留君主并不冲突。李庆芳拼凑相关法政知识只是为了阐论"国民的立宪"主张，且不说他没有，也未必能说明如此区分"国体""政体"的理据，就算是在同一篇文章中，前后互歧的表述也不少见。如《立宪魂》曾说，各国"国体无论君主、民主及君民共主，其政治之活动，莫不有政党相搏相荡于其间，以增长国民进化之速度"。还用到立宪国体等词①。那么，君主、民主、君民共主国体与君权、贵族、民权国体的联系与区别具体如何呢，立宪究竟是"国体"还是"政体"？这些纷歧的论述表明李庆芳比较随意地运用了多种学说。

无论如何，伴随革命论战的渐次深入和民权思潮的勃兴，认可君权、依赖政府实行立宪改革的观念益趋失势。激进立宪派除在推翻清政府此问题上与革命党有严重的分歧外，大多认同从国民自身出发，在君主立宪政治下发达民权，甚至意图将君主塑造成一个没有实权、如同木偶的政治象征。

1908年4月至1909年1月，在早稻田大学留学的革命党吕志伊以笔名侠少在《云南》杂志第13—16号上连载《国民的国家》，积极鼓吹民权政治。在吕志伊看来："国家者，国民全体之国家，非少数贵族之国家，更非君主一人之国家。"所以，"法国一七九三年议定新宪法之要领，谓国家之主权属于国民之全部"。他又说，"国家者，团体的而有

---

① 李庆芳：《立宪魂》，第30、40页。

人格的也", 是"权力之主体"。在吕志伊的眼中, 国家是权力的主体和主权在民并不冲突。①

在民权观念的影响下, 吕志伊特别指出, 国民"居于共同政治之下, 而皆有参政权", 并介绍了伯伦知理根据国民参政权的多少分类"国体""政体"的观点: "其于论别国体, 谓就参政之方法与其参政权之大小, 定其国民状态, 以断其政体属何种。要之国民参政权之有无多寡, 即国民自由之有无多寡也。"②

吕志伊又谈到, 婆旦(按: 即博丹)沿用亚里士多德的观点, "谓国家有种种之形体, 而其形体因主权之所在而定。主权在人民, 则为民主的, 在贵族则贵族的, 在君主则君主的国体"。吕志伊断言: "夫以国家之事实习惯言之, 则主权有在人民者, 在贵族者, 在君主者。而以国家之原则真理言之, 则主权必常在全国民。"③

《国民的国家》还讨论到"国体"变迁, 也就是主权变迁的问题, 说: 如果世界上所有国家都像日本, "则万世一系, 国体惟一君主制也"; 或者都像美国, "则合众共和, 国体惟一民主制也", 没有"国体"变迁的问题。但事实上, "国体"少有一成不变的。吕志伊指出:

> 顾欲知国体之变迁, (一)当知国体与政体之区别, (二)当知国体的分类, (三)当知变迁之范围。夫国体与政体之区别, 近世一般政治学者之通说, 谓国体分君主、贵族、民主三种。政体分专制、立宪二种。国体的分类, 始于希腊亚里士多德之国体三分说。其说依于占国家最高地位之人数而三分国家。即君主国、贵族

---

① 侠少: 《国民的国家》, 中国科学院历史研究所第三所编: 《云南杂志选辑》, 第120、147页。
② 侠少: 《国民的国家》, 中国科学院历史研究所第三所编: 《云南杂志选辑》, 第129、131页。
③ 侠少: 《国民的国家》, 中国科学院历史研究所第三所编: 《云南杂志选辑》, 第146页。

国、民主国是也。至伊太利之马夏维利,则以君主国与共和国对立,遂为后来国体二分说之前驱。而于共和国体中又分贵族共和国与民主共和国。变迁之范围无论君主变为贵族,贵族变为民主,皆必限于本国人之自相禅让征诛。若被他国他种之兼并占据侵入夺取,则为国家之灭亡,非仅属于国体之变迁也。夫关于国体之变迁,古来政治学者罕所发明。惟马夏维利氏据历史上希腊、罗马之实迹对照于心理学,以求其所以然之理,遂发见国体变迁之原则,其说如左。(一)当初人民选贤者立以为君,从其命令。后君位为世袭,国君事骄奢淫佚,而暴政作。(二)于是国内高贵之人相谋废暴君,自是贵族政体兴矣。既而贵族纵私欲失民心,于是一变为寡头政体。(三)次国民蜂起,立庶民政体,因致升平,多年后又乱为贱民政体。(四)于是国民厌此政体,欲得位于民上且有威权之君主,藉其力以长国利民福,于是君治政体兴,而新陈更代,循环不已。……是固马夏维利所据为国体变迁之先例也。然环球万国,自古及今,其国体之变迁,不必尽顺此次第。

以上这段论述,吕志伊先是区分"国体""政体",接着以"占国家最高地位之人数"为标准类分"国体",说到"国体变迁之原则"时,又混用"国体""政体"。

吕志伊的"国体""政体"分类论述,前后凿枘,明显与他"引用各国名人之著述外,多渊源日本高田早苗、浮田和民、副岛义一诸师说,并小野冢喜平次、筧克彦、织田万诸博士之著述",但又没有仔细分辨这几位学者的观点的异同有关[1]。

---

[1] 侠少:《国民的国家》,中国科学院历史研究所第三所编:《云南杂志选辑》,第153、156—158页。

第五章

帝制到共和的递嬗与"国体""政体"的调适

因缘国内公、私立法政学堂的兴办,纷繁多样的"国体""政体"学说通过讲义教材、报刊文章等方式进一步传播,持续变动不居。与此同时,随着预备立宪的推进,清廷固守君主大权的改制取向备受各方质疑,"国体""政体"问题愈趋白热化,并最终以革命的方式解决。

第一节 变动不居的"国体""政体"观念

一、国内法政教育的兴起

1905年以前,国内部分新式教育机构如同文馆、北洋大学堂、南洋公学、时务学堂等,已开设与政治学、法学相关的课程,但规模有限,授课内容也更多偏向于公法交涉方面[①]。起初,清廷对国内的法政教育限制较为严格,1904年1月颁布的《学务纲要》明文规定:"政法一科,惟大学堂有之。高等学堂预备入大学政法科者习之。""其私设学

[①] 关于法政教育在近代中国的展开历程,可参考王健:《中国近代的法律教育》,北京:中国政法大学出版社2001年版。

堂，概不准讲习政治法律专科。"①

不过，在积极求变的政治氛围下，这一局面很快就被打破。1905年4月，奉命开馆修律的伍廷芳、沈家本担心"新律既定，各省未储诸用律之才，则徒法不能自行，终属无补"，奏请设立法律学堂，"考取各部属员，住堂肄习，毕业后派往各省，为佐理新政分治地方之用"。在课程设计上，除了本国律例、法制外，另有法学通论、国法学、宪法、罗马法、民法、刑法、商法、民事诉讼法、刑事诉讼法、国际公法、国际私法、行政法，等等，学制为3年。此外，还特别设置速成科，限期一年半毕业，科目和课时有所缩减，但也包括法学通论、宪法大意，等等②。教师方面，伍、沈二人最初只说"分延中外教习，逐日讲授"，没有提出具体人选。到1906年法律学堂正式开学，所聘外国教习全部来自日本，有冈田朝太郎、志田钾太郎、小河滋次郎、松冈义正、岩井尊文等人，其中冈田朝太郎负责法学通论等课程，岩井尊文讲授国法学③。据目前所知，京师法律学堂的讲义有两种汉译本，一是汪庚年编辑、京师法学编辑社出版的《法学汇编——汪辑京师法律学堂笔记》，二是熊元翰、熊元襄、熊元楷编辑，北京安徽法学社出版的《京师法律学堂笔记》，两种译本均共有22册，都是1911年刊印④。

京师法律学堂主要招收各部属员，但"各省冗员繁多，而办理交涉事宜及举行各种新政，时有乏才之患"，伍廷芳、沈家本又建议"在各省已办之课吏馆内，添造讲堂，专设仕学速成科"，让候补道府、佐

---

① 《学务纲要》，朱有瓛主编：《中国近代学制史料》第2辑上册，上海：华东师范大学出版社1987年版，第88页。
② 《外务部右侍郎伍刑部左侍郎沈奏请设立法律学堂折（附章程）》，朱有瓛主编：《中国近代学制史料》第2辑下册，上海：华东师范大学出版社1989年版，第469—473页。
③ 吴朋寿：《京师法律学堂和京师法政学堂》，全国政协文史资料委员会编：《文史资料选辑》第142辑，北京：中国文史出版社2000年版，第167—170页。
④ 王健：《中国近代的法律教育》，第197页。

杂、本地绅士入学,"课程一切参照大学堂章程内法律学门所列科目及日本现设之法政速成科办理"[1]。

1905年8月,学务大臣孙家鼐议复伍廷芳、沈家本的奏折,基本认可二人的主张。对于设立仕学速成科,孙家鼐注意到,直隶总督袁世凯近日"议设法政学堂,所列科目颇为详备,与该大臣等所拟办法相合,于造就已仕人才佐理地方政治深有裨益。拟请饬下政务处通行各省,并查取直隶法政学堂章程参酌地方情形认真办理"。1906年7月,学部咨行各省,让没有法政学堂的省份"一体设立,其业经设立者,亦应酌量扩充",广收举贡生员。1910年,清廷更允许各省开设私立法政学堂[2]。

各省法政学堂最初以1906年7月制订的直隶法政学堂章程为模板,1908年7月,学部奏请将京师法政学堂章程通知各省遵办,以期划一[3]。其实二者在课程设置上没有太大的差别,基本都包括法学通论、政治学、宪法学,等等[4],明显是受日本法政大学法政速成科的影响。各地法政学堂的教员,除了少数是直接从日本聘请外,多数是留日法政生,而且主要毕业于法政速成科。

以1905、1906年先后成立的广东、湖南法政学堂为例。广东法政学堂的外国教习有日本人松山丰造等,身兼中国教习和翻译的杜之杖、金章、姚礼修、莫鸿秋、叶夏声、陈融、曹受坤、朱执信、黎庆恩、张荫庭

---

[1] 《修订法律大臣伍、沈会奏各省课吏馆内专设仕学速成科片》,朱有瓛主编:《中国近代学制史料》第2辑下册,第474页。

[2] 《光绪三十一年七月十五日(1905年8月15日)孙家鼐等奏》《学部通行各省御史乔树枏奏请各省添设法政学堂文》《学部奏议复浙抚奏变通部章准予私立学堂专习法政折》《学部附奏推广私立法政学堂片》,朱有瓛主编:《中国近代学制史料》第2辑下册,第474—476、489—491页。

[3] 《学部奏北洋法政学堂拟令遵章办理折》,朱有瓛主编:《中国近代学制史料》第2辑下册,第486页。

[4] 《直隶总督袁世凯拟定法政学堂章程规则折(附章程)》《学部奏筹设京师法政学堂酌拟章程折(附章程)》,朱有瓛主编:《中国近代学制史料》第2辑下册,第478—484页。

等人和监督夏同龢、文案古应芬,都毕业于法政速成科[①]。湖南法政学堂的监督是官场中人,不负实责,真正任事的是副监督胡子清,教员有张人镜、杨钧、黄右昌、王冕南、陈锡宇、杨树毂、谭传恺、陆运仪、俞峻、任绍选、陈风岗、王鸿甫、曹子真(即曹履贞)、陈天欧、廖铭缙等,胡子清据说毕业于早稻田大学法政科,杨树毂、谭传恺、俞峻、曹履贞等均毕业于法政速成科,杨钧、陈风岗、廖铭缙等亦曾留学日本[②]。

除了遍地开花的法政学堂外,各地还兴办了自治研究会、宪政研究所、政法研究学会等各种致力于传授法政知识的团体、组织,所聘教师、所用教材也带有浓厚的日本背景。与法政教育的流行相呼应,出版机构积极兜售各种法政书籍,报刊也纷纷登载各类法政论著,来源仍不外乎是日本。1907年11月,四川总督命令"除现任司道首府时有要公任便外,其余候补道府"一律入宪政研究所学习宪法,又设宪政讲习速成科让"省垣各局所在差之同通州县"就读。宪政研究所的教材有主要、辅助两种,前者是《宪法精理》和清水澄《宪法》,后者有《万国宪法比较》、美浓部达吉《比较宪法》、《国法学》、《比较国法学》、《日本法规大全》、《列国政要》、《欧美政体通览》、《政治一斑》、那特硁《政治学》、小野塚喜平次《政治学》、菊池学而《宪政论》、《日本预备立宪》、孟德斯鸠《法意》(严复译本)、域鲁威尔逊《政治泛论》、《政治讲义》(严复译本),等等。宪政讲习速成科的教材有《法学通论》《宪法》等[③]。这些教材,除了严复的译著,全是日本舶来品。

其实,四川总督选定这些书籍,极可能是直接参考报刊上的图书

[①] 汪祖泽、莫擎天:《广东公立法政专门学校杂忆》,中国人民政治协商会议广东省广州市委员会文史资料研究委员会编:《广州文史资料》第10辑,1963年,第105页。

[②] 程波:《湖南法政教育的早期展开及湖南法政先驱者事略考》,《法学教育研究》2014年第1期。

[③] 《道府以上研究宪政章程》《同通州县讲习宪政章程》,《四川教育官报》第10册,1907年11月,"章程",第1—4页。

广告，而非审慎选择。紧跟清廷的"内外百官认真讲求宪政"的谕令，上海商务印书馆特意编译一系列法政书籍，供各省官员及绅衿商民学习，具体书目是：《日本法规大全》、《列国政要》、严译孟德斯鸠《法意》、严复《政治讲义》、织田万《法学通论》、末冈精一《比较国法学》、小野塚喜平次《政治学》、笕克彦《国法学》、富井政章《民法原论》、高田早苗《政治泛论》、菊池学而《宪政论》及《议会政党论》、清水澄《行政法泛论》、工藤重义《日本法制要旨》、士子坚四郎《国债论》、那特硁《政治学》、《日本明治法制史》、《日本预备立宪》、《地方自治财政论》、《警察讲义》、《日本警察法述义》、《自治论纂》、《宪法研究书》、《日本监狱法详解》、《万国国力比较》、《政治一斑》、《欧美政体通览》、《国际公法大纲》、《列国政治异同考》、《欧洲最近政治史》《欧洲新政史》、《欧洲财政史》、《经济通论》、《理财新义》、《德国学校制度》[①]。稍加比对，不难发现这张书单与四川总督选定的教材多有重合。

伴随国内法政教育蜂起，日本错综纷繁的"国体""政体"学说在中国进一步传播，同时又在这个过程中衍生出形态各异的变化，充分反映国人理解和吸收法政新说的复杂面相。

二、教材、报刊中难期一律的"国体""政体"论述

在法政教育勃兴的背景下，不少日本学者的著作被翻译成汉文，作为教材，流传颇广，如富冈康郎的《宪法研究书》和织田万的《法学通论》。1906年6—12月，吴兴让在《北洋法政学报》上翻译、连载富冈康郎的《宪法研究书》，1907年由商务印书馆出版单行本，到1910年，短短4年时间内，已经是第6版，流行程度可见一斑。

为综合比较不同学者对宪法问题的歧见，富冈康郎引用一木喜德郎

[①] 《上海商务印书馆紧要广告》，《申报》，1907年11月1日，第6版。

的《国法学讲义》，穗积八束的《宪法讲义》《宪法大意》《国法学讲义》，副岛义一的《宪法讲义》，井上密的《国法学讲义》《宪法讲义》，有贺长雄的《国法学》《宪法讲义》，高田早苗的《宪法讲义》，末冈精一的《比较国法学》等书，撰成《宪法研究书》。该书第4章《统治权》第6节《政体之种类》指出："区别政体种类之标准，有从统治权总揽者之组织并行使之方法区别者，有从元首之组织地位区别者。"按前一种标准，"政体"分为总揽者同时是元首的君主政体（包括独裁君主政体和立宪君主政体），总揽者与元首分开的民主政体（包括直接民主政体和代议民主政体），总揽者为贵族阶级的贵族政体和总揽者为君主与议会的君民共治政体。后一种标准即格立司的"政体"分类学说。

《宪法研究书》接着介绍了穗积八束的"国体""政体"区分说："国体者，从主权所在而定，政体者，从主权作用之形式而定，即国体者从统治主体之异而区别，政体者从统治形式之异而区别也。"以及其他学者的反驳意见："国体不能从主权所在为区别，何则？主权之所在，国家未必无变动，国体者，历史之结果，于历史学可得而说明，于法理上不必认国体之区别。"①可以想象，当这些互歧的"国体""政体"观念在中国读书人中流传开来后，人们一方面固然了解到丰富多样的"国体""政体"学说，但同时也难免会对"国体""政体"的意涵指称产生困惑。

1907年，早稻田大学留学生刘崇佑将京都帝国大学法科大学教师织田万的《法学通论》译成汉文。出版者称《法学通论》为"预备立宪时代不可不读之书"②，1913年10月已重刊至第13版。《法学通论》第3编第3章《国家之形体》指出："国体者，本于国家构成之形体。政体

---

① 富冈康郎著，吴兴让译：《宪法研究书》，《北洋法政学报》第3册，1906年10月，第52—54页。
② 《上海商务印书馆最近出版新书》，《申报》，1907年10月16日，第6版。

者，本于政治上组织之形体也。""国体"分为"由于惟一之国家而成"的单体国家和"由于数多之国家所结合而构成"的复体国家。"政体"以主权者的人数为标准，分为贵族国、君主国、民主国、混合制国家①。1909年7月，《广东地方自治研究录》第13期刊载曹受坤的《法制大意》，文中的"国体""政体"论述与织田万的《法学通论》相同②。

冈田朝太郎在京师法律学堂讲授法学通论课程时，专门编辑讲义《法学通论》，因学生"面聆之而研究之矣，同人复怂恿付梓以广流传"③，遂整理删订，由张孝栘翻译，在1908年出版。《法学通论》第1编第4章《国家、国体、政体及国家之种类》指出："有国家然后有国体、政体之同异，因其国体、政体之配合如何，而国家之种类亦因是而生。""国体也者，主权所在之形式也，分之可列为四，曰贵族国、民主国、君民共主国及君主国是。""政体"是主权行使的形式，"统治作用之外形"，有专制、立宪之别。"国体""政体"配合，衍生出以下国家种类：一，民主专制国，主权在民，统治机关不分立；二，民主立君专制国，主权在民，国民选举君主，委任以统治权，不设分立的统治机关；三，民主立宪国，主权在民，统治机关分立；四，民主立君立宪国，主权在民，国民选举君主，统治机关分立；五，君民共主立宪国，主权属于君主与国民，统治机关分立；六，君主专制国，主权在君，统治机关不分立；七，君主立宪国，主权在君，统治机关分立④。

熊元翰翻译的冈田朝太郎《法学通论》也相同的"国体""政体"区分理论。值得注意的是，熊元翰在讲义的基础上以"讲堂笔记，补

---

① 织田万著，刘崇佑译：《法学通论》，上海：商务印书馆1907年初版，1926年6月第17版，第113—118页。
② 曹受坤编述：《法制大意》，《广东地方自治研究录》第13期，1909年7月7日，第22—26页。
③ 沈家本：《序》，冈田朝太郎著，张孝栘译：《法学通论》，东京：富山房、有斐阁发行1908年版，第1—2页。
④ 冈田朝太郎著，张孝栘译：《法学通论》，第8—12页。

其所无",又"间附己见"①,掺入了其他不同的"国体""政体"观念:"而阅世既久,又有国体、政体之区别焉。国体之区别何?即君主国、民主国、君民共主国是也。政体之区别何?既专制政体(以一人为治者)、贵族政体(以少数人为治者)、共和政体(以国民之全体为治者)是也。"又说:"宪法为规定政体大纲之法(有成文宪法、不成文宪法),与立宪政体不同。盖既为国家,无论其国体如何(成为专制国、成为立宪国),皆不可谓无宪法。"②

京师法律学堂另一名教师岩井尊文则基于国家是统治权的主体,君主是国家机关的观念区分"国体""政体":"国体视总揽统治权主宰者为何如人而决,若主宰者为君主,则为君主国体,主宰者为人民,则民主国体也。政体为统治权行动之形式,若一切政务出诸唯一机关,为专制政体,若依三权分立之旨,以政务分为立法、司法、行政,使各异机关理之,则为立宪政体。"③

受日语水平不高、法政知识储备不够等因素的影响,国人往往未能洞悉日本纷繁互歧的"国体""政体"理论的来龙去脉,难免杂糅不同乃至明显对立的观点,多有误读错解。此类情形屡见不鲜。法政速成科第4班毕业生陈启棠编辑的江苏法政学堂讲义《宪法泛论》,一方面参照穗积八束一派的学说,以主权所在及其行使形式为标准区分"国体""政体",一方面引述美浓部达吉根据最高机关的组织类分"国体"的观点,没有注意到二者的分歧④。其实,各种"国体""政体"学说,只要言之成理,并没有绝对的此是彼非。不过,不同的理论之间往往壁垒分明,针锋相对,如果不加分辨,随意混同,看似博采众说,

---

① 熊元翰:《例言》,冈田朝太郎口述,熊元翰编、何勤华点校:《法学通论》,上海:上海人民出版社2013年版。
② 冈田朝太郎口述,熊元翰编、何勤华点校:《法学通论》,第7、9页。
③ 熊元翰编辑:《国法学》卷上,安徽法学社1911年初版,1914年四版,第41页。
④ 陈启棠:《宪法泛论》,苏城临顿路老毛上珍摆印,出版时间不详,第4—5、9—15页。

实则前后矛盾，纰漏百出。

各种法政书籍之外，清末蓬勃发展的报纸杂志对"国体""政体"学说的传播也发挥着极其重要的影响。1907年初，过耀根在《法政学交通社杂志》刊载《最新各国政体考》，参照梁启超的《中国专制政治进化史》，介绍亚里士多德、孟德斯鸠、一木喜德郎等人的"政体"分类知识，并特别解释："政体者，行使主权之形式也。"[①]1907年，高亚宾在《政艺通报》上发表《伯伦知理氏国家学与那特硁氏国家学（一名政治学）之比较》，将指称国家形式的"国体"解释为"国家体性"[②]。

1909年2月27日，日本人在福建福州主办的汉文报纸《闽报》发表"论说"《国体与政体之界说》，指出：

> 国也者，所以集合一种之人类而成立其政府者也。政也者，所以统治一国之人民，而维持其治安者也。国于地球之上，无虑数十，而国体可大别为四，曰独立，曰半独立，曰联邦，曰保护。具国家之性质，有完全之统治权，对于他之国家能平等适用国际法者，独立国也。具国家之性质，须他之国家分执其统治权，对于他之国家不能平等适用国际法者，半独立之国也。具国家之性质，而国家之中又分为多数之国家，而各有完全之统治权，对于他之国家适用国际法必由中央政府执其主权者，联邦国是也。具国家之性质，所有统治之权寄于他之国家，而国际法之效力必视夫他之国家之作用者，保护国是也。故国体又谓之国度，以其国之程度有以上之区分也。国体异，斯政体亦自不同，然亦可大别之为四，曰君

---

① 过耀根：《最新各国政体考》，《法政学交通社杂志》第1号，1907年1月14日，第29—32页。
② 高亚宾：《伯伦知理氏国家学与那特硁氏国家学（一名政治学）之比较》，《政学文编》卷3，邓实辑：《光绪丁未（卅三年）政艺丛书》，沈云龙：《近代中国史料丛刊续编》第28辑（271—280），台北：文海出版社1976年版，第1402页。

主,曰民主,曰贵族,曰专制。以名誉为主义,统治之机关得以君主一人之意旨而裁制之者,君主是也。以道德为主义,统治之机关必合上下议院之制裁,而大统领不得以意进退行政官者,民主是也。以温和为主义,统治之机关以少数人组织而成,对于平民而独得议政之效力者,贵族是也。以威吓为主义,统治之机关得以君主一人之意旨而制裁之,无论施治之良否,人民皆不得而议之者,专制是也。且政体又有古今之别,族制政体、神权政体、市府政体、封建政体皆古之政体也。今之政体有近世专制君主政体、立宪君主政体、代议共和政体、联邦政体之分。所谓政体,不过如是焉而已。至今之何国为何种国体,何国为何种政体,则另一问题矣。①

这篇文章以国家统治权的程度为标准区分"国体"为独立国、半独立国、联邦国、保护国,"政体"指向君主、民主、贵族、专制、联邦等政制。乍看之下,"国体""政体"有别,实际上还是界限模糊,同样是联邦制,既是"国体",也是"政体"。

言人人殊的"国体""政体"学说持续出现。1911年4月,上海《法政杂志》刊载河上肇著、王嘉榘译《政体与国体》。文章开宗明义:

> 国体何以区别乎?曰国体得分为二,一国主国,一民主国。夫国体三分说乃至二分说,由来旧矣。至国主国之名称,颇觉创见,殆以吾人之寡闻浅识,故未见之耳。今假定其名,作国体二分新说。
>
> 据吾人所见,国体与政体,固显然有区别也。国体依政治之目的而分,政体依政治之方法而分。欧西各国,凡所谓民主国者,皆属于同一之国体,故学者分国家之种类,大率以政体为标准,而不

---

① 《国体与政体之界说》,《闽报》,1909年2月27日,"论说",第1版。

以国体为标准。

河上肇接着罗列和分析欧西学者的国家分类法，说明他们讨论的只是"政体"问题。首先，从欧西国家的发展形态区分国家为都市国与民族国。"都市国者，由一个之都市而成立之国家也"。"若夫民族国，则包含一民族而为国家。""都市国者，中央集权国也。民族国者，地方分权国也。其本质上之差异如此。前者以中央为一个之政治机关，后者于中央政治机关之外，更有地方的政治机关。""中央集权国与地方分权国之区别，悉本于政治机关之差异而生。变词言之，即以政治之方法为标准，而生政体之区别，决不以政治之目的为标准，而生国体之区别也。"

其次，则是区分国家为专制国与共和国。这种分类方法的理据是："夫国权者，强制国民之意思所生之意思力也，此意思力由多数人意思结合之结果而始发生。故国家必有国权，又必有国权之行使者，而此国权之行使者，所以能行使其国权，即由多数人意思结合之结果而发生者也。是故有国权之行使者，又必有国权之维持者，而此国权之维持者，有必具有发生意思结合之结果之机关与其方法之国，及不必具有发生意思结合之结果之机关与其方法之国。例如美洲合众国最高之国权行使者为大总统，此大统领依选举而决定，故此选举即国权维持者意思发表之法定方法也。由斯以谭，则国权维持者，有意思发表之组织方法者，即谓之共和国，反是则为专制国。""专制国与共和国之区别，既如上所述矣，而考其究竟，即本于国家之政治，其运用上方法之差异，政体之区别也，决不以政治之目的之差异为标准，而为国体之区别也。"

再次，区分国家为个人政治国与集会政治国。"一国之政治，非个人所能总揽而处理之，又同时不能使全部之国民共同掌握之，于是司一国政治者之数，当在此二者之间，由一定之人员而成立之。是等之人，其执行政治也，大概分为二方法：一，个人各自行使国权一部分之方法；二，个人相集而组织会议体，依多数决而行政治之方法。现今多数之国家，皆并用此二法，吾人惟视其所置重者以为标准，而分国家为个人政治国及集会政治国二者。""而此个人政治国及集会政治国之别，要亦本于国权行使方法之差异，而生政体之区别也，决不以国权行使之目的之差异为标准，而生国体之区别也。"

河上肇自称："以上所论述者，原本于休兰氏之名著，特附加私意而祖述之。……惟据以上所述之分类，皆以政体为标准，而非国体为标准，此其大校也。"在他看来，欧西学者分类国家之所以只以"政体"为标准，而不以"国体"为标准，"此其故因欧西各国，皆为同一之国体，故学者所论究国家之分类，不得以国体为标准，而以政体为标准，亦当然之势也。是故国体政体之说明，当以日本为始"。

不过，河上肇虽承认"区别政体与国体为必要"，却不认同穗积八束、小野塚喜平次、上杉慎吉等人的"国体""政体"区分说。他主张："政体者，依政治之方法而定，国体者，依政治之目的而定。惟政体之别，已如上所述矣，兹但就国体而类别之。夫政治之目的，各依其国而生差异，故或在国家，或在个人，前者谓之国主国，后者谓之民主国。故民主国者，非共和国也。又，对于民主国者，非君主国，实国主国也。国主国之名称，颇觉创见，然吾人欲说明日本之国体，觉此国主国之新名词，最为适当。盖日本为国主国，西洋各国皆民主国也。"

河上肇详细解释国主国与民主国的差异：

国主国建国之精神，一言以蔽之，国家主义而已。即与西洋民主国建国之精神，所谓个人主义者，正立于相对的地位。夫依国家主义而论，政治之目的为国家，个人特其手段耳。故国家为第一义，主也；个人为第二义，从也。个人只为计国家发达之器械机关，而始有存在之价值，故非因个人而有国家，实因国家而有个人也。由政治上之观察，有自己之目的性者，国家而已，个人无自立自存之价值。极端言之,若杀个人而得以维持其国家之成立,即牺牲个人以活国家,可也。此本于国主国建国之精神,而为必然之伦理的断案也。现在日本人之伦理观,皆认此断案,而毫不踌躇者,此足以证明其国体为国主国。

　　反之,民主建国之精神,非国家主义,乃个人主义也。其所以建国者,以完个人之生存为必要。故由政治上之观察,国家只为个人之器械机关,而始有存在之价值。故以个人为主,以国家为从。因而认个人为自己之目的性,而国家不过为欲达其目的之手段而已。

河上肇的这番话,将其区分"国体""政体"的用意表露无遗,也就是反对日本的君权主义、国家主义,提倡个人人格和价值。所以,他明确说:"且不独政体为然也,即国体亦非亘万古而不变者,只在难易之间有所差异耳。"弦外之音,日本的"国体"也应该改变为民主国。

《法政杂志》的编者也察觉出河上肇的意图,说:

　　河上氏分国体为国主、民主国两种,至谓惟日本为国主国,西洋各国皆民主国,其说殊为创见。河上氏其久屏息于日本官僚政治之下,而生此特别观念耶?抑不满于日本现在之国体,故创是说,以讽谕其国学子耶?读者幸善会其意。[①]

如前所言,"国体""政体"本非界限分明,欧美也并不缺乏"国体""政体"区分理论。只有日本才区分"国体""政体"的说法,从事实层面来看,显然站不住脚。不过,转换视角,日本学者反复说欧美

---

① 河上肇著,王嘉榘译:《政体与国体》,上海《法政杂志》第1年第2期,1911年4月23日,"资料",第40—41、44—46、51、54—55、57—59、63—64页。

只有"政体"分类，到日本才多了"国体"分类，一定程度上说明如何没有日本特殊的天皇制，"国体""政体"异同在东亚大概不会成为一个如此聚讼纷纭的问题。

第二节　师日立宪的尊皇取径与困境

一、达寿的钦定宪法以存"国体"主张及其反响

虽然清廷在1906年9月已经宣布预备立宪，但仅简单提及"仿行宪政，大权统于朝廷，庶政公诸舆论"，对于何时颁布宪法，召开国会，二者的先后顺序如何，国会能否参与制定宪法，以及宪法对君主、国会权力的规定等至关重要的问题，则一概付诸阙如。于是政见不一的各方人士纷纷针对如何立宪的问题发表"国体""政体"意见，试图影响清廷的改革路径。

对于立宪派来说，既要向清廷争民权，又要与革命党的民主共和竞争，在"国体""政体"构建上不得不颇费思量。1906年11月，戊戌变法时期参加过保国会的陕西举人梁积樟在《顺天时报》发表论说《论中国宪法应如何制定》，给出一套自以为严谨可行的"国体""政体"方案。梁积樟将立宪分为方法和方针两步，也就是预备立宪和制定宪法两个阶段。就方法而言，他主张中国学日本，先"重行政，尊君权，置总理，中央集权"，三、五年后"置议政大臣于上，以预为上议院之基，渐次设议会于京师及各省，以为下议院之址。于是渐重立法，与行政并行。待十年而后，官制定，议院开，宪政成，亦国宪立矣"[①]。

---

① 陕西梁积樟君：《论中国宪法应如何制定》（录《顺天时报》），国家图书馆分馆编选：《（清末）时事采新汇选》第18册，第9619—9620、9622页。

制度建成后,紧接着便是"宪法何如制定,以立主权"的方针问题。梁积樟强调:"国体既异,则立宪之方针乌能强同。"据他判断,中国是"君民共主国体,而非君主国体","实远于日而近于英"。不过,"政体"刚好相反,"远于英而近于日"。中国与日本长期是专制政治,英国早就实行立宪。如此一来,中国制宪的主权归属,"从英乎,则与政体背。从日乎,则又与国体违。两者不可得兼,权量重轻,似宜以国体为重,而从英为宜,当定为君民共主之方针"。但梁积樟话锋一转,又说中国"政体既同于日,而风教程度复与彼三十年前约略相同,以较英国相异远甚,徒据国体以为改革,反恐目的莫达"。权衡比较,"宜舍国体而先言政体,以定为君权政治,而用为立宪之方针,步趋日本,大权在君"。数十年后,立宪政治发达,"渐趋于君民共主之政治,而国体始觉完全,民情亦始安适,然后所可言以英为师,重订宪法之方针"[①]。

梁积樟的"国体""政体"区分观念,应是源自岸崎昌、中村孝的《国法学》。他长篇大论,煞费苦心辨析立宪不同阶段的"国体""政体"考量,其实已经认识到清廷固执君权的事实,希望先参照日本的君主国体尊君立宪,而为了满足趋新政治力量的民权诉求,又比附中国为英式君民共主国体,悬诸遥远的未来。值得注意的是,梁积樟强调立宪须与本国"国体"匹配,实际却主张效仿日本"国体",可见一旦在"国体""政体"区分理论下改革,"政体"层面固然容易得出中国须从专制转向立宪的结论,"国体"定位直接关系到君权民权的高低,处理起来棘手得多,也因应各方互异的政见、立场而发生诸多变化。

梁积樟自以为"舍国体而先言政体"的改革策略能兼顾君权与民权,实际上却明显偏向于君权,且不说如此迂回缓慢的改革主张说服不

---

① 陕西梁积樟君:《论中国宪法应如何制定》(录《顺天时报》),国家图书馆分馆编选:《(清末)时事采新汇选》第18册,第9623—9625页。

了革命党,即使是立宪派,也未必认同。自1907年初杨度等人在《中国新报》上大力呼吁速开国会后,召开国会的具体时间,国会与宪法的先后顺序及其能否参与制定宪法等问题成为舆论焦点。

1907年3月31日,荫南在《顺天时报》上发表论说《论政体宜因时裁制》,在中西"政体"比较的视野下判定中国应该迅速实行立宪:"吾中国当闭关之世,不知国家之政体,有所谓专制、共和、立宪之分,而特混合言之。以为我国所行者,即治民之要道,古今来无二致也,否则不能合群立国,竞争于天地间。噫!政之体果若是隘乎。"中外交通后,关怀时局的有识之士"知组织政体之法,其形式不一,其精神攸殊"。再回过头来看"中国立政,始晓然专制已久,其流弊莫可穷诘",相比之下,西方富强之邦"非政由共和者,即能立宪"。荫南希望"议定宪法,早致宪政于施行"①。

达观认为,清廷改官制只是"虎头蛇尾之改革",应该实行三权分立的制度。不过,他所说的三权分立并非立法、行政、司法三权完全各自独立,而是与国权统一相结合。国权统一指由最高机关行使国权,虽有其他机关与其对立,但国家活动的中心点仍是最高机关,其他机关须受其支配。"大抵君主立宪国之最高机关,其统一之权多属君主。共和立宪国之最高机关,其统一之权多在议会。故政体之区别根于国体之区别而生。"②

何时、如何立宪的种种争议,归根到底,就是君权与民权的竞争。1908年2月,《大公报》为了庆祝发行满二千号,举办征文活动,刘献

---

① 荫南:《论政体宜因时裁制》,《顺天时报》,1907年3月31日,"论说",第2版。

② 达观:《论近日国权统一之趋势》,《时报》,1907年4月23日,"社论",第1版。此外,1910年2月3—18日,"韬庵"在《南洋总汇新报》连载的《论国权统一与三权分立》,在内容上与"达观"的这篇文章大体相同,而其评论的重点是中国实行三权分立制度时应明晰、调和各机关的权限以避免谘议局与督抚的冲突等问题,详见章开沅、罗福惠、严昌洪主编:《辛亥革命史资料新编》第5册,第151—154页。

珩的《实行立宪之政体如何》拔得头筹。刘献珩援引羽田智证的理论:

> 一、国体者,所以论主权之所在,政体者,所以论主权之行动;二、国体者,由主权位置之所在分为君主、民主,政体者,由主权行动之形式分为专制、立宪;三、国体者,所以论主权之所在,故永无变更,政体者,所以论主权之行动,故可因时改变也。

认定"中国国体数千年来为君主国体,欲立宪则宜为君主立宪"。不过,他并不强调君权,而是主张"中国实行立宪政体,宜注重民权",召开真正的国会,以宪法保障国会权力[①]。

与速开国会的呼声此起彼伏相照应,清廷也加紧研究如何立宪。1907年7月28日,袁世凯奏称,"各国政体以德意志、日本为近似吾国",宜"特简明达治体之大臣分赴德、日两国,会同出使大臣,专就宪法一门详细调查"。[②]对此,最高主政者十分认可。9月9日,清廷颁发谕旨,派遣达寿、于式枚、汪大燮三人分赴日、德、英三国考察宪政。

9月11日,"还"在《申报》上评论说,此举体现"朝廷改政体而不改国体之宗旨":"世界各国国体确守帝国立宪制者,除奥匈以外,惟日、英、德三国。政府欲以帝国君主制改为立宪制,其势自不能采用共和制与王国立宪制,而主张采用帝国立宪制。采用帝国立宪制,舍日、英、德将何取法焉。""不改国体",即保持帝国制度,"改政体",即变君主制为立宪制。"还"特别提醒:"中国不为民主立宪而为君主立宪,既有人极力反对矣,若为君主立宪而尚仅袭其名,不行其

---

① 刘献珩:《实行立宪之政体如何》,《大公报》,1908年2月10日,"二千号祝典增刊",第3版。
② 《直隶总督袁世凯奏请简大臣分赴德日两国考察宪法片》,《政治官报》第1号,1907年10月26日,"折奏类",第7页。

实，后患可胜言耶。"①

　　这次考察活动，日本仍是重点学习对象，影响也至为深刻。达寿抵日后，与伊东巳代治商议，继续延请穗积八束讲授日本宪法历史等课程。②1908年8月7日，考察中途被召回京供职的达寿进呈《宪政重要谨就考察事件择要进呈折》《考察日本宪政情形具陈管见折》《国会年限无妨预定折》《先立内阁片》，详细汇报立宪见解。达寿根据穗积八束的理论阐述：

　　　　夫所谓政体者何也？政体云者，盖别乎国体而言。所谓国体者，指国家统治之权，或在君主之手，或在人民之手。统治权在君主之手者，谓之君主国体，统治权在人民之手者，谓之民主国体。而所谓政体者，不过立宪与专制之分耳。国体根于历史以为断，不因政体之变革而相妨。政体视乎时势以转移，非如国体之固定而难改。例如日本，君主国体也，一姓相传，已历千载，而维新之明治，虽尽变其历古相承之制度，究之大权总揽，仍在天皇，故政体虽尽其翻变之奇，而国体实未有毫发之损。我国之为君主国体，数千年于兹矣。易曰：天尊地卑，乾坤定矣。春秋曰：天生民而树之君，使司牧焉。五伦之训，首曰君臣，此皆我国为君主国体之明证也。国体既为君主，则无论其政体为专制，为立宪，而大权在上，皆无旁落之忧。盖国体者，根于历史而固定者也。政体者，随乎时势而流动者也。世或以政体之变更，而忧国体之摇撼，于是视立宪为君权下移之渐，疑国会为民权上逼之阶，犹豫狐疑，色同谈虎，此皆大误者也。

---

① 还：《论新简日英德考察宪政大臣》，《申报》，1907年9月11日，"论说"，第3版。
② 《考察宪政大臣达寿奏宪政重要谨就考察事件择要进呈折（并单）》，《政治官报》第291号，1908年8月18日，"折奏类"，第3页。

达寿紧接着提出两项重要主张，一是"政体之急宜立宪"，使"国本固而皇室安"；二是"宪法之亟当钦定"，使"国体存而主权固"。前者旨在坚定清廷的立宪信念，后者指示制宪方向，尤为关键。达寿将宪法分为君主钦定、君民协定和民定三种，对应大权政治、议院政治和分权政治。这三种政治，"倪持国体以为衡，实以大权为最善"。达寿建议清廷钦定宪法，规定君主握有大权，限制国会权力，使宪法"无害于国体，而无损于主权"①。至于召开国会的年限，不妨预定，但须以先钦定宪法为前提，因为"国体本为君主，又未遇改革之祸，则鲜有不先布宪法后开国会者"②。

相比起载泽只是提出立宪无损君权的观点，达寿迈出的步伐更大，不仅论证中国是君主国体，更主张钦定宪法，完全将穗积八束的"国体""政体"理论当成事实，用来指导立宪改革，确保君权至尊。其实，穗积八束的学说只是对《明治宪法》的法理解释，不能简单等同为日本政制的实情。《明治宪法》实际上已限制君权，"政体"明显约束"国体"。

达寿的奏折公布后，立即引起舆论高度关注，各方反应不一。孟森注意到，《考察日本宪政情形具陈管见折》纯属"穗积八束等所灌输之知识"，"正在官言官之意"③，对其无视民权隐然不满。恽毓鼎则称赞达寿"论宪政甚详尽，归重于君主自握乾纲，而大臣各担其责任，

---

① 达寿：《考察宪政大臣达寿奏考察日本宪政情形折》，故宫博物院明清档案部编：《清末筹备立宪档案史料》上册，北京：中华书局1979年版，第25—26、34—35页。

② 《考察宪政大臣达寿奏国会年限无妨预定折》，《政治官报》第293号，1908年8月20日，"折奏类"，第8页。

③ 孟森：《宪政篇》，《东方杂志》第5卷第8期，1908年9月20日，"记载"，第60—61页。

深得君主立宪之道"①。王荫南在《顺天时报》发表《读达大臣奏陈立宪事书后》,认为达寿对日本宪法的认识"诚得其要领",但日本"国体之成立与中国不同,中国编定宪法之主义与其方法,不得全取则于日本,是所遗憾也。若曰强为比附之,实难"②。

与舆论对中、日"国体"差异的警觉形成鲜明对照,清廷执意贯彻落实穗积八束的"国体"理念。1908年8月27日,由宪政编查馆主稿、会同资政院办理的《遵拟宪法大纲暨议院选举各法并逐年应行筹备事宜折》明确提出:"大凡立宪自上之国,统治根本在于朝廷,宜使议院由宪法而生,不宜使宪法由议院而出。中国国体自必用钦定宪法,此一定不易之理。"③

正如时人和后来研究者所见,《宪法大纲》处处抄袭《明治宪法》,且更偏重君权。清廷建构主权在君的"国体"的意图,为立宪派所察觉,激起强烈的舆论反弹。高朔指出:"无论其国体之为君主、民主,政体之为共和、联邦,莫不有宪法为治理之标准。"但有宪法的国家也可能是专制国,"有宪之专制,无形专制也",日本行之于前,中国将踵之于后。在高朔看来,日式君主立宪是专制立宪的代名词,"君权因立宪而愈伸,民权因立宪而愈屈",这是"日本之国体使然"。而国人应该明白,宪法以各国自己的历史民情为基础,"不可徒效,不可妄据,非万应之药、百治之膏,可以通用"④。

1908年9月26日,《大公报》论说《宪法与历史之关系》批评清廷抄袭日本"国体",无意改"政体"。文章指出:"其根据于本国历史

---

① 恽毓鼎著、史晓风整理:《恽毓鼎澄斋日记》第1册,杭州:浙江古籍出版社2004年版,第393页。
② 王荫南:《读达大臣奏陈立宪事书后》,《顺天时报》,1908年8月25日,"论说",第2版。
③ 《宪政编查馆会奏遵拟宪法大纲暨议院选举各法并逐年应行筹备事宜折》,《政治官报》第301号,1908年8月28日,"折奏类",第6—7页。
④ 高朔:《读日本宪法感言》,《大公报》,1908年9月25日,"言论",第3版。

者,惟在国体之范围,至于政体之编制,则断无根据于历史者。诚以国体者,谓一国主权之所在,政体者,谓一国主权行动之形式也。"如果"政体"也根据历史,"然则凡由专制政体变而为主〔立〕宪者,其宪法中亦必含有专制之性质耶?"《明治宪法》的精义在于第4条,"天皇为国之元首,总揽统治权"申明主权所在,规定"国体";"依此宪法之条规行之"限制主权行使形式,规定"政体"。《宪法大纲》删去这一条,"是将以我国之国体可以摹仿日本,而我国之政体可不摹仿日本耶?亦我国之国体可以不根据历史而摹仿日本,而我国之政体必须根据历史而不摹仿日本耶?"如此立宪,"数千年之专制政体,仍不变其旧有之面目"①。由于立宪改革徒有其表,未能真正容纳民权,立宪派与清廷在"国体"问题上的分歧,愈趋明显。

二、"国体""政体"取向的对立化

清廷宣布九年预备立宪期限后,关于何时召开国会、采用何种国会制度以及国会能否参与制定宪法的讨论并未平息。1909年底,梁启超在《中国国会制度私议》一文中提出:"我国政体固不可不为立宪,而国体又不可不为君主。"②这样的观念,明显是受杨度的影响。早在1907年10月,他撰写的《政闻社宣言书》就有类似的表述:"吾党所主张,惟在速开国会,以证明立宪之诏非为具文。吾党主张立宪政体,同时主张君主国体。"③1910年2—4月,梁启超在《国风报》上连载《宪政浅说》,具体阐述"国体""政体"区分理论:

---

① 《宪法与历史之关系》,《大公报》,1908年9月26日,"言论",第3版。
② 宝云:《中国国会制度私议》,《宪政新志》第4号,1909年12月15日,"论著",第27页。1908年7月,梁启超以笔名"宪民"在政闻社机关刊物《政论》发表此文,后因杂志停刊,所刊内容不到全文十分之一。1909年11月起,此文署名"宝云"在《宪政新志》连载。1910年4—9月,梁启超将原稿略加订正,署名"沧江",刊登在《国风报》第8—15、19—21期。
③ 宪民:《政闻社宣言书》,《政论》第1期,1907年10月7日,第11页。

直接机关，则一国中不可无一个，而又不可多于二个。其仅有一个者，则君主是也。其兼有两个者，则君主与国会，或大统领与国会是也。缘直接机关之或仅一个，或兼两个，而政体之差别生焉。其有两个直接机关者，则两者权力之大小，决不容平等，平等则无从统一矣。故其中必有一焉，为最高机关。缘最高机关之所在有异同，而国体之差别生焉。①

梁启超的"国体""政体"区分观念与副岛义一一派接近。需注意的是，梁启超的君主国体立宪政体主张，重点应是落在伸张民权的立宪政体。

梁启超发表《中国国会制度私议》《宪政浅说》等文，与速开国会风潮紧密相关。1909年10月，张謇等人提议联合各省谘议局，共同要求速开国会。"1910年，以谘议局为中心，由立宪派领导，全国掀起了国会请愿热潮，先后进行四次，长达一年之久。"②

1910年6月16日，第二次进行国会请愿的代表向都察院递交请愿书，21日，都察院代奏，26日，会议政务处阅看相关折件。③同日，肃亲王善耆致电汪荣宝，请其前往府中一谈。汪荣宝知道善耆想咨询的是国会问题，"甚欲一陈愚见，以备采择，立即前往"。果不其然，见面后，善耆"略述本日会议情形及枢府宗旨"。汪荣宝认为："召集国会为立宪政体题中应有之义，何必斷斷于三五年迟早之间。"他提议在资政院议员任满后即改设上下议院，这样不过提早三年。善耆"亦甚以为

---

① 沧江：《宪政浅说》，《国风报》第1年第2期，1910年3月2日，"附录"，第13页。
② 侯宜杰：《二十世纪初中国政治改革风潮——清末立宪运动史》，北京：人民出版社1993年版，第268页。
③ 侯宜杰：《二十世纪初中国政治改革风潮——清末立宪运动史》，第289—291页。

然，而决其必不能行"。汪荣宝只好退而求其次，建议"（一）请设立责任政府；（二）请实行钦定宪法，先设宪法讲筵，亲临讲习"。善耆嘱咐汪荣宝"将请设宪法讲筵先事研究，并实行钦定之恉拟一奏稿，预备陈奏"。

6月28日，汪荣宝草拟敬陈管见折，"大旨如下：（一）国会与宪法成立之先后，视国体而异；（二）中国国会之成立，当在宪法制定之后；（三）宪法必须钦定；（四）宪法必须真正钦定；（五）钦定宪法必要之预备及预备之时机；（六）日本制定宪法之历史：（甲）天皇之英断，（乙）伊藤博文自述之语；（七）请设宪法之讲筵。"[1]和达寿的理念接近，汪荣宝也认为根据中国"国体"，应先钦定宪法后开国会，实际上以尊君权为本位。

宪法与国会的先后顺序，直接关系到民权程度的高低。时人明白，没有国会参预、协赞的宪法，"已失其成立之价值，无异一纸之空文"[2]。由于人们坚信清廷不会主动伸张民权，即使1910年11月4日的谕旨已宣告提前召开国会，请求速开国会并允许国会参与制宪的声音还是不绝于耳。

1910年底至1911年初，《大公报》以《立宪国之要素一曰国会一曰宪法，然当预备立宪之时，究应先开国会而后定宪法欤，抑应先颁布宪法而后开国会欤》为题，举行征文活动。唐祖绳的论文被评为第一等，他指出，"政体"决定宪法与国会的先后次序问题。"钦定宪法者，君主立宪国之宪法也。议院宪法者，民主立宪国之宪法也。中国既采用德、日制度，确定君主立宪国之政体，则宪法之颁布必不待国会之成

---

[1] 韩策、崔学森整理，王晓秋审订：《汪荣宝日记》，1910年6月26日，北京：中华书局2013年版，第165—166页。
[2] 帝民：《论宪法与权限》，《时报》，1910年11月21日，"社论"，第1版。《广益丛报》第255号（1910年12月31日）、《协和报》第11期（1910年12月15日）、1910年11月28日《大公报》转载。

立，断可知矣。"不过，唐祖绳不相信"以通国遵行之法，仅假诸一二亲贵之手，谓必能上符政体，下合民心"，认为宪法须"经资政院之审议，全国人民之公认"①。

论文被列入备取一类的"吏隐"则说："考世界现在各国，其国体有三，曰共和，曰君主立宪，曰专制。其专制者之无国会、宪法，不足论矣。共和国之宪法则由国会订定，以呈于大统领遵守，是先国会而后宪法也。君主立宪国则由君主钦定而颁于国会，令其协赞承认，是亦先有国会而后颁宪法也。"中国"国体现由专制进为君主立宪，是国会、宪法皆应讲求"，宜"先行组织国会"②。

这次征文活动的投稿者几乎都主张先开国会，后定宪法，明显是《大公报》有意操纵的结果。时人意识到："无国会，则民权始终托之空谈。有国会，则民权乃有实质。""全国民出代议士以规定宪法，以国民权利为本位，而以国民为手段，受君主之裁可，而不出于君主之规定，方为真正的立宪。以国体论，则为民权国体。以政体论，则为君主立宪政体。"③民权国体、君主立宪政体的理念，之前曾出现在李庆芳的《立宪魂》一文。

在师日立宪的背景下，倾向于尊君权的官绅往往认为中、日"国体"相同，但中、日国情是否真的相同，本身就是一个存疑的问题。1910年12月3日，《帝国日报》转载原刊于南满洲铁道株式会社机关刊

---

① 唐祖绳：《立宪国之要素一曰国会一曰宪法，然当预备立宪之时，究应先开国会而后定宪法欤，抑应先颁布宪法而后开国会欤》，《大公报》，1910年11月30日，"三千号祝典增刊"，第9版。唐祖绳的生平，参见民国《上海县志》卷十五，1936年，第18页；董郁青：《唐梦幻先生行述》，天津《益世报》，1919年2月9、10日，"代论"，第2版。

② 武林寓津吏隐：《立宪国之要素一曰国会一曰宪法，然当预备立宪之时，究应先开国会而后定宪法欤，抑应先颁布宪法而后开国会欤》，《大公报》，1910年12月9日，"言论"，第4版。

③ 蕊仙：《立宪国之要素一曰国会一曰宪法，然当预备立宪之时，究竟先开国会而后定宪法欤，抑应先颁布宪法而后开国会欤》，《大公报》，1910年12月21日，"言论"，第3版。

物《满洲日日新闻》的《清国皇族政治》,文章明确指出中、日"国体"有别:

> 中国与日本,国体彼此不同。日本子姓相承,万世一系,故皇室历久愈贵愈尊,俨如神圣不可侵犯,此其所以为日本国家之特色也。中国历史则不然,篡窃犯伐之事,史不绝书,苟有雄才大略,力能驾驭一世,或称仁道义术足以收拾民心者,无论何人,皆得有其国而君之。但其所谓皇室之尊严,则不过托之理论,于实际上固毫无把握也。今之清国皇室,亦犹是矣。故欲维持其一姓之尊严,巩固其一家之基础,自不得不以占领政治之地位,防止权力之丧失为惟一政策,于是清国政治上一大特色,乃有皇族政治出现,而总揽军国之枢务者皆皇族矣。至于日本国体,其先虽不可得而详,然至近世则从无皇族关涉政治者。……皇族既不关涉政治,不立于政治上责任之地位,故众怨亦无从归宿之,而皇室乃益尊严,能保有其神圣不可侵犯之实际,此日本国体之精华超然出众者。至于清国皇族之间,所以必急起直接握有政治上之特权者,虽曰因其国体适然,然既以皇族关涉政治,则不得不于政治担负责任,而国人之是非乃丛集之,甚或与其他国务大臣同一受个人私行上之监督,此清国皇族所以恒为众怨之府也。①

国人也在报刊上发声,希望清廷正视中、日"国体"的差异。"选"发表在1911年6月6日、8日《申报》的《皇统与皇权》一文指出,君主大权"为日本国家之特色",是日本君主与国家未曾分离、皇统与皇权混一的产物,"实为东方并无真正立宪政体之确切凭据"。一旦中

---

① 《清国皇族政治》(译《满洲日日新闻》),《帝国日报》,1911年3月29日,"代论"。

国盲目移植日本"国体",立宪必将落空。所以,"选"坚称中国"国体"与日本不同,无"万世一系之事实","共和思想夙已发达",自古有"民为贵,社稷为轻,及天下者,天下之天下,非一人之天下"之说。日本君主大权"此等思想万无可以移植于中国之理,此等宪法亦万无可以抄袭之理"。中国立宪应分离皇统、皇权,以英国为模范[①]。

尽管如此,清廷还是更愿意接受君权独尊的"国体"。1910年底前后,度支部员外郎李景铭翻译日本法学士北鬼三郎所撰《大清宪法案》,供纂拟宪法大臣、度支部尚书载泽或协同纂拟宪法大臣、度支部侍郎陈邦瑞参考[②]。《大清宪法案》第1章"皇帝"第1条:"大清国皇帝总揽统治权,按照本法之规定统治帝国。"说明如下:"窃观秦汉以降历朝君主之地位,并征于大清一统以来之事迹,清国之国体,与日、俄两国无甚差异。故本条参照日本宪法第一条、第四条及俄国宪法第四条,规定大清国皇帝立于总揽统治权之地位也。"[③]可以想象,北鬼三郎套用《明治宪法》,将中国"国体"确定为君主总揽统治权的理念,对于清廷来说很有吸引力,符合其一贯立场。

但问题是,《明治宪法》虽规定天皇总揽统治权,但在实际政治中,天皇并不直接统治,国家权力由内阁、议会等机关施行,即使议会权力相对较弱,法律也必须经议会议决通过[④]。清廷执意使君主在名、实上都成为统治权总揽者,势必造成君权与民权的激烈冲突。

至此可见,因为在立宪政体下如何安置君权的分歧和矛盾越来越尖

---

① 选:《皇统与皇权》,《申报》,1911年6月6、8日,"论说",第3版。
② 参见俞江:《近代中国的法律与学术》,北京:北京大学出版社2008年版,第125—151页;尚小明:《"两种宪法草案稿本"质疑》,《历史研究》2007年第2期;彭剑:《也谈"两种清末宪法草案稿本"中的"甲残本"》,《历史档案》2011年第3期。
③ 《李景铭翻译日本法学士北鬼三郎所著大清宪法案第一章第一条条目及说明》,中国第一历史档案馆、海峡两岸出版交流中心主编:《清宫辛亥革命档案汇编》第80册,第48—49页。
④ 郭冬梅:《关于明治宪法的再认识》,《日本学论坛》2000年第1期。

锐,清廷与立宪派的"国体"立场已趋向于极端对立。这也印证了汪精卫的清廷立宪不可能实现民主主义的判断:"谈法理者每谓君主仅国家之最高机关,有宪法以范围之,则君主无责任而不可侵犯,故君主立宪未尝不可以治国。此于法理则然矣,以事实按之,而有以知其不然也。大抵各国之立宪,无论其为君主立宪,为民主立宪,皆必经一度革命而后得之,所以然者,以专制之权力积之既久,为国家权力发动之根本,非排去此强权,无由收除旧布新之效故也。"①

第三节 辛亥革命与立宪派的"国体""政体"应对

一、国民会议公决"国体""政体"

正当清廷以为可以循序渐进,按部就班预备立宪时,1911年10月10日,武昌起义,革命浪潮席卷全国。不同于历史上的帝位更迭、改朝换代,辛亥年的革命以革新中国的"国体""政体"为根本目标。1911年10月12日,刚成立不久的中华民国军政府鄂军都督府正式向全国旗帜鲜明地宣告:"永久建立共和政体。"②10月23日,鄂军都督府又发布檄文,号召东南同志"与我父老英彦永建民主自治联邦共和国"③。共和政体、民主自治联邦共和国的表述,一方面反映民军坚决要求结束帝制,另一方面也反映出民军对于要建立什么样的共和制度,一开始并未

---

① 《查阅汪兆铭亲供抄录恭呈御览》,中国第一历史档案馆、海峡两岸出版交流中心编:《清宫辛亥革命档案汇编》第67册,第377—378页。
② 《中华民国军政府布告全国文》,辛亥革命武昌起义纪念馆、政协湖北省委员会文史资料研究委员会合编:《湖北军政府文献资料汇编》,武汉:武汉大学出版社1986年版,第6页。
③ 《联合东南进讨满奴檄》,辛亥革命武昌起义纪念馆、政协湖北省委员会文史资料研究委员会合编:《湖北军政府文献资料汇编》,第28页。

完全确定。因此,在接下来一个月的时间里,随着全国各地尤其是南方各省纷纷响应革命,中国将来采用何种"国体""政体"的问题也就提上议程。1911年11月12日,江苏、浙江两省仿照美国独立后第一、二次会议的先例,共同发起临时国会,请各省派代表到上海讨论"将来国体政体"①。江浙发出的电文没有明确说明"国体""政体"涉及哪些方面,但可以想象,应该指向民主共和与联邦等问题。

由于南方民军的共和诉求与清廷的帝制水火不容,为避免南北因帝位存废而引发激战,1911年11月中旬,立宪派代表人物杨度和革命党名人汪精卫主持发起国事共济会,呼吁"组织国民会议,聚集全国代表,协议政体"②,根据多数民意决定君主、民主的去从③。1911年11月18日,梁启超在拒绝袁世凯内阁法部副大臣的任命的电报中也建议:"速开国民议会,合全国人民代表以解决联邦国体、单一国体、立君政体、共和政体之各大问题。"④

应是响应国事共济会的主张,顺直谘议局致电内阁、资政院,指出"革军之所要求与国家之所主张在国体政体之不同",朝廷不妨尊重舆论,召集国民会议解决中国前途问题。⑤山东都督孙宝琦赞同顺直谘议局的方案,并致电上海都督,提议"仿德国联邦参事会之制,先立上院以为国权基础","凡国体政体问题,皆可于此议决"⑥。《盛京时

---

① 《江浙两省代表雷奋等致各省电》,章开沅、罗福惠、严昌洪主编:《辛亥革命史资料新编》第2册,第47页。
② 《中国共济会出现》,《爱国报》第1766号,1911年11月15日,"国事要闻",第2版。转引自桑兵:《旭日残阳:清帝退位与接收清朝》,桂林:广西师范大学出版社2018年版,第27页。
③ 《国事共济会宣言书》,《顺天时报》,1911年11月16、17日,"特件",第2版。
④ 《梁启超致袁世凯电》,《申报》,1911年11月26日,"公电",第1张第4版。
⑤ 《顺直谘议局致内阁资政院电》,《顺天时报》,1911年11月23日,"时事要闻",第7版。
⑥ 《山东孙宝琦致上海都督原电》,《盛京时报》,1911年11月30日,"要闻二",第7版。

报》刊载这则消息时概括为"征求全国之意见以决定国体"[①],删去了电文原有的"政体"一词。为和平解决南北冲突,叶景葵也专门致电袁世凯,劝他"速停战事,召集国民会议,解决国体问题"[②]。

南北议和期间,国民会议公决"国体""政体"甚至成为谈判桌上的正式议案。1911年12月20日,在南北和谈的第二次会议上,民军议和全权代表伍廷芳提出"中国必须民主",袁世凯内阁全权代表唐绍仪出人意表地回应:"共和立宪,我等由北京来者无反对之意向","不过宜筹一善法使和平解决,免致清廷横生阻力"。唐绍仪接着说,武昌起义后,他曾主张开国民大会决定君主、民主问题,只是清廷不允。"现时我尚持此宗旨。盖此办法,对于袁氏,非此法不行也,其军队必如此乃可解散。开国会之后,必为民主,而又和平解决,使清廷易于下台,袁氏易于转移,军队易于收束。窃以为,和平解决之法,无逾于此也。"[③]

12月27日,唐绍仪向袁世凯汇报和谈情况,称"民军宗旨以改建共和政体为目的,若我不认共和,即不允再行开议",为和平解决南北冲突,他提议"召集国会,举君主、民主问题付之公决,以为转圜之法"[④]。28日,袁世凯将唐绍仪的意见上奏:"如召集国会,采取舆论,果能议决仍用君主国体,岂非至幸之事。"不过,最终"决定如何政体,亦难预料"。因事关清室存亡,非内阁所能擅专,"惟有吁恳召集宗支王公,速行会议,请旨裁夺"[⑤]。此时只剩下一副空架子的清皇

---

① 《各省都督电商统一办法》,《盛京时报》,1911年11月29日,"北京专电",第2版。
② 《叶景葵致袁世凯电》,《时事新报》,1911年11月30日,"专件",第1张第1版。
③ 观渡庐编辑:《共和关键录》,上海:著易堂书局1912年版,第10—12、14页。
④ 《宣统三年十一月初八日清议和总代表唐绍仪致内阁总理袁世凯电》,中国史学会主编:《中国近代史资料丛刊·辛亥革命》第8册,上海:上海人民出版社1957年版,第222—223页。
⑤ 《与诸国务大臣奏拟恳召集宗支王公会议请旨以决大计折》,骆宝善、刘路生主编:《袁世凯全集》第19卷,郑州:河南大学出版社2013年版,第209—210页。

室只能言听计从,颁发懿旨,准许召集临时国会,公决"君主立宪、共和立宪二者以何为宜"①。29日,唐绍仪与伍廷芳进行第三次和谈,正式议定:"开国民会议解决国体问题,从多数取决,决定之后,两方均须依从。"②

按照南北议和北方代表团湖北籍参预讨论员张国淦的说法③,唐绍仪提出以国民会议公决君主、民主问题,是出于他的建议。早在1911年10月20日,他就向当时的内阁总理大臣奕劻等人进言:"今日世界大势,论政体则有专制、立宪之殊,论国体则有君主、共和之异。"尽管清廷已颁布立宪之诏,但进程缓慢,无法满足君宪派的要求,更予民宪党以口实,结果"政治革命、种族革命之说,相摩相荡,而全国风靡",崩溃之局遂成。为今之计,唯有"赶速召集国民大会,商讨今日中国如何立国,以解决一切所不能解决之问题。"④到上海后,1911年12月24日,他又向唐绍仪建议"以国民大会讨论国体问题"⑤。

其实,唐绍仪在南下之前就有召集国民会议解决君主、民主问题的想法。不过,尽管唐绍仪的国民会议方案并非发端于张国淦,但同样不能简单否定张的观念在议和期间确实对唐产生了影响。如果这一推测不误,唐绍仪指称君主、民主为"国体",或即源于张国淦的"论国体则有君主、共和之异"这一表述。⑥

值得注意的是,虽然南北双方函电往复讨论国民会议公决君主、民

---

① 《与诸国务大臣会衔副署上谕》,骆宝善、刘路生主编:《袁世凯全集》第19卷,第210页。
② 观渡庐编辑:《共和关键录》,第19页。
③ 《满清议和代表到申》,《时报》,1911年12月18日,"纪事",第5版。
④ 张国淦:《辛亥革命史料》,上海:龙门联合书局1958年版,第274页。
⑤ 张国淦:《辛亥革命史料》,第292页。
⑥ 关于辛亥革命期间国民会议方案的来龙去脉,详见桑兵:《旭日残阳:清帝退位与接收清朝》第1章《国事共济会与国民会议》、第3章《南北和谈与国民会议》、第4章《袁世凯〈请速定大计折〉与清帝退位》、第5章《政权鼎革与法统承继:清帝退位的南北相争》。

主问题时一般使用"国体"概念，但实际上往往还是混用"国体""政体"。1912年1月1日南京临时政府成立后，袁世凯致电伍廷芳，表达不满："国体问题由国会解决，业经贵代表承认，现正商议正当办法，自应以全国人民公决之政体为断。乃闻南京忽已组织政府，并孙文受任总统之日宣誓驱逐满清政府，是显与前议国会解决问题相背。"①在一段话内，指称君主、民主，先后使用了"国体""政体"。

由上文可见，虽然杨度、梁启超、唐绍仪、张国淦等人都主张通过国民会议公决"国体""政体"，但对"国体""政体"的意涵指称的理解却相当不一样。对于君主、民主、单一、联邦等制度，或指称为"政体"，或指称为"国体"，或直接混用"国体""政体"，或有意区分"国体""政体"，而区分的方法标准也因人而异。由于"国体""政体"的意涵指称本来就复杂多样，清季国人往往根据自己的认识和政治见解运用"国体""政体"学说，既有拿来就用，也有仔细辨析，还有误读错解，更有随意滥用。所以，解读辛亥革命时期各方的"国体""政体"观念，不能根据个别说法笼统定义，不宜以己意求之过深。

二、虚君共和与"国体""政体"类型的调适

国民会议公决"国体""政体"，实际上相当于承认君主与共和界限分明，必须在二者之间做出非此即彼的抉择。而随着革命的声势日渐浩大，即使真的可以召集国民会议，结果也极可能是立宪派不愿看到的民主共和。为满足革命党的共和诉求，同时又保留清帝，不少立宪派人士纷纷尝试跳出君主、共和截然对立的思维方式，构筑新型"国体""政体"，化解君主、民主冲突。

---

① 《内阁致上海伍代表廷芳电》，《顺天时报》，1912年1月6日，"时事要闻"，第7版。

1911年11月18日，针对革命党主张民主立宪而非君主立宪，"政体"理念与清廷截然相反的现实，《大公报》主笔唐祖绳署名梦幻在《大公报》上发表《论今日政体上之解决》，提出将中国建成中华联邦帝国，即在保留清帝的基础上承认各省为自主自治的联邦，由各联邦公举代表到北京组织国会，编订宪法，组建政府，外交、军事、财政、交通等要务均由国会议决，交政府执行。①

光绪二十九年癸卯科二甲进士、日本法政大学法政速成科第五班政治部毕业生江西玉山县人徐士瀛②，在报纸上看到唐祖绳的"政体"设计后，表示先得我心，他也认为中国非采用联邦制度不可，并称之为君民共主政体。"所谓君民共主者，非故为模棱，意在调停也。"在徐士瀛看来，中国民族、疆域问题复杂，各省与藩部的政情、制度有别，所以各省可以仿照美国各州，采用共和制度，而对于有王公的蒙、回、藏等地区，"表面当如德意志之拥戴一尊，采取帝国制度。如此则内民主而外君主，由合而分者，亦由分而合，于世界国家联合及联合国家外别开一新例，以为我中华联邦帝国光"。这样一种"实行共和之制，仍冠以帝国之名"，"使各省为民主之联邦，而中央仍不失为君主之帝国"的制度形态，③确实是在世界既有的"国体""政体"类型上"开一新例"，不过是否切合实际，能否得到多数人的认同，则另当别论。

事实上，尽管南方民军也有人主张联邦制，但这相当程度上只是在革命形势尚未明朗之前保存和发展革命力量的权宜之计，更不用说革命党的联邦制就是为了推翻帝制。即使是极力主张保持帝制的康有为，也

---

① 梦幻：《论今日政体上之解决》，《大公报》，1911年11月18日，"言论"，第2版。
② 参见毛晓阳：《清代江西进士丛考》，南昌：江西高校出版社2014年版，第577页；日本法政大学大学史资料委员会编，裴敬伟译：《清国留学生法政速成科纪事》，桂林：广西师范大学出版社2015年版，第164页。
③ 徐士瀛：《读〈大公报〉〈论中国今日政体之解决〉书后》，《大公报》，1911年11月29、30日，"来稿"，第2张第3版。

认为联邦制"皆因旧有散漫之邦而联合之",是"欲合一而未能,乃出此不得已之法,以为过渡"。"中国只可一统,万无分立之理,更无分为联邦之理也。"①康有为反对联邦制固然有反对民主共和的因素,但中国必须一统确实是当时各方各派的主流取向。

唐祖绳、徐士瀛在制度层面糅合帝制与共和,定名"国体""政体"为联邦帝国、君民共主,仍带有明显的帝制色彩,也未清晰说明君主的权力地位,对于坚持君主、民主势不两立的革命党人来说,显然难以接受。康有为意识到,要说服革命党人接受帝制,必须别出心裁,挑战和改变时人熟悉的"国体""政体"分类方法,重新定义共和,取消帝制与共和的对立,说明帝制与共和可以共存。

康有为采取的办法是扩充共和的内涵外延。他辨析说,共和有古今之别,古代的共和已成故迹,暂且勿论,现世既存的共和有:一,议长共和国,"其制以政府十一部长共行政,其有不谐,决以多数,数同则折衷于议长,故只有议长而无总统",如瑞士、葡萄牙;二,总统共和国,"其制国民公选一大总统行政",如美、法等国;三,虚属共和国,"其国会完全自治权,英与奥皇以虚名领之,不能分毫干涉焉",如加拿大等国;四,君主共和国,"其权全在国会,虽有君主,虽无成文限制其权,然实无权",如英国、比利时等②。

经康有为诠释,共和的本质是国权归属于国会,与有无世袭君主无关。他进而引用清廷在1911年11月3日颁布的《宪法重大信条十九条》,证明当时的中国已经是"权全在国会"。"十九信条"规定,"皇帝之权以宪法所规定者为限","宪法由资政院起草,议决后皇帝

---

① 康有为:《共和政体论》,姜义华、张荣华编校:《康有为全集》第9集,第250页。
② 康有为:《与黎元洪、黄兴、汤化龙书》,姜义华、张荣华编校:《康有为全集》第9集,第202、204页。

颁布之"，"宪法改正提案权属于国会"①。康有为据此坚称，"十九信条"架空君权，皇帝不过是徒具象征意义的偶像，无关紧要，中国"已得为虚君之共和国"，革命党应该摈弃成见，停止战争②。

不过，在时人根深蒂固的认识中，保留君主就是君主立宪，没有君主才是共和，二者分别明显。例如，奉天交涉使、资政院议员许鼎霖有着和康有为相似的观念，认为"十九信条"颁布后，"虽存君主立宪之虚名，已握民主共和之实权。总理由国会公举，已与民主选举总统无异。朝廷有颁布而无否认，更与共和取决议院无异"。但他还是说："是中国之君主立宪，视各国之民主共和，相去仅一间耳。"③也就是说，尽管许鼎霖竭力抹除君主立宪与民主共和之间的界限，实际上还是承认君主与共和不相容。

针对这种流行观念，康有为专门解释有无君主与是否共和没有必然的联系。在他看来，君主立宪国的君主有任命宰相、上议院议员等权力，但清帝受"十九信条"约束，"一切无权，如同土木偶神"。这种政治体制，"以共和为主体，而虚君为从体"，"欧人立宪、共和二政体，不能名定之，只得为定新名曰虚君共和也。此真共和之一新体也"④。

有意思的是，关注中国时局的日本法政学者市村光惠也从国家权力归属的角度论证"十九信条"已使得中国彻底转向民主国。他指出，"皇帝之权以宪法所规定者为限"等条文，将君主"统治权总揽者之地位根本的破坏"。"中国虽名为君主国，而君主非统治权总揽者，其实

---

① 《资政院全体议员电》，近代史资料编辑部编：《近代史资料》总91号，北京：中国社会科学出版社1997年版，第61页。
② 康有为：《与黎元洪、黄兴、汤化龙书》，姜义华、张荣华编校：《康有为全集》第9集，第208页。
③ 《许鼎霖致苏州大都督程、上海外交长伍、民政长李书》，《大公报》，1911年11月27日，"代论"，第2版。
④ 康有为：《共和政体论》，姜义华、张荣华编校：《康有为全集》第9集，第247页。

直当谓之民主国也。""宪法由资政院起草,议决后皇帝颁布之"的条文,更是"纯采民约宪法主义","不可不谓为破天荒之规定",中国"国体一变而为民主"。"要之,今日之中国犹在纯然君主国且为专制政治之中,乃观此回宪法信条,则全然颠覆其国体,将树立极端民主主义,殆世界宪法史上稀有之英断也。"①也就是说,只要统治权归于国民,即使保留君位,也是民主国体。

市村光惠的论述表明,康有为的虚君共和说并非完全是向壁虚造、凿空而来,而是有一定的法理渊源和基础。在西方近代政治的发展历程中,君主立宪与民主共和本是两种差异明显的政制。不过,由于不少君宪国家的君权不断被削弱,君宪与共和愈趋接近,共和的内涵,也随之变化调整。据欧洲政治学名家伯伦知理的观察,代议君主、代议共和两种"政体"有着不少共通的特质,如:"政权不得私有","政权悉自国家发生,而供万民之用","国家之元首,非在国家之外者,又非国家之所有主,乃国民及国家之最上机关","国家立法,必要民选代议士参预之",等等。"古罗马人殊重国民之自由,国民之共同心极盛,则称其国用例波白律苦之语,以对照国王世袭私权之国。由是观之,称代议君主政曰例波白律苦,亦无不可。"②简言之,代议君主制因注重国民自由和民权,可以纳入"例波白律苦"(republic,共和政体)的范畴。

为了解释现实中君主、共和杂糅一体的政权形态,还有论者提出立君共和政体的概念。1903年4月27日,《江苏》杂志第1期刊载的《政体进化论》写道:"立君共和政体者,以民意立君主,使议会监督之而行政者也。共和,其精神也,立君,其形式也。共和,国民之意也。

---

① 《日人之中国宪法评(法学博士市村光惠)》,《大公报》,1911年12月7、10日,"译稿",第2张第3版。
② 伯伦知理:《国家论》卷三,《清议报》第26册,1899年9月5日,"政治学谭",第6页。

立君，外界之势使之不得不然也。法国尝行之，今有行者，则为比利时。"比利时号称是立宪代议君主政体，"所谓君主者，特虚名耳，论其实，则与共和国大统领无以异也。"①

由此可见，尽管具体解释不尽一致，在欧美日本的"国体""政体"理论中，君主与共和确可兼容。康有为的虚君共和论，就是利用共和概念内涵外延的模糊性保留帝制，实行英式立宪，从制度形式上看，与革命党的民主共和构想有着相当大的差距。但就法理内核，也就是国家统治权的归属而言，虚君共和又确实不同于一般的君主立宪，反而表现出与共和亲近的一面。在康有为看来，相比于君权独尊的专制政体和保留君权的君主立宪政体，权全在国会的虚君共和政体无疑是前所未有的、根本性的政治转型。康有为故意称虚君共和为"共和之一新体"，说明他有意突破时人耳熟能详的"国体""政体"分类知识。

在国民会议公决"国体""政体"的方案僵持不下，南北和议有决裂之虞的情况下，全国联合进行会、临时国民公会、宪政实进会的代表张琴等人也采取与康有为近似的论述策略，尝试破除共和与世袭君位对立的观念，强调"大权操之于一人，是谓君主立宪，日本、俄罗斯是也；大权操于议会，是谓共和立宪，德意志、英吉利是也"，"十九信条"完全模仿英国政制，已是共和立宪。张琴等人主张折中于英法之间，实行帝国共和主义，尊清帝为大圣皇，宣布共和政体，召集国会，公举大统领，草拟宪法，实行共和立宪，"以冀早定国体而息政争"②。

立宪论者的虚君共和、帝国共和等"国体""政体"方案，在具体的制度设计上虽然参差多样，但都以权在国会、君位虚悬为内核，并试

---

① 竞盦：《政体近〔进〕化论》，《江苏》第1期，1903年4月27日，"学说·政法"，第37—38页。
② 《宣统三年十一月□□日全国联合进行会代表张琴等致内阁袁世凯呈》，中国史学会主编：《中国近代史资料丛刊·辛亥革命》第8册，第162页。

图以此说明其与革命党的民主共和没有本质性的差别。由此可见,在革命的浪潮下,统治权从君主一人转移到多数国民,已是大势所趋。

三、化解君主、民主之争与"国体""政体"的辨析

针对立宪论者有意模糊君主与共和之间的界限,革命党人也十分重视辨别"国体""政体"类型,说明君主与共和截然不同、优劣立判。胡韫玉以笔名朴庵在《民国报》创刊号上发表《建设共和政府之研究》,根据"国体""政体"区分说指出:"夫国体有二,曰君主,曰民主;政体有二,曰专制,曰立宪。民主立宪者,诚现今最良之政治,亦我同胞四万万人所公认之题目也。故共和政体,实中华民国必不可易之政体。"①武昌起义后迅速转向共和的徐谦则从"国体"比较的角度判定:"以世界国体强弱言之,专制国不胜君主立宪国,如俄之败于日本是,君主立宪国不胜民主立宪国,如英之败于美是。"②

革命党人坚持认为君主、民主迥殊,无法调和。张嘉璈等人在上海组织国民协会,发表团体意见,向国民说明君主、民主的区别:民主以国民公选的大统领为国家元首,任期数年,君主以世世相承的国君为国家元首,判然有别。"国体为一国具瞻所系,贵单一而不可杂糅","奉戴君主之民主国体"实属"非驴非马"。只能让清帝逊位,给予优待,不能"畀以国主称号,与大统领并存"③。

革命党人要求推翻帝制,除有种族因素外,更为关键的理据是在各种"国体""政体"中,共和的民权程度最高,最能体现天下为公

---

① 朴庵:《建设共和政府之研究》,《民国报》第1号,1911年11月21日,"论说",第1页。
② 《徐谦奏请清廷改民主立宪折》,《时报》,1911年11月29日,"要件",第1版。
③ 《国民协会为议和问题与全国同胞商榷意见书》,上海社会科学院历史研究所编:《辛亥革命在上海史料选辑》(增订版),上海:上海人民出版社2011年版,第287页。

的主义。时人认为，专制国国权操于君主一人，君主立宪国国权亦半在君主，"民权为共和国之真体"①。共和国由人民集合而成，"人民自为主治"，可以永远消灭君位之争，相比之下，君主立宪"不免有家天下、保皇位之私，不若共和主义之以天下公之天下"②。甚至连主张君主立宪的人也承认，君主立宪政体之害在于君主及亲贵权力动辄过大，时有近于专制的压制手段，而民主立宪政体则有"国民皆以国家之主人自待，故爱国心日有发达"之利③。

在民权勃兴的潮流下，立宪派要保留君位，必须说明帝制与君权无关，君主立宪的民权程度和民主共和一样。为此，发行量和影响力颇大的《人公报》特意举办题名《君主民主立宪问题之解决》的征文活动，看似公平讨论君主、民主问题，实则有意利用"国体""政体"学说宣传君主与共和并非截然对立，为君宪制造舆论氛围，谋求清帝的存续④。

笔名碧天的投稿者基于"国体""政体"区分框架分析君主、民主立宪问题："以君主为统治权之主体者为君主国体，以国民为统治权之主体者为民主国体，以贵族为统治权之主体者为贵族国体。""政体"有专制、立宪之别。"立宪政体之在吾国已为不易之制，惟今所未决者，不在政体，乃在国体。"对于中国的"国体"属性，碧天认为，当时的政治由少数亲贵专擅，实际上是贵族国体。清帝只是徒有虚名，"民之视之也，不过长民之牧而已。皇室一家之事，又何尝动万民之念

---

① 刘希元：《敬告国民书》，《时报》，1911年12月3日，"来稿"，第1版。
② 健生：《敬告君主立宪党》，《时事新报》，1911年12月8日，"来稿"，第1版。
③ 牟树滋：《论君主立宪政体与民主立宪政体之利害》，《顺天时报》，1911年12月13日，"论说"，第2版。
④ 田涛《君主立宪与民主共和：武昌起义后〈大公报〉之舆论》（张华腾主编：《辛亥革命与袁世凯：清末民初社会转型时期人物研究》，郑州：河南大学出版社2014年版，第736—746页）对此次征文活动的各方观点有所梳理。

哉。由是言之，吾国应取何种国体，可约得其一二"①。弦外之音，革除亲贵势力后，仍可保留清帝。碧天以亲贵干政为据论证中国是贵族国体，无视亲贵权力正是由君权派生，显然强词夺理。不过，这也从侧面反映出立宪论者已经不敢和不能主张统治权属于君主的君主国体。

不少投稿人运用"国体""政体"区分说阐论保存君位，但具体观念和表述各异。张子厚认为，君主、民主是"国体"问题，立宪是"政体"问题，革命党要求的是政治革命，不必拘泥于君主、民主之争。而且，"国体"类型与"政体"好坏没有必然关系，"世之以君主致富强者多矣"，不如"以有名无实之君主立宪而实行民主主义"。②张子厚主张君主国体立宪政体，却有意抹除"国体"与国权归属的关系，他所说的君主立宪，君主是虚，以民主主义为宗旨的立宪政体是实。

对中国的"国体""政体"的定性，直接关系到君主在政治体制中的权力和地位，也是帝位能否存续的关键。革命党坚定地认为，君主与君权紧密关联，君权必然阻碍民权，为此，立宪论者必须将君主与君权剥离。冷静子以统治权在君、在民的差异为标准区分"国体"为君主、民主，认为中国自古以来就是专制政体，却不是君主国体。在他看来，只要统治权归于国民，即使有世袭君主，也只不过是代民行政的机关，与民主国总统无异。换言之，有君主未必就是君主国体，也可以是民主国体。中国以民为本，王位得失"皆任民之自由"，君主"所持之治权亦民所畀与，非君所固有"，"其主之者维国民，此非民主之制而何？"冷静子又说，"天下者，天下之天下，非一人之天下"，民贵君轻等观念，足以证明中国是"国民共同有国家之统治权，非一君独有之"，与"君主国祝君主为统治权之主体"有别，故"中国古来之国体

---

① 碧天：《君主民主立宪问题之解决》，《大公报》，1911年12月15日，"征文发表"，第3版。

② 张子厚：《君主民主立宪问题之解决》，《大公报》，1911年12月22日，"征文发表"，第3版。

为民主专制之一种,断然无疑"。清政府罔顾中国固有"国体",一意孤行,模仿日本主权在君的君主国体,激起民愤,才引发武昌起义。只要中国回归民主国体,则"万世一系之法不必废",一如"比利时有君,仍为民主"。在这套"定民主国体而留君统不绝之制"的制度中,统治大权归国民议会掌握,君主作为国家行政机关主持政事,受国会制约①。

由于中国本来没有统治权的概念和相关法理,不同时期的君权政治又多有变化,冷静子认为中国不是以君主为统治权主体的君主国体的意见,未必全错,但他将民本思想比附到统治权在民,认为古代中国是民主国体,则明显有意曲解,与事实相去甚远,更不可能得到革命党的认同。不过,这也说明冷静子意识到,要保留君统,则必须承认统治权在民。

日本丰富的"国体""政体"理论经由国人吸收消化后衍生出多歧的理解,即使是政治主张相近的一方,对"国体""政体"的意涵指称的认知和采取的论述策略也不尽相同。会稽止岐氏发表在1912年1月3日《大公报》的《对于同胞之忠告》认为,君主、民主是"国体",立宪、共和是"政体",如果"国体徒易其虚名,而政体罕收其实效",则不必"为此无意识无价值之革命"。而且,立宪、共和只是"名号之分,而实在之精神,为国民求权利者则一也"。在他看来,专制、立宪、共和按照前后固定的阶段演进,"不容稍越"。②作者区分君主、民主与立宪、共和为"国体""政体",重"政体"轻"国体",抹平立宪、共和的差异,明显是为了提倡君主立宪。值得注意的是,文章并未具体提及"国体""政体"的定义是什么,有意模糊君主与民主、立

---

① 冷静子:《君主民主立宪问题之解决》,《大公报》,1911年12月27、28日,"征文发表",第2—3版。
② 会稽止岐氏:《对于同胞之忠告》,《大公报》,1912年1月3日,"来稿",第2张第2版。

宪与共和之间的界限。

区分"国体""政体",淡化"国体"问题,凸显"政体"变革的意义,是不少立宪论者共同采取的舆论策略。辛亥革命前夕刚刚由驻日使馆三等参赞擢升为二等参赞的许士熊①说:"取共和之实而仍君主之名,则政体改而国体未改,关税即可收回,贷款不难成立。"②传闻有冯国璋、铁良等军界人物参加的君主立宪同志会也公开发表意见:"专制政体为廿世纪所不能容,已成公例,共和政治又较当今之社会为高,故行之者亦鲜。如近世列强,除美、法外,无不以君主国体立宪政体为惟一无二之国典。"③

明显可见,为与革命党竞争,立宪论者口中的君主国体,不得不剥除君主握有国权这一核心要素。"选"发表在《大公报》上的言论颇有代表性。在他看来,"国体"指向"一国主权所在",须与国民程度适应,共和作为"世界立宪国最优之国体",不适合不少省份和地区国民程度较低的中国④。"选"从主权在民的共和国体需要较高的国民程度入手论证中国不适合共和,却无法从正面论述君主国体和君权的合理性,说明君主制已经面临着非常严重的认同危机。

日本学者提倡"国体""政体"区分学说,本是借此鼓吹立宪政体无损主权在君的君主国体。辛亥年主张君主立宪者援用相关理论,则极力削除君主国体与君权的关联,甚至否认中国是君主国体,内涵旨趣已明显因应中国具体的政治语境发生变异。

---

① 《外务部奏请以许士熊等补署日本使馆二等参赞各缺片》,《内阁官报》第24号,1911年9月16日,第10页。
② 金匮许士熊:《解决现局平议》,《大公报》,1912年1月6日,"来稿",第2张第4版。
③ 《同志会意见书》,《顺天时报》,1912年1月28日,"要件",第2版;《同志会场之严防》,《顺天时报》,1912年2月2日,"时事要闻",第7版。
④ 选:《共和国体与共和国民》,《大公报》,1912年1月28日,"代论",第2版。

迥异于中国历史上的朝代更替，辛亥革命的目标是建立一套全新的民主共和体制，其法理内核是主权在民的原则。武昌起义后一个月左右，正当革命如火如荼进行之时，杜亚泉就敏锐地察觉到辛亥革命的特殊意义在于转变主权、统治权的归属。他署名伧父在《东方杂志》发表《革命战争》一文，专门申论革命战争有争夺统治权与转移统治权之别，前者只是争夺王位、政权，后者则是国家统治权从君主转移到国民。中国此前的革命战争，无非是为了王位。"自欧美之政治思想输入以来，久苦于专制之国民，乃勃起而欢迎之，革命之声，渐流布于薄海内外。而革命之意义，亦大变其本来，几若专为推翻专制政府，改建立宪共和政体之标志。故自今以后，我中国革命战争之兴起，不可不以转移统治权为目的。"此次革命，以"建设民主国，创立共和政体"宣示国民，"纯乎为转移统治权之政治战争，一改历代革命战争之面目，实为我革命民族中一种之异彩。不特大多数国民倾向于此主义，即清政府中，亦已承认此主义而不惜让步于国民。虽实行宪政与创立共和，主张各异，而转移统治权之主义，实已确立而不可移。"①

综观立宪派为应对革命党的民主共和挑战而设计的"国体""政体"体裁，尽管制度形态参差多样，有假共和之名行君宪之实的嫌疑，确实大都不得不承认统治权属于国民，割裂君主与政治权力的联系，使其成为虚悬的偶像。在近代国家理论中，统治权归属和分配的差异，构成了区分不同"国体""政体"类型的核心要素，统治权所在发生变化，实际上意味着"国体""政体"根本转变。就此而论，立宪派顺应革命形势，认同"转移统治权"，与革命党的"国体""政体"立场颇有相通之处。杜亚泉说君宪派以"转移统治权"为宗旨，除是对清廷、立宪派的敬告和勖勉外，相当程度上也符合实情，尽管是出于被动和被迫。

---

① 伧父：《革命战争》，《东方杂志》第8卷第9期，1911年11月15日，第3页。

1912年2月12日，在民军和袁世凯的合力推动下，清帝颁布退位诏书，正式宣告：

> 前因民军起事，各省响应，九夏沸腾，生灵涂炭，特命袁世凯遣员与民军代表讨论大局，议开国会公决政体。两月以来，尚无确当办法，南北暌隔，彼此相持，商辍于途，士露于野，徒以国体一日不决，故民生一日不安。今全国人民心理多倾向共和，南中各省既倡议于前，北方诸将亦主张于后，人心所向，天命可知。予亦何忍因一姓之尊荣，拂兆民之好恶，是用外观大势，内审舆情，特率皇帝将统治权公诸全国，定为共和立宪国体。①

喧闹一时的"国体""政体"抉择问题终于尘埃落定，立宪派调和君主、民主之争的论调也随之停歇、消散。

民国肇建，中国正式迈入共和时代，但共和能否以及如何稳固，却仍是悬而未决的问题。有论者希望通过辨析"国体""政体"保障共和。1912年2月15日，浩如向《盛京时报》投稿《论共和为国体之一》，非常有针对性地辨别"国体""政体"：

> 共和为国体之一，而或以为政体者，此不明国体与政体之区别者也。国体与政体之区别，极易混淆。虽欧美积学之士，犹复断断致辩，莫衷一是。然苟就统治权以立论，则二者之区别，初不甚难。……国体所以定统治权所在之问题者，政体所以定统治权作用之问题者。由统治权所在以定国体，则有君主国与共和国之分。而共和国，实兼贵族国与民主国而言，即一人而占国家最高地位者，

---

① 《清帝退位诏书》，中国第一历史档案馆、海峡两岸出版交流中心主编：《清宫辛亥革命档案汇编》第77册，第266—267页。

为君主国，少数人而占国家最高地位者，为贵族国，一般人民而占国家最高地位者，为民主国。更由统治权之作用，以定政体，则有立宪国与专制国之分，即立法、司法、行政三者，各设分任机关以运行之者，曰立宪；其不分任者，曰专制。

以统治权所在及其作用形式为标准区分"国体""政体"，源出穗积八束一系。在此基础上，浩如进一步强调共和是"国体"，而非"政体"，一旦混淆，则有悖于学理与事实：

然则共和乃国体之一，其与政体固若风马牛之不相及，乃不明此义者，犹复以之为政体。一若政体之中，于立宪、专制之外，更有共和政体之一种，与立宪、专制，鼎足而三，是则非但不合于学理，亦且有背乎事实。何则？共和国家，未有不立宪者，若以共和为政体之一，而立宪又为政体之一，岂非一国而有两种政体乎？

浩如之所以要长篇大论，专门区分"国体""政体"，阐明共和是"国体"，不是"政体"，是基于他对现实政治的观察和顾虑。在他看来：

若以共和为政体，则政治而善，将唯共和贪其功；政治而不善，亦将唯共和尸其咎矣。不知共和乃国体，其优胜之点，即在元首不世及。夫元首不世及，则不患无治人。至于政治之善恶，又当视其政体以为转移。此所以共和国家，未有不立宪者，盖必立宪而后不患无治法。由是以观，则不患无治人，为共和之力；不患无治法，为立宪之功。一为国体，一为政体，各有所长，莫能相掩。若直以共和为政体，而政治之善恶，其功其过，又悉归诸共和，是岂持平之论,焉得而不辩哉。[1]

也就是说,浩如区别"国体""政体",是想让世人知道,政治的好坏只与"政体"能否立宪有关,绝对不可以牵涉到"国体"问题,必须避免未来因政治败坏而颠覆共和。浩如的良苦用心和担忧并非毫无道理,甚至可以说相当有远见,只是现实不能如其所愿。民国成立后,"国体""政体"的更新并没有带来预期中的政治进步、国家富强,反而陷入了政局纷扰不断的尴尬局面。被寄托以改良政治之期望的议会乱象频生,难以代表民意,令人失望不已。20世纪20年代初,甚至已经到了"人人知代议制之为害",[2]宣告"议会政治之破产"的地步[3]。既然事实证明代议制在中国行不通,新的"国体""政体"模式的探索,也就势在必行。

---

[1] 浩如:《论共和为国体之一》,《盛京时报》,1912年2月15日,"选论",第1版。
[2] 李三无:《代议制之改造与消极投票》,《东方杂志》第21卷第6号,1924年3月25日,第15页。
[3] 坚瓠:《议会政治之破产》,《东方杂志》第18卷第23号,1921年12月10日,"评论",第2页。

结　语

晚清时期译介国家类型学说，1898年，是一个重要的分水岭。1898年之前，主要是来华传教士和口岸读书人将西方政制知识介绍到中国，并逐渐由零星片段的描述演化出君主国、君民共主国、民主国的分类观念，这一阶段的特征是进程缓慢、规模有限、学理相对欠缺。1898年之后，朝野上下以日为师变法改革，明治日本借用汉字对译西文而形成的大量的法政论著在相当短的时间急剧输入，关于国家分类的理论，不仅内容丰富，观点也错综复杂，尤其表现为"国体""政体"异同关系的辨析。

"国体""政体"是否有别、如何区分的纠缠，虽说直接导源于欧美关于"国家形体/形式"与"政府形体/形式"的异同的争论，但根本症结是日本基于尊崇天皇的理念，在《明治宪法》明文规定天皇总揽统治权，以天皇总揽统治权之"体"行立宪政治之"用"。为了说明日本皇位与统治权合为一体的特质，以穗积八束为代表的天皇主权派学者吸收西方国家类型理论中以主权所在及其行使形式为标准区分"国体""政体"为截然不同的两个范畴的学说，强调日本实行立宪政体后仍是天皇为主权、统治权主体的君主国体。与穗积八束一系的观点针锋相对，笕克彦、副岛义一、美浓部达吉等天皇机关派学者认为国家是统治权主体，君主只是国家最高机关，并对"国体""政体"有无分别及其区分标准等问题展开了多样的论述，"国体""政体"学说因此聚讼纷纭。明治时期日本法政学界相当流行的"欧洲于国体、政体无所区别"，"辨国体之异同者，自日本始"的观念，从事实层面来说并不准确，但确实反映出"国体""政体"异同的困扰，与日本特殊的国情密不可分。"国体政体的纠结不已，说到底是一个日本式的问题"，①本质上是君权与民权的竞争。

日本的"国体""政体"学说通过报刊、译著、留学等方式传入中国后，迅速流行，频繁见诸时人笔端，但难免带有浮泛粗浅的特征。揆其要因，有二：一，清末编译法政论著的主体是留日法政生，除少数人曾进入专门学校或大学按正常学制攻读学位外，多数不过读了两年左右的速成科，日文水平有限，知识程度不足，很难对复杂的"国体""政体"学说有整体认识，误译误解所在多有，遑论探其堂奥，另创新说；二，面对各种"国体""政体"学说，国人不通西文，对东学的渊源流变又缺乏了解，往往知其然而不知其所以然。在这种情况下，不少人拿来就用，人云亦云，未作深究，甚至随意滥用，格义附会，因此产生诸多纷繁错综的认知。

清末"国体""政体"观念淆乱纷繁，变动不居，除与东学本源多歧、文化跨国传通自然产生的误读有关外，更是因为身份、政见、立场互异的各方政治力量有意取舍调适"国体""政体"学说配合阐述自己的政制主张。由此衍生各种言人人殊但又交织互动的"国体""政体"观念，是"国体""政体"纠葛在中国从无到有的重要关节。

清末的"国体""政体"争议，主线是君主立宪与民主立宪的竞争，由清政府、立宪派、革命党三股力量构成，相应地形成了三种既明显不同，但又相互交叉的改制取向。清廷立宪，以无损君权为前提，一意采用穗积八束尊崇君权的"国体""政体"区分理论，希望以主权在君的君主国体统摄立宪政体。立宪派虽然也主张保持君主国体，但重点明显放在承载民权愿景的立宪政体上，有意淡化君主国体的君权色彩。

---

① 桑兵：《历史的原声：清季民元的"共和"与"汉奸"》，第134、166页。

革命党人则反驳，帝制与君权关联，必须变更"国体"，才能实现立宪政体。受此影响，立宪派代表人物杨度竭力抹平君主国体与民主国体的界限，阐述君主立宪可以实现与民主立宪同等的民权，试图将君主塑造成一个没有实权、如同木偶的政治象征。在相互辩难影响的过程中，各方的政治立场不断离散聚合，分界逐渐明晰。同一阵营内看似相同的观念，实则相去甚远，不同派系之间表面对立的主张，反而蕴含着沟通的一面。清廷执意照搬作为日本特殊"国体"产物的《明治宪法》和穗积八束的宪法理论，在名实上巩固、强化君权，忽视明治日本的尊皇特质与中国自身的历史、国情凿枘不投，与革命党、立宪派的矛盾愈发无法调和，改制困境日益凸显，预示了革命的必然。

辛亥武昌起义后，清季以来朝野各方争执不下的"国体""政体"走向问题迎来抉择时刻。面对已是大势所趋的民主共和的挑战，一些希望保留清廷、帝制的立宪论者或扩充"国体""政体"类型，构建包容帝制的"共和新体"，或辨析"国体""政体"，剥离君位与君权的关联，尝试破除君主与民主对立的流行认知。尽管立宪派的"国体""政体"观念参差多样，但大都承认统治权属于国民，与革命党主权在民的"国体""政体"立场颇有相通之处，这从侧面反映出君权政治已难以自证正当性。事实上，这也是近代世界各国政治变迁的主流方向，伯吉斯在19世纪末即注意到并断言："所谓近世国家者，即基于民主主权之国家，亦即民主国家之义也。"[①]彻底断绝君权政治，争取国民主权，正是革命党坚决反对帝制的关键因素。

辛亥革命后，因应君权时代的结束和民主共和的兴起，日本以说明君权与民权的关系为主旨的"国体""政体"学说在中国日趋失去

---

① 伯盖司：《政治学》，《译书汇编》第8期，1901年8月28日，第28页。原文："What we call the modern states are those based upon the principle of popular sovereignty; i.e. they are democracies." John W. Burgess, *Political Science and Comparative Constitutional Law*, Boston, U.S.A., and London: Ginn & Company, 1893, Vol. I, p81.

活力。民初议会政治的破产,不断引发爱国志士对"中华民国之体制不知属于何类,中华民国之主权不知在于谁何"①的感慨和困惑,也刺激着新兴革命力量不断思考中国政治道路向何处去。1917年俄国的革命经验,为彷徨迷茫的中国人提供了一条不同于欧美的"将统制一切之权力,全收于民众之手"②的民权政治路线,新的真正符合中国现实政治形势和需求的"国体""政体"理论的探索,由此开启。毛泽东的"国体""政体"理论,正是在此背景和脉络下应运而生。

---

① 《辟伪调和》,中国李大钊研究会编注:《李大钊全集》第2卷,北京:人民出版社2013年版,第229页。
② 《法俄革命之比较观》,中国李大钊研究会编注:《李大钊全集》第2卷,第331—332页。

征引文献

一、报刊

《北洋法政学报》
《大公报》
《大陆报》
《大同报》
《帝国日报》
《东方杂志》
《法政速成科讲义录》
《法政学交通社杂志》
《翻译世界》
《广东地方自治研究录》
《广益丛报》
《国风报》
《湖北学生界》
《湖南官报》
《吉林官报》
《江苏》
《教育世界》
《经济丛编》
《民报》
《民国报》
《闽报》
《内阁官报》
《秦中官报》
《清议报》
《申报》
《盛京时报》
《时报》
《时事新报》
《时务报》
《顺天时报》
《四川教育官报》
《台湾协会会报》
《万国公报》
《现世史》

《宪政新志》

《宪政杂志》

《湘报》

《协和报》

《新民丛报》

《选报》

《学海（甲编）》

《译书汇编》

《益闻录》

《牖报》

《再生》

《浙江潮》

《政法学报》

《政论》

《政艺通报》

《政治官报》

《之罘报》

《知新报》

《直隶教育杂志》

《中国白话报》

《中国文化》

《中国新报》

上海《法政杂志》

天津《益世报》

二、著作

Henry Wheaton, *Elements of International Law*, Boston, Little, Brown and Company, 1855.

John Fryer, P*olitical Economy, for Use in Schools, and for Private Instruction,* Edinburgh, Published by William and Robert Chambers, 1852.

John W. Burgess, *Political Science and Comparative Constitutional Law*, Boston, U.S.A., and London: Ginn & Company, 1893, Vol. I.

Norberto Bobbio, translated by Peter Kennealy, *Democracy and Dictatorship: The Nature and Limits of State Power*, Minneapolis, University of Minnesota Press, 1989.

Robert Mackenzie, *The 19th Century, A History,* London, T. Nelson And

Sons, Paternoster Row. Edinburgh, and New York. 1880.

Robert Phillimore, *Commentaries upon International Law*, London, Butterworths, 1871.

Theodore Dwight Woolsey, *Introduction to the Study of the International Law*, New York, Charles Scribner, 1864.

Thomas Woodrow Wilson, *The State, Elements of Historical and Practical Politics*, Boston, U.S.A.: D.C. Heath & Co., Publishers, 1892.

Walter Henry Medhurst, *English and Chinese Dictionary*, Shanghae, Printed at the Mission press, 1847−1848.

Wells Williams, *An English and Chinese Vocabulary, in the court dialect*, Macao, Printed at the office of the Chinese Repository, 1844.

Wilhelm Lobscheid, *English and Chinese Dictionary*, Hongkong, Printed and Published at the Daily Press Office, 1866.

《〈东方杂志〉临时增刊·宪政初纲》，上海：商务印书馆1907年版。

《兵要日本地理小志》，大阪：同盟社1880年版。

《国民日日报汇编》，东大陆图书译印局。

《近代史资料》编辑部编：《近代史资料》总104号，北京：中国社会科学出版社2002年版。

《近代史资料》编辑部编：《近代史资料》总92号，北京：中国社会科学出版社1997年版。

《近现代汉语新词词源词典》编辑委员会编：《近现代汉语新词词源词典》，上海：汉语大词典出版社2002年版。

《正本学社讲学类钞》，林庆彰等主编：《晚清四部丛刊》第5编第33册，台中：文听阁图书公司2011年版。

爱汉者等编：《东西洋考每月统记传》，北京：中华书局1997年版。

岸崎昌、中村孝著，章宗祥译：《国法学》，东京：译书汇编社1902年再版。

巴路捷斯著，高田早苗译，朱学曾等重译：《政治学及比较宪法论》，上海：商务印书馆1913年版。

班固撰，颜师古注：《汉书》，北京：中华书局1962年版。

伯伦知理著，丁韪良等译：《公法会通》，长沙：湖南实学书局1898年版。

伯伦知理著，吾妻兵治译：《国家学》，东京：善邻译书馆·国光社1899年版。

曹汝霖：《一生之回忆》，北京：中国大百科全书出版社2009年版。

柴田勇之助编：《明治诏敕全集》，东京：皇道馆事务所1907年版。

陈健：《清末知识人的国家建制构想：以日本法政大学速成科中国留学生为中心》，北京：社会科学文献出版社2020年版。

陈力卫：《东来东往：近代中日之间的语词概念》，北京：社会科学文献出版社2019年版。

陈平原主编：《现代中国》第11辑，北京：北京大学出版社2008年版。

陈启棠：《宪法泛论》，苏城临顿路老毛上珍摆印，出版时间不详。

陈寿撰，裴松之注：《三国志》，北京：中华书局1964年版。

陈寅恪：《金明馆丛稿二编》，北京：生活·读书·新知三联书店2001年版。

陈渊：《默堂集》，《景印文渊阁四库全书》第1139册，台北：台湾商务印书馆1986年版。

陈铮编：《黄遵宪全集》，北京：中华书局2005年版。

陈子龙等辑：《皇明经世文编》，《续修四库全书》第1660册，上海：上海古籍出版社2002年版。

程大昌：《演繁露续集》，《景印文渊阁四库全书》第852册，台北：台湾商务印书馆1986年版。

崔军民：《萌芽期的现代法律新词研究》，北京：中国社会科学出版社2011年版。

邓实辑：《光绪丁未（卅三年）政艺丛书》，沈云龙：《近代中国史料丛刊续编》第28辑（271—280），台北：文海出版社1976年版。

邓实辑：《光绪壬寅（廿八年）政艺丛书》，沈云龙主编：《近代中国史料丛刊》续编第27辑（267—270），台北：文海出版社1976年版。

邓小南、方诚峰主编：《宋史研究诸层面》，北京：北京大学出版社2020年版。

董方奎：《清末政体变革与国情之论争——梁启超与立宪政治》，武汉：华中师范大学出版社1991年版。

杜佑：《通典》，《景印文渊阁四库全书》第603册，台北：台湾商务印书馆1986年版。

端方：《端忠敏公奏稿》，沈云龙主编：《近代中国史料丛刊》第10辑（94），台北：文海出版社1967年版。

法政大学大学史资料委员会编：《法政大学史资料集》第11集，东京：法政大学1988年版。

范宁集解，杨士勋疏：《春秋穀梁传注疏》，北京：北京大学出版社2000年版。

方维规：《历史的概念向量》，北京：生活·读书·新知三联书店2021年版。

费利摩罗巴德著，傅兰雅译：《各国交涉公法论初集》，上海：江南机器制造局光绪二十四年版。

冯天瑜：《新语探源：中西日文化互动与近代中国汉字术语形成》，北京：中华书局2004年版。

冯自由：《革命逸史》，北京：新星出版社2011年版。

副岛义一著，曾有澜、潘学海译：《日本帝国宪法论》，东京：秀光舍1911年版。

傅兰雅口述，应祖锡笔译：《佐治刍言》，光绪丁酉仲夏慎记书庄石印，林庆彰等主编：《晚清四部丛刊》第5编第58册，台中：文听阁图书公司2011年版。

甘韩编、杨凤藻校：《皇朝经世文新编续集》，沈云龙主编：《近代中国史料丛刊》第79辑（781），台北：文海出版社1972年版。

甘厚慈辑、罗澍伟点校：《北洋公牍类纂正续编》，天津：天津古籍出版社2013年版。

冈本监辅：《万国史记》，东京：内外兵事新闻局1879年版。

冈田朝太郎口述，熊元翰编、何勤华点校：《法学通论》，上海：上海人民出版社2013年版。

冈田朝太郎著，张孝杉译：《法学通论》，东京：富山房、有斐阁发行1908年版。

高拱：《高文襄公集》，《四库全书存目丛书》集部第108册，济南：齐鲁书社1997年版。

高平叔编：《蔡元培全集》，北京：中华书局1984年版。

高田早苗：《国家学原理》，早稻田大学出版部藏版，出版时间不详。

高田早苗讲述，山泽俊夫编辑：《政体论》，东京专门学校1888年版。

高田早苗译：《政治泛论》，东京专门学校出版部1895年版。

高田早苗原译，章起渭重译，王倬改订：《政治泛论》，上海：商务印书馆1913年版。

高田早苗著，嵇镜译：《国家学原理》，东京：译书汇编发行所1901年版。

高田早苗著，张肇桐译：《宪法要义》，上海：文明编译印书局1902年版。

葛冈信虎著，马毓福等编：《法制大意》，湖北游学日本师范生编：《师范讲义》第3册，湖北教育部1903年版。

耿云志等编著：《西方民主在近代中国》，北京：中国青年出版社2003年版。

故宫博物院明清档案部编：《清末筹备立宪档案史料》，北京：中华书局1979年版。

顾廷龙、戴逸主编：《李鸿章全集》，合肥：安徽教育出版社2008年版。

顾廷龙主编：《清代朱卷集成》，台北：成文出版社1992年版。

观渡庐编辑：《共和关键录》，上海：著易堂书局1912年版。

郭汉民编：《宋教仁集》，长沙：湖南人民出版社2008年版。

国家图书馆分馆编选：《（清末）时事采新汇选》，北京：北京图书馆出版社2003年版。

韩策、崔学森整理,王晓秋审订:《汪荣宝日记》,北京:中华书局2013年版。

何休解诂,徐彦疏:《春秋公羊传注疏》,北京:北京大学出版社2000年版。

侯宜杰:《二十世纪初中国政治改革风潮——清末立宪运动史》,北京:人民出版社1993年版。

侯宜杰:《逝去的风流:清末立宪精英传稿》,北京:北京师范大学出版社2013年版。

户水宽人等著,何燏时等译述:《法制经济通论》,上海:商务印书馆1909年第3版。

黄光昇:《昭代典则》,《续修四库全书》第351册,上海:上海古籍出版社2002年版。

黄河清编:《近现代辞源》,上海:上海辞书出版社2010年版。

黄兴涛、王国荣编:《明清之际西学文本:50种重要文献汇编》,北京:中华书局2013年版。

惠顿著,丁韪良译:《万国公法》,开成所1865年版,据京都崇实馆存板翻刻。

嵇镜辑译:《国体政体概论》,上海:民权社1903年版。

加藤照麿等编:《加藤弘之讲论集》,东京:敬业社1899年版。

迦纳著,孙寒冰译:《政治科学与政府》,上海:商务印书馆1947年版。

迦纳著,孙寒冰译:《政治科学与政府》,上海:上海社会科学院出版社2016年版。

笕克彦讲述，陈时夏编辑：《国法学》，上海：商务印书馆1907年再版。

笕克彦述，成应琼、刘作霖译：《宪法泛论》，长沙：集成书社1913年再版。

笕克彦著，程起鹏译：《国法学》，林庆彰等主编：《晚清四部丛刊》第5编第37册，台中：文听阁图书公司2011年版。

笕克彦著，熊范舆编辑：《国法学》，天津：丙午社1911年再版。

江标等编：《湘学报》，长沙：湖南师范大学出版社2010年版。

姜义华、张荣华编校：《康有为全集》，北京：中国人民大学出版社2007年版。

蒋敦复：《啸古堂文集》，《清代诗文集汇编》第628册，上海：上海古籍出版社2010年版。

金观涛、刘青峰：《观念史研究：中国现代重要政治术语的形成》，北京：法律出版社2017年版。

锦溪老人：《横滨繁昌记》，幕天书屋，出版时间不详。

近代史资料编辑部编：《近代史资料》总91号，北京：中国社会科学出版社1997年版。

井上哲次郎：《哲学字汇》，东京大学三学部1881年版。

菊池学而著，林棨译：《宪政论》，上海：商务印书馆1916年第10版。

雷缙编辑：《中外策问大观》，光绪癸卯仲春砚耕山庄石印。

李贵连主编：《民国北京政府制宪史料二编》，北京：线装书局2008年版。

李佳白：《列国政治异同考》，上海：商务印书馆1906年版。

李庆芳著：《立宪魂》，中国宪政讲习会1907年版。

李焘：《续资治通鉴长编》，《景印文渊阁四库全书》第320册，台北：台湾商务印书馆1986年版。

林绍年：《闽县林侍郎（绍年）奏稿》，沈云龙主编：《近代中国史料丛刊》第31辑（301），台北：文海出版社1968年版。

林学忠：《从万国公法到公法外交：晚清国际法的传入、诠释与应用》，上海：上海古籍出版社2009年版。

刘鸿训：《四素山房集》，《四库未收书辑刊》第六辑第21册，北京：北京出版社1998年版。

刘晴波主编：《杨度集》，长沙：湖南人民出版社2008年版。

刘泽华、罗宗强主编：《中国思想与社会研究》第2辑，北京：中国社会科学出版社2009年版。

刘正埮等编：《汉语外来词词典》，上海：上海辞书出版社1984年版。

罗杰编辑：《国法学》，东京：并木活版所1905年版。

骆宝善、刘路生主编：《袁世凯全集》，郑州：河南大学出版社2013年版。

马恳西著，李提摩太译：《泰西新史揽要》，上海：美华书馆1897年版。

马礼逊：《华英字典》，郑州：大象出版社2008年版。

马斯泰罗内著，黄华光译：《欧洲政治思想史：从十五世纪到二十世纪》，北京：社会科学文献出版社2001年版。

马西尼著，黄河清译：《现代汉语词汇的形成——十九世纪汉语外来词研究》，上海：汉语大词典出版社1997年版。

玛吉士：《新释地理备考全书》，海山仙馆丛书影印本，《丛书集成新编》第97册，台北：新文丰出版公司1984年版。

毛晓阳：《清代江西进士丛考》，南昌：江西高校出版社2014年版。

美浓部达吉著，金泯澜译：《国法学讲义》，上海：商务印书馆1910年版。

美浓部达吉著，刘作霖编：《比较宪法》，《政法述义》第3种，政法学社1907年版。

美浓部达吉著，欧宗祐、何作霖译：《宪法学原理》，北京：中国政法大学出版社2003年版。

孟德斯鸠著，张雁深译：《论法的精神》，北京：商务印书馆1995年版。

弥尔著，永峰秀树译：《代议政体》，东京：奎章阁1875年版。

民国《上海县志》。

缪昌期：《从野堂存稿》，《续修四库全书》第1373册，上海：上海古籍出版社2002年版。

慕维廉：《大英国志》，上海：墨海书院1856年版。

那特硁著，冯自由译：《政治学》，上海：广智书局1902年版。

那特硁著，戢翼翚、王慕陶译：《政治学》，上海：商务印书馆1902年版。

南开大学日本研究院编：《日本研究论集》，天津：天津人民出版社2005年版。

鸟谷部春汀：《通俗政治泛论》，东京：博文馆1898年版。

潘光哲：《创造近代中国的"世界知识"》，北京：社会科学文献出版社2019年版。

潘钧：《日本辞书研究》，上海：上海人民出版社2008年版。

彭时编：《世界法家人名录》，上海：商务印书馆1936年版。

杞庐主人：《时务通考》，《续修四库全书》第1254册，上海：上海古籍出版社2002年版。

清水澄讲述，朱德权、陈登山译：《宪法》，湖北地方自治研究社1908年版。

清水澄著，卢弼、黄炳言译：《宪法》，政治经济社1906年第3版。

全国政协文史资料委员会编：《文史资料选辑》第142辑，北京：中国文史出版社2000年版。

饶怀民编：《杨毓麟集》，长沙：岳麓书社2008年版。

日本法政大学大学史资料委员会编，裴敬伟译：《清国留学生法政速成科纪事》，桂林：广西师范大学出版社2015年版。

桑兵、关晓红主编：《解释一词即作一部文化史》，上海：上海人民出版社2021年版。

桑兵、张凯、於梅舫编：《近代中国学术批评》，北京：中华书局2008年版。

桑兵：《历史的原声：清季民元的"共和"与"汉奸"》，桂林：广西师范大学出版社2020年版。

桑兵：《旭日残阳：清帝退位与接收清朝》，桂林：广西师范大学出版社2018年版。

森本藤吉著，陈高第译：《大东合邦新义》，上海：大同译书局光绪二十四年版。

山崎哲藏译：《政治学》，东京：明法堂1891年版。

上海社会科学院历史研究所编：《辛亥革命在上海史料选辑》（增

订版），上海：上海人民出版社2011年版。

上海图书馆编：《上海图书馆藏稀见辛亥革命文献》，上海：上海科学技术文献出版社2011年版。

上海图书馆编：《汪康年师友书札》，上海：上海古籍出版社1986年版。

上杉慎吉著，铃木虎雄译：《比较各国宪法论》，东京：东亚公司、有斐阁1906年版。

绍英著，张剑整理：《绍英日记》上，北京：中华书局2018年版。

沈国威：《近代中日词汇交流研究：汉字新词的创制、容受与共享》，北京：中华书局2010年版。

市村光惠著，井上密论评，李维翰译，黄宗麟校：《宪法要论》，上海：普及书局1906年版。

市岛谦吉：《政治原论》，万松堂1889年版。

穗积八束：《帝国宪法》，东京法学院1895年版。

穗积八束：《国法学》，英吉利法律学校1889年版。

穗积八束著，王鸿年译：《宪法法理要义》，王惕斋1902年版。

穗积八束著，章起渭译，刘景韩校：《国民教育爱国心》，光绪乙巳两广学务处仿京师大学堂官书局本排印。

孙江主编：《新史学（第2卷）：概念·文本·方法》，北京：中华书局2008年版。

孙青：《晚清之"西政"东渐及本土回应》，上海：上海书店2009年版。

谭传恺：《法学通论》，《湖南法政学堂讲义》，出版时间不详。

汤志钧编：《章太炎政论选集》，北京：中华书局1977年版。

唐荣智主编：《世界法学名人词典》，上海：立信会计出版社2002年版。

唐文权、桑兵编：《戴季陶集（1909—1920）》，武汉：华中师范大学出版社1990年版。

唐文治：《茹经堂奏疏》，沈云龙主编：《近代中国史料丛刊续编》第6辑（56），台北：文海出版社1967年版。

万仕国辑校：《刘申叔遗书补遗》，扬州：广陵书社2008年版。

汪荣宝、叶澜辑：《新尔雅》，上海：文明书局1906年第3版。

汪征鲁、方宝川、马勇主编：《严复全集》，福州：福建教育出版社2014年版。

王称：《东都事略》，《景印文渊阁四库全书》第382册，台北：台湾商务印书馆1986年版。

王健：《中国近代的法律教育》，北京：中国政法大学出版社2001年版。

王梦珂点校：《马建忠集》，北京：中华书局2013年版。

王栻主编：《严复集》，北京：中华书局1986年版。

王韬：《普法战纪》，弢园王氏藏版，光绪乙未年重镌。

王韬：《重订法国志略》，淞隐庐1890年版。

王韬著、楚流等选注：《弢园文录外编》，沈阳：辽宁人民出版社1994年版。

王西清：《西学大成》，上海：醉六堂书坊光绪乙未年版。

王先谦：《东华续录》，《续修四库全书》第376册，上海：上海古籍出版社2002年版。

王勇主编：《人物往来与东亚交流》，北京：光明日报出版社2010

年版。

卫湜：《礼记集说》，《景印文渊阁四库全书》第119册，台北：台湾商务印书馆1986年版。

魏源：《魏源全集》，长沙：岳麓书社2004年版。

文廷式、杨士钧编辑：《新译列国政治通考》，上海：蜚英书局1903年版。

吴尔玺著，丁韪良译：《公法便览》，东京1878年翻刻版。

吴瑞登：《两朝宪章录》，《续修四库全书》第352册，上海：上海古籍出版社2002年版。

狭间直树编：《梁启超·明治日本·西方——日本京都大学人文科学研究所共同研究报告》（修订本），北京：社会科学文献出版社2012年版。

夏东元编：《郑观应集》，上海：上海人民出版社1982年版。

萧永宏：《王韬与〈循环日报〉：王韬主持〈循环日报〉笔政史事考辨》，北京：学习出版社2015年版。

小野塚喜平次著，陈敬第编辑：《政治学》，天津：丙午社1907年版。

小野梓著，陈鹏译：《国宪泛论》，北京：中国政法大学出版社2009年版。

肖传国：《近代西方文化与日本明治宪法——从英法思想向普鲁士·德意志思想的演变》，北京：社会科学文献出版社2007年版。

谢维扬、房鑫亮主编：《王国维全集》，杭州：浙江教育出版社2009年版。

辛亥革命武昌起义纪念馆、政协湖北省委员会文史资料研究委员会合编：《湖北军政府文献资料汇编》，武汉：武汉大学出版社1986年版。

熊元翰编辑：《国法学》，安徽法学社1911年初版，1914年四版。

熊月之：《西学东渐与晚清社会》（修订版），北京：中国人民大学出版社2010年版。

熊月之：《中国近代民主思想史》，上海：上海人民出版社1986年版。

熊月之编：《晚清新学书目提要》，上海：上海书店出版社2007年版。

薛福成：《出使英法义比四国日记》，钟叔河主编：《走向世界丛书》，长沙：岳麓书社1985年版。

荀悦：《申鉴》，《景印文渊阁四库全书》第696册，台北：台湾商务印书馆1986年版。

亚里士多德著，吴寿彭译：《政治学》，北京：商务印书馆1983年版。

严可均辑：《全上古三代秦汉三国六朝文·全三国文》，《续修四库全书》第1604册，上海：上海古籍出版社2002年版。

岩井尊文讲述，熊元翰编辑：《国法学》，北京：安徽法学社1914年第4版。

杨琥编：《夏曾佑集》，上海：上海古籍出版社2011年版。

杨廷栋：《路索民约论》，上海：作新社、开明书店1902年版。

杨廷栋：《政治学》，上海：中国图书公司1908年版。

杨廷栋：《政治学教科书》，上海：作新社1902年版。

姚文栋：《日本地理兵要》，同文馆聚珍版，总理衙门光绪甲申年印。

姚莹：《东溟文集》，《清代诗文集汇编》第549册，上海：上海古籍出版社2010年版。

伊藤博文撰，沈纮译：《日本宪法义解附皇室典范义解》，金粟斋1902年第2版。

倚剑生编辑：《光绪二十四年中外大事汇记》，广州：广智报局光绪二十四年版。

犹里著，高桥二郎译，冈千仞删定：《法兰西志》，东京：露月楼1878年版。

俞江：《近代中国的法律与学术》，北京：北京大学出版社2008年版。

域鲁威尔逊著，麦鼎华译：《政治泛论后编》，上海：广智书局1903年版。

恽毓鼎著、史晓风整理：《恽毓鼎澄斋日记》，杭州：浙江古籍出版社2004年版。

载泽：《考察政治日记》，钟叔河主编：《走向世界丛书》，长沙：岳麓书社1986年版。

张国淦：《辛亥革命史料》，上海：龙门联合书局1958年版。

张华腾主编：《辛亥革命与袁世凯：清末民初社会转型时期人物研究》，郑州：河南大学出版社2014年版。

张朋园：《梁启超与清季革命》，上海：上海三联书店2013年版。

张施娟：《裨治文与早期中美文化交流》，杭州：浙江大学出版社2010年版。

张相文：《南园丛稿》，沈云龙主编：《近代中国史料丛刊》第30

辑（300），台北：文海出版社1968年版。

张晓：《近代汉译西学书目提要：明末至1919》，北京：北京大学出版社2012年版。

张玉法：《近代变局中的历史人物》，北京：九州出版社2013年版。

张玉萍：《留日时期的戴季陶——其日本观形成与留学经历的关系》，《江海学刊》2010年第2期。

章开沅、罗福惠、严昌洪主编：《辛亥革命史资料新编》，武汉：湖北人民出版社2006年版。

赵德馨主编：《张之洞全集》，武汉：武汉出版社2008年版。

赵汝愚编：《宋朝诸臣奏议》，上海：上海古籍出版社1999年版。

赵秀伟译：《瑞士变政记》，上海：大同译书局，出版时间不详。

郑匡民：《梁启超启蒙思想的东学背景》，上海：上海书店出版社2003年版。

郑振铎编：《晚清文选》，长春：吉林人民出版社1998年版。

织田万著，刘崇佑译：《法学通论》，上海：商务印书馆1907年初版，1926年6月第17版。

中国第一历史档案馆、海峡两岸出版交流中心编：《清宫辛亥革命档案汇编》，北京：九州出版社2011年版。

中国第一历史档案馆编：《光绪宣统两朝上谕档》，桂林：广西师范大学出版社1996年版。

中国科学院历史研究所第三所编：《云南杂志选辑》，北京：科学出版社1958年版。

中国李大钊研究会编注：《李大钊全集》，北京：人民出版社2013年版。

中国人民政治协商会议广东省广州市委员会文史资料研究委员会编：《广州文史资料》第10辑，1963年。

中国社会科学院近代史研究所近代史资料编辑组编：《近代史资料》总45号，北京：中国社会科学出版社1981年版。

中国社会科学院近代史研究所主编：《"近代中国与世界"国际学术研讨会论文集》，1990年。

中国史学会编：《辛亥革命与二十世纪的中国》，北京：中央文献出版社2002年版。

中国史学会主编：《中国近代史资料丛刊·辛亥革命》，上海：上海人民出版社1957年版。

中华书局编辑部编，童杨校订：《孙宝瑄日记》，北京：中华书局2015年版。

朱熹：《晦庵集》，《景印文渊阁四库全书》第1143册，台北：台湾商务印书馆1986年版。

朱有瓛主编：《中国近代学制史料》第1辑下册，上海：华东师范大学出版社1986年版。

朱有瓛主编：《中国近代学制史料》第2辑上册，上海：华东师范大学出版社1987年版。

朱有瓛主编：《中国近代学制史料》第2辑下册，上海：华东师范大学出版社1989年版。

佐藤慎一著，刘岳兵译：《近代中国的知识分子与文明》，南京：江苏人民出版社2008年版。

作新社编纂：《新编国家学》，上海：作新社1902年版。

三、论文

巴斯蒂：《中国近代国家观念溯源——关于伯伦知理〈国家论〉的翻译》，《近代史研究》1997年第4期。

承红磊：《〈清议报〉所载〈国家论〉来源考》，《史林》2015年第3期。

程波：《湖南法政教育的早期展开及湖南法政先驱者事略考》，《法学教育研究》2014年第1期。

村田雄二郎：《康有为的日本研究及其特点——〈日本变政考〉〈日本书目志〉管见》，《近代史研究》1993年第1期。

翟海涛：《法政人与清末法制变革研究》，华东师范大学历史系博士学位论文，2012年，未刊。

范贤政：《"国体"与"政体"在近代中国的演变与分化》，《学术研究》2014年第3期。

高力克：《宪政与民主：梁启超的政体与国体理论》，《二十一世纪》第142期，2014年4月。

郭冬梅：《关于明治宪法的再认识》，《日本学论坛》2000年第1期。

韩潮：《博丹对混合政体学说的批评》，《政治思想史》2014年第4期。

侯旭东：《中国古代专制说的知识考古》，《近代史研究》2008年第4期。

黄敏兰：《近年来学界关于民主、专制及传统文化的讨论——兼及相关理论与研究方法的探讨》，《史学月刊》2012年第1期。

黄敏兰：《质疑"中国古代专制说"依据何在——与侯旭东先生商榷》，《近代史研究》2009年第6期。

蒋凌楠：《晚清"专制"概念的接受与专制历史谱系的初构》，《史学理论与史学史学刊》2015年卷。

李恭忠：《晚清的"共和"表述》，《近代史研究》2013年第1期。

李育民：《晚清时期国体观的变化试探》，《人文杂志》2013年第6期。

李云波：《略论1915年之"国体"讨论》，吉林大学文学院硕士学位论文，2012年，未刊。

林来梵、褚宸舸：《中国式"宪政"的概念发展史》，《政法论坛》2009年第3期。

林来梵、凌维慈：《中国立宪主义的起点——对清末君主立宪主义的一个省察》，《社会科学战线》2004年第4期。

林来梵：《国体概念史：跨国移植与演变》，《中国社会科学》2013年第3期。

林来梵：《国体宪法学：亚洲宪法学的先驱形态》，《中外法学》2014年第5期。

潘昌龙：《试论〈明治宪法〉中的国体论思想》，《外国问题研究》1989年第1期。

潘光哲：《晚清中国士人与西方政体类型知识"概念工程"的创造与转化——以蒋敦复与王韬为中心》，《新史学》第22卷第3期，2011年。

彭剑：《也谈"两种清末宪法草案稿本"中的"甲残本"》，《历史档案》2011年第3期。

钱宁峰：《"统治权"：被忽视的宪法关键词》，《中外法学》2012年第1期。

尚小明：《"两种宪法草案稿本"质疑》，《历史研究》2007年第2期。

宋培军：《袁世凯手批清帝辞位诏书的发现及其对清末民初国体因革的认知意义》，《文史哲》2019年第4期。

孙宏云：《那特硁的〈政治学〉及其在晚清的译介》，《中华文史论丛》2011年第3期。

孙宏云：《清末预备立宪中的外方因素：有贺长雄一脉》，《历史研究》2013年第5期。

孙宏云：《汪精卫、梁启超"革命"论战的政治学背景》，《历史研究》2004年第5期。

孙宏云：《小野塚喜平次与中国现代政治学的形成》，《历史研究》2009年第4期。

孙宏云：《学术连锁：高田早苗与欧美政治学在近代日本与中国之传播》，《中山大学学报（社会科学版）》2013年第5期。

藤井隆：《政体论から「开明专制论」を読む》，《修道法学》34（2），2012年。

王宝平：《〈日本书目志〉出典考》，《汲古》第57号，2011年。

王宏斌：《"政体""国体"词义之嬗变与近代社会思潮之变迁》，《安徽史学》2014年第5期。

谢放：《戊戌前后国人对"民权""民主"的认知》，《二十一世纪》第65期，2001年6月。

谢放：《宪政之路：梁启超的"政体进化论"思想》，《河南大学学报（社会科学版）》2012年第6期。

阎步克：《政体类型学视角中的"中国专制主义"问题》，《北京大学学报（哲学社会科学版）》2012年第6期。

俞江：《"法律"：语词一元化与概念无意义？——以〈法律探源〉中的"法""律"分立结构为立场》，《政法论坛》2009年第5期。

喻中：《所谓国体：宪法时刻与梁启超的共和再造》，《法学家》2015年第4期。

张昭军：《"中国式专制"抑或"中国式民主"——近代学人梁启超、钱穆关于中国古代政治制度的探讨》，《近代史研究》2016年第3期。

章清：《"策问"与科举体制下对"西学"的接引——以〈中外策问大观〉为中心》，台北《"中央研究院"近代史所集刊》第58期，2007年12月。

赵利栋：《中国专制与专制主义的理论谱系：从戊戌到辛亥》，《近代史学刊》第4辑，2007年。

朱腾：《清末日本法政大学法政速成科研究》，《华东政法大学学报》2012年第6期。

人名索引

岸崎昌 009 084 085 088 109 223

奥司卿、阿斯清、墺斯陈（Austins）
　　098 099 104 108 109 110

柏锐 149

板垣退助 030

北鬼三郎 234

裨治文（Elijah Coleman Bridgman）
　　022 034

波伦哈克 191 192 193

伯吉斯（John William Burgess）
　　057 059 060 061 062 063 066 070
　　071 072 112 257

伯伦知理（Bluntchli Johann Caspar）
　　048 049 050 052 063 112 133 207
　　217 243

博丹（Jean Bodin） 058 059 173 207

蔡尔康 027

蔡元培 069 070

曹景荣 024

曹履贞、曹子真 169 212

曹受坤 169 211 215

曾有澜 179

曾肇 018

柴守愚 172

陈邦瑞 234

陈登山 178

陈风岗 212

陈敬第 168 169

陈鹏 067

陈启棠 216

陈钦 024

陈融 169 211

陈时夏 161 162 164 165

陈天欧 212

陈锡宇 212

陈渊 019

陈治安 186

陈宗蕃 169

成应琼 162

程大昌 018

程起鹏 162 164 165 168 169

慈禧 135 143 150

达寿 007 014 222 225 226 227 228 231

戴鸿慈 140 144 150

岛田丰 035

邓实 076 110 111

丁韪良（William Alexander Parsons Martin） 007 024 025 027 034 041 042

杜光佑 168 169

杜亚泉 250

杜之枚 211

端方 140 143 144 150

范宁 018

方承恩 169

方时翮 161 162

方濬师 024

冯坚 020

冯自由 082 090 108

凤仪 025

副岛义一 103 159 179 180 181 183 185 188 195 199 208 214 230 255

傅兰雅（John Fryer） 029 042

富冈康郎 213

冈本监辅 033 040

冈千仞 033

冈田朝太郎 210 215

高拱 021

高桥二郎 033

高朔 228

高田早苗 007 008 013 034 051 059 061 066 072 098 109 111 112 135 208 213 214

葛冈信虎 091

宫城政明 035

宫岛诚一郎 030 031

古应芬 212

光绪 002 003 012 044 055 115 125 128 130 150 161 168 169 240

贵荣 025 027

桂林 025 027

郭斌 060

郭士立（Karl Friedlich Gutzlaff） 022

人名索引

过耀根 217

韩梯云 156

何煃 020

何礼之 054 055

何如璋 030 031

何师孟 024

何休 018

何橘时 178

胡安国 019

胡奋 132

胡汉民 190 191

胡韫玉 245

胡子清 212

黄炳言 178

黄可权 168 169

黄右昌 212

黄遵宪 030 031 032 033 043

惠顿（Henry Wheaton） 024

嵇镜 051 072 111 112

戢翼翚 082 089 090 100 148 151

加藤弘之 047 051

贾谊 018 021

笕克彦 159 161 162 163 164 165 166 167
178 185 205 206 208 213 255

蒋敦复 012 041 042 119 120 122

金章 169 211

金子坚太郎 079 148

井上哲次郎 033

菊池学而 007 086 087 088 101 103 212 213

涓勋 018

康有为 009 032 035 036 037 126 127 190
240 241 242 243 244

雷奋 053 060

雷缙 094

黎庆恩 169 211

黎庶昌 032

李常华 024

李大文 024

李鸿章 021

李佳白 113 114 117 118

李家隆介 082

李家祥 162

李景铭 234

李庆芳 205 206 232

李盛铎 135 144

李提摩太（Timothy Richard） 027 028

李维翰 176

联芳 027

联兴　027

梁积樟　222　223

梁启超　003　007　008　009　010　013　014　035
　　　　037　043　045　046　047　052　053　067
　　　　068　089　105　106　107　108　109　110
　　　　111　127　128　129　130　131　132　133
　　　　150　151　154　159　169　189　190　191
　　　　192　193　194　195　196　197　201　217
　　　　229　230　236　239

廖铭缙　212

林乐知（Young John Allen）　023

林榮　086

林绍年　140　141

林獬　133　134

铃木虎雄　182

刘邦骥　093

刘崇佑　214

刘德熏　060

刘蕃　172

刘鸿翔　172

刘鸿训　019

刘汝骥　152　153

刘盛藻　021

刘师培　093　094

刘献珩　224　225

刘向　018

刘挚　020

刘作霖　162　172

隆德明　025

卢弼　172　178

卢梭、卢骚　056　101　143　173

陆运仪　212

罗超　169

罗存德（Wilhelm Lobscheid）　041

罗杰　161　162　166

罗振玉　143

吕志伊　206　207　208

马建忠　009　068　069

马礼逊（Robert Morrison）　039

马夏维利、马基雅维利（Niccolò Machiavelli）　050　057　208

玛吉士（José Martinho Marques）　039　040

麦都思（Walter Henry Medhurst）　023　026　034　039　040

麦孟华　082　128

毛鸿图　024

毛泽东　003　004　258

美浓部达吉　007 008 159 161 172 173
　　　　　　174 175 178 185 188 189
　　　　　　212 216 255

孟德斯鸠、蒙的斯鸠（Montesquieu）
　　　　　051 054 055 056 067 068 078 084
　　　　　108 110 128 134 143 212 213 217

孟森　227

末冈精一　213 214

莫鸿秋　211

墨鲁道德（Heradotus）　098

缪昌期　019

慕维廉（William Muirhead）
　　　　　012 040 041

那珂通世　035

那特硁、喇京（Karl Rathgen）　008 013
　　　　　082 088 108 111 184 212 213 217

鸟谷部铣太郎　074 075 095 096

潘学海　179

平田东助　048 101

平塚定二郎　048

朴斋烟　035

祁克（Otto Friedrich von Gierke）　161

前桥孝义　035

钱承鋕　144 149

秦政治郎　035

清水澄　161 162 172 177 178 185 212 213

庆常　027

萩野由之　035

瞿方进　018

任绍选　212

山崎哲藏　082

善耆　230 231

商鞅　133

上杉慎吉　008 181 182 183 184 185 220

尚其亨　144 150

绍英　143 144

沈家本　210 211

沈泽生　169

盛宣怀　109 110

石川安次郎　107

市村光惠　176 177 185 242 243

市岛谦吉　110 111

司克熙　060

松冈义正　210

松山丰浩　211

宋教仁　180

宋小宋　022

宋育仁　134

穗积八束 007 008 015 077 078 080 081
         082 084 091 107 141 144 145
         146 147 148 149 150 151 156
         159 165 177 183 184 185 188
         214 216 220 226 227 228 252
         255 256 257

孙宝琦 137 142 236

孙宝瑄 037 038

孙家鼐 211

孙云奎 172

孙中山 189 190 191 196

谭传恺 212

唐宝锷 144 148

唐才常 037

唐绍仪 237 238 239

唐文治 141

唐祖绳、梦幻 231 232 240 241

樋山广业 076

汪大燮 225

汪东 191

汪凤藻 025

汪庚年 210

汪精卫 159 178 189 190 191 192 193 194 195
        196 197 199 200 204 206 235 236

汪康年 080

汪荣宝 076 230 231

汪岁鸾 093

王国维 002 089

王鸿甫 212

王鸿年 077 078 080

王嘉槩 218

王冕南 212

王慕陶 082 090

王韬 010 012 033 034 042 043 122

王荫南 228

王运嘉 172

王镇南 060

威妥玛（Thomas Francis Wade） 120

卫三畏（Wells Williams） 039

温莫鲁（Von Mohl） 062

文廷式 029

乌泽声 202 203 204 205

吾妻兵治 048 050 101

吴尔玺（Theodore Dwight Woolsey）
        025

吴熳 136

吴瑞登 020

吴兴让 162 168 169 213

人名索引

吴樾 144

伍廷芳 210 211 237 238 239

西周 033

夏曾佑 136

夏同龢 212

小河滋次郎 210

小野塚喜平次 009 013 159 161 167 168 169 170 171 195 199 212 213 220

小野梓 067

熊范舆 162 165 196 199 200 201 202

熊谷直太 090

熊元翰 210 215

熊元楷 210

熊元襄 210

徐士瀛 240 241

徐世昌 140 144

许鼎霖 242

许士熊 249

许象枢 124

薛福成 126

荀悦 020

亚里士多德 049 051 057 062 071 083 107 111 112 207 217

严复 043 055 056 153 202 203 212 213

岩井尊文 081 210 216

杨度 196 197 198 199 200 201 202 204 205 224 229 236 239 257

杨钧 212

杨士钧 029

杨枢 145 159 160

杨树毂 212

杨廷栋 053 056 059 061 070 071 089 151

杨荫杭 053

杨毓辉 153 154

杨毓麟 015 169

姚礼修 211

姚文栋 032

姚莹 020

耶利内克（Georg Jellinek） 172

野村浩一 171

叶景葵 237

叶澜 076

叶夏声 169 211

木喜德郎 108 109 213 217

伊东巳代治 226

伊藤博文 015 031 079 080 149 231

奕劻 238

应祖锡 042	张相文 054 055
永井惟直 101 104 105	张孝栘 215
有贺长雄 013 162 214	张荫庭 211
于式枚 225	张肇桐 111
俞峻 212	张之洞 135 137
俞亮公 178	张子厚 247
宇川盛三郎 035	章绍洙 143 144
袁世凯 211 225 236 237 239 251	章太炎 082 190
源桂阁 031	章宗祥 084 085 100
约翰·穆勒（John Stuart Mill） 033	郑观应 010 042 043 124
恽毓鼎 227	郑篯 168 169
载泽 007 015 140 142 143 144 145 148 149 150 151 227 234	织田万 208 213 214 215
	志田钾太郎 210
张苪 021	中村孝 009 084 085 086 088 109 223
张国淦 238 239	周宏业 161 162
张缉光 080	周珍 060
张嘉璈 245	朱大符 169
张謇 137 230	朱德权 178
张居正 019	朱熹 020
张君劢 060	朱学曾 060 063
张琴 244	朱元璋 021
张人镜 212	朱执信 211
张树枬 169	左秉 025
张炜 024	

后　记

这本小书，是2016年完成的博士学位论文的修改稿，从2012年确定选题到现在出版，10年时间已经过去。如果本书能略有所见，那都离不开桑兵老师的悉心指导。从研究方法、观点凝练到修改完善，桑老师倾注了大量精力。不过，正如《二程集》言："与学者语，正如扶醉人，东边扶起却倒向西边，西边扶起却倒向东边，终不能得佗卓立中途。"因我资质有限，难免经常"东倒西歪"，需要老师反复提点。但也正是在这个过程中，我切身体会到治学永远有不断提升的空间和乐趣。

自我读博以来，关晓红老师也指导良多。关老师在百忙之中定期召集在读博士生集中指导，条分缕析，循序渐进，使我逐步了解到应该如何完成一篇博士论文，这对于刚本科毕业就硕博连读的我来说，无疑帮助极大。在生活和工作上，关老师也时常关心，鼓励我以积极态度面对人生。

在中山大学读书期间，吴义雄、程美宝、曹天忠、赵立彬、孙宏云、敖光旭、何文平、谷小水、李欣荣、安东强、陈喆、於梅舫、柯伟明等老师，或导我向学，或以课程启发思考，或针对论文提出具体建议，或赠予研究资料。谢放、刘增合两位老师，则在论文答辩会上提出宝贵的修改意见。本书曾提交外审，申请资助，又以论文形式在杂志发表，各位评审专家不辞劳苦，提出了许多真知灼见，对于书稿的改进，启发甚多。这十年来，还有很多师友，不吝赐教，关心照顾。谨此一并致谢！此外，需要特别感谢谭徐锋和封龙老师。疫情期间，出书不易，如果没有他们的鼎力相助，这本书不可能顺利面世。

图书在版编目（CIP）数据

晚清国家类型学说的传播与影响/邓华莹著.—成都：四川人民出版社，2022.9
ISBN 978-7-220-12795-3

Ⅰ.①晚… Ⅱ.①邓… Ⅲ.①晚清-政治思想-研究 Ⅳ.①D092.52

中国版本图书馆CIP数据核字（2020）第067162号

WANQING GUOJIA LEIXING XUESHUO DE CHUANBO YU YINGXIANG

晚清国家类型学说的传播与影响

邓华莹　著

出 版 人	黄立新
策划统筹	封　龙
责任编辑	封　龙　冯　珺
封面设计	周伟伟
版式设计	戴雨虹
责任印制	周　奇
出版发行	四川人民出版社（成都三色路238号）
网　　址	http://www.scpph.com
E-mail	scrmcbs@sina.com
新浪微博	@四川人民出版社
微信公众号	四川人民出版社
发行部业务电话	（028）86361653　86361656
防盗版举报电话	（028）86361653
照　　排	四川最近文化传播有限公司
印　　刷	四川五洲彩印有限责任公司
成品尺寸	148mm×210mm
印　　张	9.5
字　　数	220千
版　　次	2022年9月第1版
印　　次	2022年9月第1次印刷
书　　号	ISBN 978-7-220-12795-3
定　　价	82.00元

■版权所有·侵权必究
本书若出现质量问题，请与我社发行部联系更换
电话：（028）86361656

壹卷
YE BOOK

让 思 想 流 动 起 来

官方微博：@壹卷YeBook
官方豆瓣：壹卷YeBook
微信公众号：壹卷YeBook
媒体联系：yebook2019@163.com

壹卷工作室
微信公众号